傳播政策基本原理

電子媒體管制的原則與過程

◉ 作者—Philip M. Napoli

◉ 譯者—邊明道、陳心懿

Foundations of Communications Policy:
Principles and Process in the Regulation
of Electronic Media

原　序

　　這本書的完成我必須感謝一些人與單位的協助。此著書計畫得力於國家廣播人協會（National Association of Broadcasters）、羅格斯大學研究委員會（the Rutgers University Research Council），以及羅格斯大學傳播、資訊，與圖館研究所之研究發展委員會（the Research Development Committee of the School of Communication, Information, and Library Studies at Rutgers University）。此書大部分完成於我任教羅格斯大學傳播系（the Department of Communication at Rutgers University）的期間。因此我非常感謝系主任Harty Mokros提供我一個優良的環境，使一個新進教職人員能成為一個多產的研究者，當我告訴他會花一年的時間住在華盛頓特區（Washington, DC），以通勤方式往來紐澤西的紐布朗斯威克（New Brunswick, New Jersey）授課，感謝他當時眼睛沒眨過一下即答應我的要求。此外我也要感謝羅格斯大學的教授如Jim Katz、Bob Kubey，以及Montague Kern能讓我以客座方式在大學部與研究所講授此書各個章節的構想。在羅格斯時期，我很幸運地有一群能幹又勤勞的大學部研究助理協助，Ronald Klotzer和Corey Biller兩位貢獻出紮實的基礎研究。

　　同時，也要特別感謝我的大學部研究助理Marc Russinoff，

因為在過去一整年裏，他花在此書的時間幾乎和我一樣多。Marc對於細節的關注是我能在合理期限內完成此著作的最大助力。此外，密西根州立大學（Michigan State University）之Steve Wildman教授與波士頓大學（Boston University）之T. Barton Carter教授之研讀及對初稿上的指教，在此亦要特別感謝，是他們的洞見讓此書更加完善。

我最要感謝的是Rutgers University之Ron Rice教授。當其提議欲將此書納入Hampton Press之系列叢書時，個人實無法錯失此一良機。誠如我所期待的，他的洞見、耐心與廣博知識，徹底地提升本書的品質、焦點與架構。尤其是能有一位出版社主編就在你辦公室的樓上，你很難不捉住機會就近請益，我也必須承認無法抗拒這個誘惑。現在Ron大概很高興能從此擺脫我與此書的糾纏吧！而我又何其幸運能與其共事一段時日。

最後，對我的內人Anne獻上最大的感謝，她忍受了到處都是文獻、文件箱、書籍，以及電腦列印紙張的房子整整兩年。此外，她還經常被迫充當文字校對與意見的傾聽者而毫無怨言。最主要的，她是我無盡支持與熱力的來源。此書謹獻給她。

Philip M. Napoli

譯　序

　　自二〇〇〇年譯者自美國完成學業返國任教之後，發現台灣論述傳播與媒體政策之實務論述雖有，唯爲數甚少，遑論一本有條理系統講解傳播政策原理的教材。譯者在世新大學傳播管理學系教授「傳播政策」課程已屆滿四年，深感傳播政策學門之教學除了在當前相關政策議題能即時著墨外，迫切需要一部能完整清楚交代傳播與媒體政策制定基本原理的專書或教科書，才能爲政策制定實務找到學理源頭。惜至今尚無中文相關著作出版，乃萌翻譯西文書的念頭。

　　本書譯自Philip M. Napoli所著之 "*Foundations of Communications Policy: Principles and Process in the Regulation of Electronic Media*"（二〇〇一年初版），是譯者教書第二年才出版的書，乍見此書是在Amazon的網站上，從英文書名即直覺認爲它就是我遍尋不著的一本書，隨即要求所任教之世新大學圖書館訂購並定爲館藏。細讀之後並在近二年的課堂上中試著傳授書中內容，即發覺此書界說學理方面深入淺出，唯在例舉政策實例上對台灣學子而言仍有時空文化上的距離，若授課老師能適章適題補充對照台灣本土實例，乃不失爲當前最佳的傳播政策制定原理入門教材。

　　譯者深知翻譯之作當以信、達、雅爲準則。然譯者才疏學

淺，雖力求精準反映原著原意，仍力有未逮，況求詞意優美。尤其原著所涉及之美國法案與判例甚多，尚需教師及讀者自行多方面的補充與蒐集相關材料，方能達成教學與研究之全效。惟譯述過程斷斷續續，又一波多折，錯誤必然存在，尚祈各界先進不吝賜教爲感。

同時也感謝我的研究助理及研究生，沒有他們在某些章節的初譯協助，出版之日恐怕更遙遙無期。也要感謝我老婆大人的體諒與敦促，否則被動如我之人，想要完成這本譯書，眞是困難至極。最後，我個人最感抱歉及感謝的人是揚智文化公司的副總編輯閻富萍小姐，她對我的交稿承諾一再跳票（已拖了一年），給予我最大的包容。而我又何其有幸能與揚智文化公司合作，在其力求品質與對台灣高等教育之用心下，才能不計成本地將此書付梓。

邊明道　謹識

二〇〇四年西洋感恩節前夕於世新大學教研室

目　錄

原　序　i

譯　序　iii

第一章　概　論　1
　　　　本書規劃　6

第二章　傳播基本原則與傳播政策制定　11
　　　　傳播管制之特性　13
　　　　政策原則及政策分析　22
　　　　結論　31

第三章　美國憲法第一修正案（The First Amendment）　33
　　　　美國憲法第一修正案的功能　36
　　　　美國憲法第一修正案個人與集體層次之研究方法　49
　　　　第一修正案與傳播政策制定　57

第四章　公眾利益（The Public Interest）　69
公共利益語詞的起源　73
公共利益的層次　78
結論　107

第五章　意見市場（The Marketplace of Ideas）　109
意見市場隱喻的起源　112
意見市場之隱喻與FCC的政策決策　123
結論　138

第六章　傳播多樣性（Diversity）　141
意見市場與多樣性　144
多樣性的面向　145
結論　174

第七章　傳播產業之競爭原則（Competition）　177
用電子媒體競爭評估方式來定義市場　182
媒體市場的競爭評估　199
結論　204

第八章　普及服務（Universal Service）　209
普及服務原則的三個要素　215
結論　238

第九章　　**在地主義（Localism）**　239

　　　　在地主義的理論基礎　242

　　　　在地主義原則的實踐　247

　　　　在新媒體環境中重新定義在地主義　257

　　　　結論　265

第十章　　**與過程連結的原則：傳播政策制定的動力**　267

　　　　傳播政策制定的過程：當事人－代理人的觀點　269

　　　　過程與政策的整合　297

第十一章　　**聯邦傳播委員會（FCC）與傳播政策分析的限制**　301

　　　　「私部門」利益關係者的監督與FCC政策制定：傳播

　　　　政策的案例探討　303

　　　　FCC的分析能力　314

　　　　結論　323

第十二章　　**傳播政策制定之分析方法**　327

　　　　一種擴張式的分析方法　329

　　　　制度調整（Institutional Adjustments）　333

參考書目　337

第一章　概　論

傳播政策制定隨著科技創新已日趨複雜。新傳播科技如網際網路（Internet）、直播衛星（Direct Broadcast Satellite, DBS）和數位電視（Digital TV），挑戰既有的管制政策模式，同時也突顯現行管制模式之不足。原因是科技進步消除了傳統傳播技術的分野，也模糊了傳播產業之間與不同管制系統的界限。

在美國，傳播政策制定一直採所謂的依「科技特性」（technologically particularistic）之處理方式，即決策者是基於個別科技特性來設計各項管制措施。其結果是電話產業之管制會完全不同於廣播電視產業，而廣播電視產業又有別於有線電視產業。儘管政策制定者通常會將新的傳播科技擠壓套用既存的管制模式之中，但科技特性主義（technological particularism）仍是現今主要的傳播政策制定原理（Napoli, 1998c; Werbach, 1997）。而所謂的共同載具模式（the common carrier model）也曾被認真地考慮過是否仍合適作爲廣播產業的管制架構，此外，由於傳播端正法案（Communications Decency Act）無法通過，美國國會（Congress）也曾試圖將網際網路強迫套用在廣播電視的管制模式之下（Napoli, 1998c）。但無論如何，這種管制趨勢一直受到另一方管制趨勢與之對抗，而該管制趨勢則是視每一個新傳播科技爲革命性的發展，而每每採行截然不同的管制措施。大量研究文獻即描述出目前的政策制定者多屈從於所謂的「革命性」論述，而每發展出一種新傳播科技即另外制定出完全不同的管制模式（參見Napoli, 1997c）。

學者Garry（1994）在傳播政策方面指出四種不同類型的管制模式：(1)不管制模式（the no-regulatory model）：此模式適用於印刷媒體（print media）；(2)共同載具模式（the common carrier model）：此模式適用於電報與電話（telegraph and telephone）；(3)公共受託人模式（the public trustee model）：此模

式用以管理無線廣播與電視（radio and television broadcasting）媒體；(4)線纜模式（the cable model）：此模式是混合共同載具與公共受託人的模式。

傳播科技與管制匯流之趨勢是本書架構與內容的核心。在面臨即將過時的管制模型，此書戮力探究政策管制的基礎知識——即政策原則與過程——而吾人之電子媒體管制體系即據此建立與重建。美國聯邦傳播委員會（Federal Communications Commission, FCC）已體認傳播科技之匯流趨勢已至，因此必須強調「發展出一套能橫跨傳統產業之管制原則」（1999a, p.4）。為使政策制定者能有效回應不斷變革的科技與聚合的媒體產業，有其必要用一套縝密的原則管理產業。若以片段瑣碎方式個別因應每一項政策或科技，則會導致不一致且未經整合的決策數量增加。如Anderson（1992）所言，「為方便政策制定，吾人須先設計一評估標準。若無政策實施標準，吾人無從判斷攸關大眾之施政是否為必要，且無法衡量公共計畫的成敗得失」（p.387）。又根據Anderson（1992）的看法，大部分政策選擇過程始於對特定政策價值之確認；最終，「所有的政策論述皆回歸……到一套份際清楚之古典價值原則之上」（p.390）。

在某種程度上，傳播政策制定之特性是符合上述條件。如本書所述，傳播政策制定一直為一套「基礎原則」所指導。因此「不論是涉及廣播、有線傳播、電話或網路等特定之政策情境，在表面層次上，所有媒體政策使命，過去多年來大致保持一致。如憲法第一修正案（the First Amendment）（即言論自由）、公共利益（public interest）、意見市場（the market place of ideas）、多樣性（diversity）、競爭（competition）、普及服務（universal service），以及在地主義（localism）等原則，一直是面臨新科技挑戰的政策制定者所依據的分析指標。上述幾項原

則長期以來一直是政策制定者所追求之規範性目標，也是建立龐雜管制機制所依循的基礎，其皆深具智識（intellectual）根基。

可惜，上述幾項原則雖具美國傳播政策的基石地位，但仍缺乏足夠實證分析相佐。因此「不遺餘力地探究與定義基本目標」的殷切需求與日俱增（Director & Botein, 1994, p.22）。個別政策決策的確明顯地缺乏有學術基礎之系統評估。反而像是公共利益、多樣性與意見市場等原則經常被任意使用，時有草率而不知其為何意的政策制定出現。尤有甚者，更不知該政策是為實現哪些政策原則。因此，這些原則被譏評「已降格為空洞的概念」（Director & Botein, 1994, p.232）。

這些基礎政策原則之功能經常淪為支持特定政策者的口號，而非政策分析工具。有些政策雖表現出企圖強化意見市場或多樣性等原則，但這些政策原則是否被正確且充分地理解，則仍受質疑。如一個政策的明文目標是要達成「多樣性」，那麼到底如何才能實現這個目標？也就是說，多樣性應如何被概念化與檢測？到最後這個名詞依然模糊，也造成未有扎實學術基礎的政策出現。

在某些案例上，不同的原則卻被應用在同一個政策上，此舉即透露出這些原則成為辯護政策之口號，而非政策設計與分析的指標。以黃金時段近用規則（Prime Time Access Rule, PTAR）為例，FCC就曾更換使用過在地主義、多樣性、競爭等原則，作為制定相關政策考量。

PTAR政策首於一九七○年建制，主要在限制美國前五十大電視市場之無線電視台，於黃金時段不得播出電視網或電視網下檔的節目超過三個小時（FCC, 1970c）。PTAR最初所持理由為「促進當地節目發展」（FCC, 1975a, p.852）。但很明顯地，在地主義（參見第九章）才是PTAR的基本原理。但當FCC在一九九

五年重新評估PTAR時，分析焦點卻在該管制措施對於內容多樣性與市場競爭之影響，而質疑PTAR與促進競爭與多樣性之間的必然關係（FCC, 1995d）。政策原則與評估使用上的不一致，意謂著政策行動與目標也未必能密合。如此一來，政策制定者可任意採取未清楚定義之概念來支持或推翻任何政策行動。

此外，與這些基本原則相關的粗糙假設也受到質疑，其之間的關係也該受到嚴格檢視分析。至少在這些原則之下的假設應受到實證檢測。任何對這些原則誤解或瞭解不全情況所產生之政策誤用是不可能產生效用的。

儘管上述幾項原則已存續數十載，其在詮釋與傳播政策上之應用卻極不穩定。因而在傳播政策制定上形成善變而捉摸不定的現象。政策現象常是朝令夕改。近來，政策如公平原則（fairness doctrine）、財務利益與聯賣規定（financial interest and syndication, Fin/Syn），和限制傳播事業體之交叉擁有權（cross-ownership）的管制等，相關政策法規之廢除即為例證。弔詭的是，許多政策的成立及廢除居然皆引用相同理由。當然，有些政策的終結可歸因於外在環境的改變。其他政策的廢除則是對同一原則採用不同的解釋所造成的。例如，政策上對「意見市場」意涵不同的解釋導致極為分歧的政策方案（參見第五章）。實際上，原則意涵之詮釋對政策之存廢可引喻為「成也蕭何，敗也蕭何」。總之，這些基本原則作為一項傳播政策設計與評量的分析工具而言，則仍未竟全功。藉由徹底解構這些原則之概念與其在傳播政策之應用層面，進而改善這些原則的功能，使之成為分析與政策制定的工具，實為著述本書之期望。

過時的管制架構已然崩潰，這些原則提供了新管制架構之智識與規範基礎。當前科技與管制環境期求吾人回歸「基本原則」，尤其是在面對不停變動之電子媒體世界中，對各項政策議

題所造就的困境。科技與管制匯流之時刻，正是重新再認識、再檢視、再建構傳播政策基礎的良機，因本書所提供之原則是為未來修定、整合管制架構之基石。新科技促使政策制定者發展新的管制系統，並重新檢視既有的系統，因此對於基本原則之來源、應用及意義必須產生共識與一致的知識。

為求徹底理解傳播政策之基本原則，對於政策過程中這些原則之概念化與運用皆須一併探討。如本書所述，政策過程中某些特徵足以解釋何以這些原則至今仍未完全定義而有待磨合，因而在政策制定與分析工作上未能完全發揮。因此，若不能掌握政策過程的動態性質，吾人則不能改善這些政策制定原則的功能。政策原則與過程實際上代表著新管制模式應被建立，而舊制應被修正或揚棄。

傳播政策是一些組織交互作用下的產物（Napoli, in press-a, in press b）。這些組織的起源與歷史、影響政策的工具，以及這些組織形成政策之互動過程，皆是傳播政策本質的基礎面向。這些基本原則是在特定制度下的產物，而政策過程對於政策結果之演變以及最終政策之採行皆有影響。例如公共利益政策指導原則絕不能和當初設立原則的背景或所涉及的各方制度性利益來分別考量。因此，要徹底瞭解這些基本原則，勢必要先檢視這些原則發展及應用的過程。

本書規劃

今日匯流已然模糊了傳播科技的分界，但在本書釐清傳播科技之份際依然十分重要。本書副標題之電子媒體指的是如電視、廣播電台、有線電視、衛星，以及網路等。相關於固網和

無線電話等議題則討論的是其延伸功能，例如提供資訊與內容
之大眾媒體之層面（像網路之近用功能，請詳見第八章）。

章節大綱

　　本書接下來的八章（第二至九章）純粹探討傳播政策之
「基本原則」，第十及十一章專注於政策制定過程，此過程之制
度性本質，以及過程與基本原則之間的關係。最末章（第十二
章）總結本書主要論述，並針對電子媒體管制在原則與過程上
提供建言。

　　在政策制定「原則」的幾章裏，將強調：(1)這些政策原則
之論點；(2)這些原則之定義及其在政策制定上之運用；(3)解構
這些原則並深入其次組成結構（subcomponents）。第二章提供基
本原則之簡要大綱，並以模型圖示各原則之間的關係。就如該
模型所呈現，某些原則是為意涵較廣原則的次元素。同時，這
些基本原則亦彼此緊密關聯。此章之目的在提供基本原則之描
述及界定之間的關係。

　　至於個別原則之詳細探究始於第三章，並討論憲法第一修
正案及其在傳播政策的角色。該憲法修正案提供所有原則的基
礎與份際。如此章節所述，第一修正案所帶給傳播政策之主要
挑戰，即在界定第一修正案所保障之合理「傳布」（distribu-
tion）。從另一角度，所謂「傳布」之主張，在第一修正案中，
指的是傳播者（說者）的權利而非閱聽眾的，此觀點一直是電
子媒體最重要的政策議題。在較廣義的層次上，其同樣說明第
一修正案應用在電子媒體管制上，對於個人權利與集體權利之
相關論辯。針對此爭論，此章回顧各項與第一修正案相關的功
能論述。此章結論是當第一修正案是以言論自由觀點分析時，
則以傳統方式應用第一修正案所制定之傳播政策事務，需被重

新修訂。

　　第四章探究「公共利益」概念，其在傳播管制中是最具爭議的名詞。一九三四之美國傳播法案要求FCC發展能促進「公共利益、便利性與必須性」之管制措施。儘管該目標模糊，但仍保留至今。「公共利益」一詞在一九九六之傳播法案出現了四十次。顯然，該詞至今與七十年前一樣重要。此章透過檢視各種定義、註釋與運用來探究公共利益的根源與意涵。這些議題被分為三個層次來討論公共利益在傳播政策的意義。如此章所述，公共利益概念包括三個分別卻又相連的解釋。大部分爭議與批評即圍繞在該詞意涵是在三個層次上皆可被說明。因此藉這三個層次之界定，與層次關係之討論，希望能提供對公共利益一詞更明確的意義與詮釋。

　　第五章審視意見市場之隱藏意涵，以及其在傳播政策所扮演之首要角色。意見市場之隱喻內涵兼具經濟與民主理論的特性。存在於上述兩者截然不同理論之對立與互動，是主要意涵和功能運用上之重大矛盾。事實上，意見市場原理及其假設雖遭到極大評議，但仍然不失其在傳統政策制定位居指導地位。過去許多有關意見市場的文獻多聚焦於概念層次，此章則較重其在政策方面的應用。特別的是，此章呈現FCC在過去三十年運用意見市場原則在政策方面之實證結果分析。

　　多樣性概念與意見市場原則有著密合關聯。接續第五章內容，第六章始於檢視多樣性政策，以及該政策原則實踐意見市場理想的現況。藉此，此章先勾勒出在傳播政策制定中，多樣性原則的不同層面，就此評論政策分析者所採行之多樣性測量方式。有人強力主張多樣性並非可測量的概念，也有人投入長期且複雜之多樣性評量的工作。此章描述政策制定者對於多樣性各層次之間的關係假設。又如果這些假設關係並不真切，對

於多樣性政策能否實踐意見市場理想意涵仍需存疑。

第七章探究傳播政策之競爭目標。近年競爭原則已逐漸成為政策首要目標。競爭也是美國一九九六年傳播法案的指導原則，也是前FCC主席William Kenard的三項政策指導原則之一——即社區（community）、競爭（competition）和公眾意識（common sense）（Kennard, 1997）。此章是在處理傳播產業中要評量競爭活動時特別困難之處，尤其是媒體組織是在不同的市場中經營，而這些市場皆有個別獨特的特性。

第八章審視普及服務（universal service）原則。普及服務原則近來已占據大幅的政策討論，促進對於該詞之起源、演變和應用的理解需求。此章將普及服務原則分成三個元素：(1)普及服務之政策使命；(2)與該使用相關之特殊服務項目；(3)實踐普及服務之政策手段。普及服務之三個元素皆已歷經修改並仍在持續演變中。普及服務因此提供了這些基礎原則之所以經常變動的重要寫照。

第九章之焦點為「在地主義」（localism）原則。此章概述在地主義之根本理由，並討論此概念運用的紛亂歷史。在地主義提供傳播政策會如此更迭頻繁的最佳例證。在地主義的不穩定性，部分歸因於科技變遷快速，但亦可歸責於政策制定者無法轉化在地主義原則成為有效的分析工具。此外，全球媒體科技世代中，如網路和直播衛星科技，正困擾著在地主義的正確概念，以及上述科技發展對社區概念的衝擊。本章主張在政策上將在地主義概念擴張，並盡力發展評量在地主義之效果研究。

第十章研究政策制定的過程及這些過程對基本原則的影響。本章之焦點在政策制定過程中的關鍵組織，與組織如何影響政策結果的手段。一般傳播政策制定過程分析包括下列組織：國會（Congress）、白宮（the White House）、受到管制的媒

體產業，以及可左右FCC的利益團體（public interest groups）。
此章的政策過程模式是引援自代理人理論（agency theory），其
中各個利益關係人之關係被概念化成當事人與代理人之間的關
係，與決定代理人是否能反映當事人喜好的核心機制。傳播政策
制定過程之概念化有助於解釋爲何這些基本原則缺乏精確定義，
與在政策制定過程中這些原則多淪爲口號而非分析工具的原因。

第十一章接續前章之內容，並主要在研究FCC，其爲美國
傳播政策制定之制度中心。此章由兩個面向探究FCC。首先，本
章說明第十章所提模式的理論基礎，並透過量化分析說明FCC決
策之利害關係。本章第二部分則檢視FCC政策分析能力的限制，
以及該限制對於概念化與運用這些基礎原則的影響。本章末即
彰顯政策過程之本質與特定政策結果的複雜關係。

第十二章摘要全書重要論述，並主張更新傳播政策之分析
方法。此更新方法強調對前述之各項基本原則採用實證評量。
而此書亦點出傳播產業之獨特面向與當前之產業管制特性並未
反映在政策決策分析過程中。簡要而言，傳播政策之基本原則
長久以來即缺乏實證。在此情形之下，這些原則多流於空泛口
號而非分析工具，也造就今日政策制定的不一致與朝令夕改的
現象，如此亦造成個別政策之形成與制定初衷不合的現象。本
章基於政策原則之詮釋和運用深受政策過程的影響，因此主張
從制度與過程來根本改革傳播政策之制定。唯有此項體認才能
達成更有效之政策決定。

綜言之，藉此書之分析，寄望政策制定者、政策分析家、
學者，以及修習學生，對於政策事務能從分析觀點從事傳播政
策之知識性與制度性之研究，如此才能反映出政策之優缺點與
含糊。最後衷心盼望此書能強化這些政策基礎，並能有效地解
決未來傳播政策議題與挑戰。

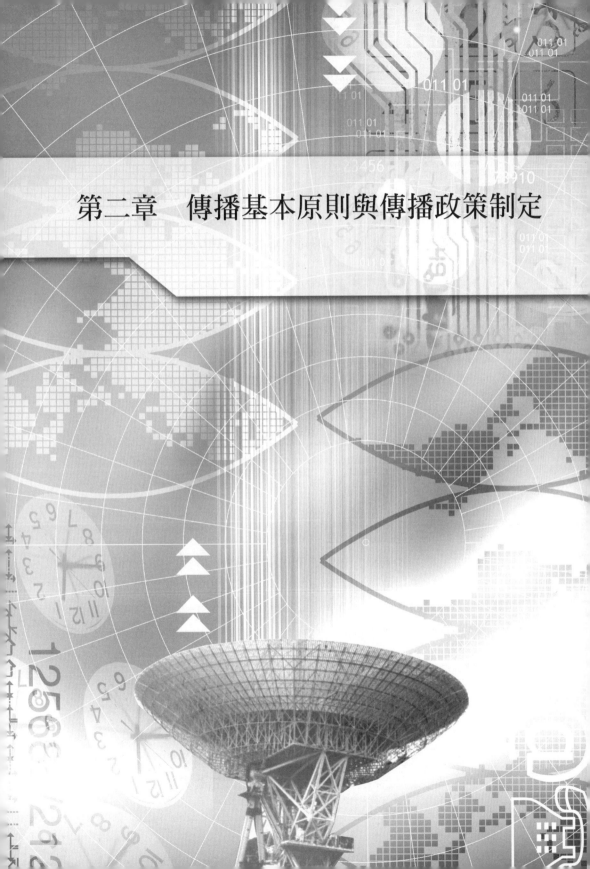

第二章　傳播基本原則與傳播政策制定

如前章所述，傳統上政策制定始於建立一套政策之評估標準。這些標準代表的是「一組範圍界定明確清楚之傳統價值原則」（Anderson, 1992, p.390）。這些傳統原則是用以權衡政策選項（options）之用，也爲政策辯護全理化之基礎。在不同領域中政策基本原則會有所不同。Anderson（1992）曾如此描述：

> 政策評估過程……不同於法律、總體經濟學、外交、環境計畫與土木工程。在每個專業領域中，爲了去辨識各種問題因而存在不同規則。而政策評估的方式有諸多不同的評估規範與標準，這些規範與標準可以視爲公眾問題的「解決方案」，也可以用來區別公共政策活動的成敗。（p.392）

不論在任何特定領域的議題上，爲使這些傳播政策原則能在政策制定及分析上有眞正的助益，這些原則通常必須要有清晰、一致性的詮釋，才能作爲實質評估的標準；否則，「政治歧見常任意地加諸於這些概念中……這些原則可以被安排於各種意識型態的思維中，而注入不同的意義，所強調的也會有所不同」（Anderson, 1992, p.395）。

如Anderson（1992）在每個領域中所提到，傳播行爲具有一套特定指導原則。從第三至九章審視政策決策者對於這些政策原則的詮釋與使用方式，特別針對將政策原則作爲政治或經濟的私利辯護工具的行爲傾向，而非將政策原則作爲改善政策制定過程與政策評估分析工具的現象來做討論。本章提供相關基本原則及相互關係之介紹，並爲未來幾章奠定基礎。

首先，在某種程度上，特定的政策原則是因這個產業的特性所導致的結果，因此必須先描述傳播管制之獨特本質。受到管制的產業並無法相互轉換，因此任何政策分析與政策形成，必須先瞭解在特定管制背景下之獨特政策要素，以及爲能有效

達成政策設計與分析，而需先瞭解各個要素之潛藏應用方式。傳播政策制定者與政策分析家必須考量傳播產業與其他受管制產業之間一些重要的差別。唯有如此，這些政策原則才可以有效運用於政策制定過程。

傳播管制之特性

　　長久以來，即有主張傳播產業在我們的經濟體系中是與其他產業在本質上有所不同的論述（參見Braman, 1990; Farber, 1991; Sullivan, 1995）。而重點在於傳播產業之特性對於傳播政策的形式及分析有那些潛在影響。這些討論集中於三個主要存在於傳播管制與其他產業管制的不同論點。首先傳播政策之決策通常有其潛在的社會、文化及政治影響，這些影響遠超過那些直接涉入之獨立政策機構或團體的影響力。第二點是欲區分傳播管制及其他產業管制差異的困難，在於如何將這個領域的管制歸屬於純經濟層面或是純社會層面的管制措施。伴隨上述困難而來的是第三點管制責任之劃分：即是難以區分個別傳播政策係屬純經濟性管制或是純社會性管制。第二點反映出管制者責任的廣度，第三點則反映出個別政策決策通常同時被賦予經濟性及社會性目標，而這些目標通常是互相關聯的。第二點與第三點的差異並不大，但卻十分關鍵。最後，上述三個區別點讓傳播政策分析與設計具獨特挑戰性。

　　檢視傳播管制與其他產業管制的之不同，提供了討論特定政策原則及後續章節議題之分析起點。這些不同處將會在本書中各種有關傳播政策、基本原則的爭論中再度提出。

傳播政策決策之潛在影響範圍

傳播政策決策者所影響的不止是這個產業的結構及功能，也影響意見觀念的產製及交流。傳播產業中許多部門已迅速占據社會資訊交流的關鍵地位。愈來愈多的民眾指陳大眾媒體已成爲他們政治資訊的主要來源（Leshner & McKean, 1997; Walker, 1987）。而傳統的資訊交換方式，諸如鎮民大會（town meetings）或是社交團體（social clubs）已逐漸被作爲資訊交換中心的大眾媒體所取代。這個趨勢形成一個重要的主張，即「大眾媒體所產生之社會影響力是美國其他機構所無可比擬的」（Wimmer, 1988, p.20）。

就一個傳播政策而言，這波趨勢的重要發展即是，人們變得更加依賴電子媒體做爲資訊來源，進而忽視了傳統的平面媒體（Television Bureau of Advertising, 2000, p.28）。特別值得注意的是，電子媒體通常較平面媒體受到更多管制影響。這波日漸仰賴受高度管制形式之資訊交流的趨勢，更突顯出傳播管制者對於意見內容的產製、流通與使用之影響潛力。

此一發展特別重要的是，我們需要考慮民眾從電子媒體所獲得的資訊及意見對於文化、政治知識、政治行爲與社會價值之潛在影響。過去媒體研究已經證實了媒體在社會、政治及文化領域皆有影響（Lowery & DeFleur, 1995）。研究人員亦發現傳播產業能在各方面造成影響，包括公共議題的設定（McCombs & Shaw, 1972），影響公民政治知識及政治參與（Graber, 1984; Patterson, 1980），甚至可以造成犯罪及暴力行爲（Comstock, Chaffee, Katzman, McCombs & Roberts, 1978; Surgeon General's Scientific Advisory Committee on Television and Social Behavior, 1972），而新聞媒體身爲政府的第四部門（即立法、司法與行政

之外的監督權），更顯示傳播產業之潛在獨特影響力是不等同於其他產業。

　　傳播產業對於社會及政治之潛在獨特影響力，使得傳播政策決策者——透過政策決策——對於社會與政治的態度、信仰、認知及價值觀，具有強大但間接的作用力。通常政策決策者及政策分析人員將可能由政策決策所產生的作用稱之為「外部性」（externalities）。外部性通常是指政策決策過程中所產生之非直接與非預設的結果。在傳播政策條件下，此種外部性的結果是需要從一個國家社會及文化的脈絡中來評量（參見LeDuc, 1988）。

　　考量美國聯邦傳播委員會（FCC）與其他監督機構在權責範圍上的不同時，當然其他監督機構會和傳播委員會有某些共享的權責來限制言論，例如美國證期會（Securities and Exchange Commission）限制股市資訊的共用，與聯邦貿易委員會（Federal Trade Commission, FTC）限制不實廣告（參見Sunstein, 1993）。然而，這些管制機構並不像通信委員會，有影響力去左右民主政治過程中之政治及社會態度與信仰，會進而形成社會及文化價值。以傳播政策中之公平原則（Fairness Doctrine）為例，該政策要求廣電媒體要對重大公共爭論議題進行平衡報導（FCC, 1949），但通信委員最後結論是，此一政策恐怕會對廣電媒體產生「寒蟬效應」（chilling effect）（FCC, 1985a; *Syracuse Peace Council v. Federal Communications Commission*, 1989）。根據傳播委員會的說法，為符合公平原則的要求，會迫使廣電媒體更加不去討論具有爭議性的公共議題。若假設這項政策真有這些影響，那麼所產生之潛在「連漪效應」（ripple effect）會擴及對電視觀眾的政治知識、公共意見、投票行為造成影響，因為今日電視觀眾能接收到具爭議性

公共議題的相關資訊已大不如前（參見Brennan, 1989）。而這些
資訊卻是形成社會與政治信仰與左右政治行為的基礎（Entman,
1989）。

　　另外，考量非以內容為主的管制政策而言，以所有權管制
為例。過去傳播委員會以及美國國會皆十分地關切地區性與全
國性媒體所有權集中化的問題（FCC, 1964, 1970a;
Telecommunications Act of 1996），因證據顯示當所有權愈趨集
中，愈可能導致內容的同質化及政治與社會觀點多樣性的減少
（Gormley, 1976; Pratte & Whiting, 1986），並且設計用來控制所
有權集中化之政策亦可能左右社會及政治理念及行為之資訊
（參見Stempel, 1973）。就如這個範例所述，即使僅僅管制產業結
構亦能對資訊的本質與流通造成影響。

　　政府人員長久以來即察覺到傳播產業獨特的社會與政治影
響力，並依此態度管理該產業。而國會對於傳播產業潛在關鍵
影響力的體認，也是政府發動管制措施的關鍵因素
（McChesney, 1993），同時也是對於新管制體系架構的決策要素
（Hazlett, 1990, 1997; Shipan, 1997）。鑑於傳播產業的潛在影響
力，行政與立法部門對於管制機構的分析上，會經常給予傳播
委員會（FCC）特別的考量（Napoli, 1998a），皆出於傳播產業
之潛在影響力。舉例而言，一九四八年胡佛委員會（Hoover
Commission）提出一份有關各主要獨立監督委員會的詳細報
告，即公開讚揚關於傳播管制的效用。但大體而言，胡佛委員
會覺得學院派的（collegial）管制無法即時與有效地進行決策。
然而就當時傳播管制的情境下，胡佛委員會的結論卻是「學院
派的管制形式是無可替代的」（Golub, 1948, p.IV4-IV5）。同樣
的，總統諮詢委員會（President's Advisory Council）（1971）在
其對詹森（Lyndon Johnson）總統的報告中，以決策緩慢、無效

為由，倡議廢除大多數的管制性委員會，但唯獨排除傳播委員會（FCC）：

> 相較其他監督機構，此領域（指的是傳播）的管制通常涉及對於節目形式、品質與內容本質之個人價值判斷——而這些傳播產業產品即是受到傳播委員會的審查。……因此任何不當的影響，即使是表面的，也可能會傷害公眾對於資訊來源的信心，因此，我們相信，由單一監督者透過發照及節目內容的決策方式去控制整個產業成員是不智的方式。（p.25）

在上述說明中，我們可以再次看出傳播委員會如何能以直接方式（即管制內容的方式）與間接方式（即核發證照的方式）兩種手段左右資訊的本質及流通。就如將這些潛在影響納入對於管制結構與組織的決策考量，這些潛在作用也必然被納入某些特定政策的決策與分析之中。

就政策分析及政策制定而言，傳播政策決策之潛在特有影響導入一個稱之為「外部性」（externalities）的概念，但此一名詞鮮少需要在傳統政策中詳述。通常最理想的狀況是，決策者應在能完全認知到政策效果的性質及範圍的狀況下，來達成決策。雖然預期效果總是比實際結果理想許多，但決策者仍必須考量到政策決策所可以影響到範圍，並對這些政策之影響提高警覺。上述屬於政策分析的領域，其必須能確認出所有可能的外部性效應。在傳播管制環境下，這些外部性效應經常發生在多數政策分析活動所忽略掉的，或是在不知如何確認與衡量外部性的狀況下（參見Entman & Wildman, 1992; Hamilton, 1996; Sullivan, 1995）。舉例而言，要全面分析公平原則所帶來的影響，不僅要檢視其對媒體內容所產生的影響（參見Hazlett &

Sosa, 1997），也要檢視其對民眾知識及投票行為的影響。同樣的，要完整分析所有權管制的外部性效應，也必須調查其對媒體內容及公共意見所帶來可能改變。因此Horwitz（1989）說道：「傳播管制要比交通管制來得複雜，例如，更精準的說法是，傳播管制是在保障言論自由的民主權利。」（p.14）

　　總而言之，因為傳播政策會間接地影響公眾對於政治及社會的意向，傳播政策制定者及政策分析人員承擔較其他領域更加複雜的分析重責，因為其他領域之政策所產生的結果通常較單純，或是其效果也較容易以傳統經濟學上的工具來測量而得（參見Babe, 1983; Hamilton, 1996; Sullivan, 1995）。而在傳播政策制定所處的環境下，外部性的作用範圍應被更廣泛地來考量。

既是傳播管制也是經濟性與社會性管制

　　傳播管制更進一步與其他產業之區別處，即在於將管制活動分類為經濟類或是社會類的混淆，然而在對管制過程的分析上，通常不是將管制活動歸為「經濟性」就是「社會性」管制（Kahn, 1988; Reagan, 1987）。但是這種二分法方式並不能充分描述傳播管制的環境，因為傳播管制橫跨經濟性與社會性管制，並不適宜只歸到任何一類。這個獨特的雙重特質反映出一個事實，即傳播產業本身即具兼具經濟與社會兩種組織的功能。就如Napoli（1997a）所述：

　　媒體機構同時兼具政治與經濟本質。媒體機構有能力──甚至被期望──能去影響輿論、政府政策及投票行為。⋯⋯同時，媒體組織是在資本主義體系下生存，就如同我們通常需要將收益極大化，並將成本極小化一樣的道理。（p.

207）

　　因此，不論經濟性與社會性的管制元素皆與傳播管制有關，要將傳播政策決策者置於任一個項目分類下，皆是不妥也不可行的。

　　經濟管制的原理包含「市場失靈」（market failure）原理，諸如自然獨占（natural monopoly）、資訊不充分（inadequate information）及外部性等（Reagan, 1987；也參見Kahn, 1988）。管制機構通常將傳播事務的焦點置於「傳遞訊息」（deliver the mail）的特性上（Branch, 1970, p.8）。社會性管制與經濟性管制之區分，即在於社會性管制是以關切大眾身體的、道德的與美學的福祉爲主（Reagan, 1987）。相較於僅專注「傳遞訊息」功能之經濟性機構，社會性管制機構的績效被Branch（1970）形容爲有「聖杯」（Holy Grail）的治癒功能。以社會性事務爲訴求的管制通常比起純經濟的管制，需要管制者更多主觀性判斷（Kahn, 1988）。典型的社會性管制機構包含職業安全及健康局（The Occupational Safety and Health Administration）、食品暨藥物管理局（The Food and Drug Administration，簡稱爲FDA）及環保署（Environmental Protection Agency，簡稱爲EPA）（Reagan, 1987）。

　　然而，相較於上述這些管制機構，傳播委員會仍然難以歸類爲純經濟的或純社會的管制機構。因其管制權限同時高度涉及兩個領域（參見Ferrall, 1989）。舉例而言，若政策涉及共同載具模型（common carrier）之媒體費率管制則最好被歸類爲經濟管制，因該管制模式最關切的是日漸加劇的競爭及打破市場壟斷兩種現象。相反的，FCC對於廣播媒體的不當內容管制措施則被歸類爲社會性管制，因該管制是在保護公眾不要接觸有害且

有攻擊性的內容。但誠如之後將討論的部分，上述兩個區分項
目仍非絕對的。

　　政府管制的分析人員一直在想辦法釐清傳播委員會之分類
歸屬。舉例而言，Reagan（1987）在其有關經濟及社會的管制
分類討論中，一度將傳播委員會分類爲經濟型管制機構（所舉
的例子是有線電視之自然獨占與無線電頻譜分配的管制措施）。
但是在他談到有關社會管制的例子時，則又舉了FCC所實施之公
平原則爲例。由於上述對FCC屬性說明有明顯的矛盾，Regan最
後只好將FCC歸類爲經濟性與社會性的混合型管制機構。

　　其他管制機構諸如環保署、聯邦貿易委員會所實施的管制
措施雖也有可能同時對經濟、政治與社會造成衝擊，然而這些
管制機構的最重要的目標仍屬單一面向的。如聯邦貿易委員會
（FTC）的宗旨所述，「……爲確保全國市場爲一競爭市場，且
具有活力、效率，並且不受任何不當限制……來加強市場運作
的順暢」（FTC, 1998），而美國環保署（EPA）的宗旨是「保護
人類健康並維護自然環鏡」（EPA, 1998）。而相較之下，傳播委
員會（FCC）宗旨是「促進傳播市場中的競爭，並保護公衆利益」
（FCC, 1998h）。這些宗旨明白地指出傳播委員會責任的雙重性
質，由於宗旨內容將競爭與公衆利益分開陳述，表示競爭管制
的經濟性目標與概念較模糊公共利益目標並不十分契合。假如
上述兩項目標是一致的，則就不需將兩者皆納入宗旨之中。

　　經濟與社會福利政策目標之間的潛在矛盾讓傳播政策制定
與分析更加複雜。以FCC維護與加強傳播市場多樣性的職責爲
例，第六章中討論許多政策係因維護市場多樣性而設立的。但
這些政策的任務也引出一項困難，如Bhagwat（1995）所述，
「言論之多樣性是有其必要，即便是犧牲市場效率」（p.191），因
此當利益關係人於政策制定過程中，有著不同的政策優先順序

時，則會增加衝突的可能性（參見第十章）。

政策的「混合」本質

不僅只有傳播政策制定者的責任兼具經濟性與社會性管制，同時個別管制決策也經常同時包含經濟與社會價值目標。因此前述部分是相關於FCC管制職掌的範圍與政策設計和分析之後續影響，而此節則關注於個別決策之經濟與社會福利目標之間的互動性與重疊性。

這方面說明以有線電視的費率管制為例。在某一方面，這些管制政策可視為保護消費者免於受到市場獨占業者超收費用的對待。另一方面，有線電視費率管制係出自社會福利的動機，在促使維護與加強更多人之資訊接收的能力，並進一步防止「資訊富人」（information rich）與「資訊窮人」（information poor）之間的差距（例如Aufderheide, 1992）。所有權管制的特性亦是如此。該政策意欲保持競爭與競爭所帶來的經濟效益（例如較低廉的價格、更多的創新及較佳的服務）。而這些經濟利益經常與社會與政治密切聯結在一起，因為媒體的集中化會對意見流通與觀點多樣性產生影響（Bagdikian, 1997; Baseman & Owen, 1982; Herman & Chomsky, 1988）。哥倫比亞特區上訴法院（The Court of Appeals for the District of Columbia）處理 *Hale v. FCC*（1970）案件中陳述：「日益彰顯的是，將托拉斯理論（antitrust doctrines）應用於管制大眾媒體上，該理論並不只是一項經濟政策，亦是達成憲法第一修正法案（即言論自由）目標的重要工具」（p.561）。

舉例而言，經濟與社會福利政策目標的互動性是十分明顯的。例如，財務利益與聯賣原則（Financial Interest and Syndication，簡稱Fin/Syn）旨在限制電視網對於所播映節目的

所有權，其主要突顯出市場競爭與內容多樣性之間的互動關係（見第六章）。這個法案認為，創造節目市場上之競爭，即可導引出市場上更多樣性的節目類型，因而提供豐富且多樣的觀點，給予人們有更多的思考選擇。這個例子說明經濟與社會福祉目標結合在單一政策措施，對政策制定者而言，要做出一個全無負面作用的決策，是一項極大的挑戰。

雖然在許多案例中，同時追求社會福祉及經濟目標是必然的。但在其他案例上，即使是追求單一的目標，也必須考量到其中目標交互作用所帶來的影響。例如像多樣性與在地主義之目標，雖相關政策只需完成單一社會性福祉為目的，而這些政策卻可能同時產生經濟性的效果（姑且不論是正面或負面的），諸如競爭或是效率等不同結果（參見Besen, Krattenmaker, Metzger & Woodbury, 1984）。

總而言之，在分析這些具指導性之傳播政策基礎原則前，有必要瞭解傳播管制之獨特元素，並且這些傳播管制元素必須能被詮釋及應用於政策制定及分析活動中。很明顯地，傳播管制中獨特的元素加深政策分析及形成的複雜性。本書將經常性地提及這些獨特的元素，因為這些元素是許多理論基礎之爭議所在。最後要說明的是，愈專注於這些獨特的元素之釐清，愈能改善傳播政策制定的效率、協調及一貫性。

政策原則及政策分析

本章其餘章節概述傳播政策基本原則，並且利用一個較廣博的概念模型，將這些原則納入。本章所討論的特定幾個原則如下：(1)美國憲法第一修正法案；(2)公共利益；(3)意見市場；

(4)多樣性；(5)競爭原則；(6)普及服務；(7)在地主義。很明顯
地，有些基本原則只是更廣博原則之下的次要組成項目，原則
與原則之間關係深淺不一。重要的是要認知到某一原則所指導
出之政策會影響到其他原則所制定出的政策，而這些原則在該
模型中可反映出潛在的互動關係。此點將在本書中不斷地被提
出討論。

　　這些原則反映出一個事實，即傳播政策橫跨經濟性與社會
性的管制概念。因此，在此所討論之政策將超越傳統政策制定
及政策分析所討論的重點，像是經濟效率及消費者滿意度等議
題（Tribe, 1992）。從一九七〇年代開始，經濟分析一直是政策
分析的重心，並且橫跨所有管制領域（McGarity, 1991），包括
在FCC組織之內的研究分析活動（Corn-Revere, 1993）。

　　經濟性的標準及原則是傳播政策制定及分析中重要的元
素。本章以下所探討的許多原則中，通常被假定成與傳統的經
濟性目標有關。但是，有兩個基本理由促使本書在探究傳播政
策制定時的焦點是放在非經濟性的原則上。首先，本書所關注
之傳播事務方面的管制，其所強調的指導原則大多只針對傳播
管制事務，至少所產生之問題或挑戰皆是傳播管制所特有的。
第二點，有關於傳播管制在經濟性與社會性價值的相同點與重
複處均同時需要應用社會性及政治性的原則，而不只是經濟性
的思考，才足以引導傳播政策取得足夠的支持、思考及探察。
可惜目前的政策制定趨勢並非如此。因為，相較於運用社會價
值所展現之原則及分析程序所作之政策分析，目前應用嚴謹的
經濟學方法之基本原則及分析標準算是比較完備的，也比較能
被瞭解及證實。本書之所以強調社會價值原則，及其與經濟價
值上之分析標準的互動，是希望能鼓勵與促進日後分析程序上
所急需的平衡觀點。

傳播政策分析暴露出傳統經濟學之成本效益分析方法在政策分析上之不足。而分析人員在求得政策選項時不能只拿效率為作標準（例如Anderson, 1992; Babe, 1983; Entman & Wildman, 1992; McGarity, 1991; Napoli, 1999a; Sagoff, 1992; Tribe, 1992）。據此，若研究只重經濟效率常導致本質上的偏差，去忽略那些有潛在目標衝突的政策決定（McGarity, 1991; Tribe, 1992）。這些目標有時並不容易作量化的分析或是化簡為金額來呈現（Entman & Wildman, 1992; McGarity, 1991），然而，為了政策分析能充分說明政策決定原先的目標，其他政策目標必須納入這個分析架構。如同接下來其他章節所述，事實上許多傳統指導傳播政策之非經濟性原則，也能運用於嚴謹的實證分析活動，並且更能提供有用與有意義的方式指引政策的制定。可惜的是，傳播政策制定者與分析人員一直忽略此部分（參見Napoli, 1999a）。

綜言之，接下來的數章大部分反映出政策研究人員需要對傳播政策決策採取一種更廣且更全面的方法來研究傳播政策。這些章節致力於改善我們對傳播政策制定之核心原則的認知，而讓這些原則成為更有效與有用的分析工具。最後，傳播政策制定與分析將會有效地反映出這些指導原則應用於吾人之電子媒體管制活動中。

一個基本原則的模型

圖2-1是傳播政策的基礎原則模式，從這模式可看出各個基本原則與其他原則的關係。當然，如同將特定的電影或書籍歸類成所謂的「經典」（classics）一樣，將某一些概念列為所謂的「基礎原則」，是一種很主觀的過程，因此，對於某些概念的納入或排除都必然存在不同意見與爭論。事實上，更具潛在爭論

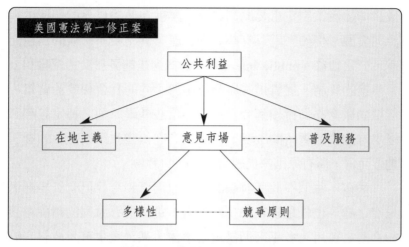

圖2-1　傳播政策的基本原則

的是，此書所討論的原則都沒有使用嚴格的研究方法來篩選。
但卻使用了特定的篩選標準，因每個選出來分析的政策原則須
符合三個標準。

　　首先，這些原則必須是傳播政策之決策動機或理由。也就
是說，這些原則向來是傳播政策致力實現之規範性目標。這些
原則也不僅是在政策制定者的論述中非常重要，在學術界、司
法界、公益團體以及產業界之論述中亦復如此，因此，這些原
則必然對於參與傳播政策制定過程中所有利益關係人有密切的
關聯。

　　第二，每個原則在傳播政策的制定上皆是重要概念，且已
經歷數十年的考驗，每一個原則都至少可回溯至一九三四年的
傳播法案（the Communications Act of 1934）。大部分的原則還
可回溯到更久以前，舉例來說，「憲法第一修正案」（the First
Amendment）可回溯至憲法起草當時，而意見市場原則（the
marketplace of ideas）更可追溯到十七世紀。此外，有些原則在

成為傳播政策制定重要原則之前，早就在傳播以外的領域中起源與發展。例如，就以有些原則在產業管制中所扮演的角色而言，公共利益（public interests）的概念是起源於交通運輸和公共事業的管制。儘管這些原則起源於不同的社會和政治背景，但這些概念都仍持續到今日。雖然這些基礎原則之特定詮釋和運用方式常隨著時間改變，但就它們在傳播政策制定上的顯著地位而言，所有原則都仍經得起時間的考驗。

最後，每個在此所討論的基本原則直到今日仍有許多懸而未定之處，也就是說在許多例證上，這些指導原則的精確意義和合適之運用，多年來仍是爭論不休，甚至產生有矛盾對立的詮釋。的確，許多這類的原則代表著傳播政策制定從過去、現在、甚至是未來最激烈與最持久的爭論議題。因此儘管這些原則都被視為基礎原則，但在章節中所討論到不同的概念時，大體而言，仍缺乏廣泛的、一致性的和穩定明確的解釋。

總而言之，在這本書討論到的基本原則有以下的共同特性，即皆非常顯著且重要、皆具永續普世價值，也都非常具有爭議性。這些基本原則都代表著長久以來為電子媒體系統所建立起的規範目標，因此，這些基本原則深具關鍵性並且是從事傳播政策設計和分析所必須使用到的指導原則。

圖2-1的模型說明各個原則彼此之間相互的關係，如圖所示，憲法第一修正案居於整體範圍界定的地位，而將其他所有的基本原則涵括於模型之內。這是因為代表任何基本原則所制定的傳播政策，其擴及的範圍絕不能逾越第一修正案的範圍。第一修正案明白指出，國會不可制定任何剝削言論或新聞自由的法案。但正如許多章節也提到，代表某些基本原則所制定出的政策常會和第一修正案之精神有所衝突。同時，許多這類的政策有部分理由是將促進第一修正案之言論自由作為動機（因

此，「不可制定任何法案」這個命令，在較嚴謹的意涵上，顯然並非一定要謹守）。因此，有必要有將第一修正案中所提出的概念原則作徹底釐清。然而，如第三章所述，這些參考架構概念並非清楚明確。

在其餘的六個原則中，「公眾利益」這個概念位居這整個模式的最上層，這是因爲公眾利益是一九三四年傳播法案（the Communications Act of 1934）和一九九六年電信法案（the Telecommunications Act of 1996）中最基本的指導原則，在一九三四年的傳播法案中訂立了「公眾利益、便利性，或必要性」爲傳播管制的指導原則，即使經過多年的爭論，這項原則在一九九六年的更新法案中仍然繼續保留著。此項極爲廣泛且具包融性的概念（請參考第四章）就像一把傘一般地發展出其他的基礎原則。舉例來說，代表提供普及服務或提高多樣性的相關傳播政策，就是由公眾利益之概念所延伸而出的，因此長久以來皆假設普及服務和多樣性都是由公眾利益所衍生出來的原則（參見Krugman & Reid, 1980）。

因此有三個基本政策原則是直接從公眾利益的概念延伸出來，分別是在地主義、意見市場和普及服務。如模型所示，意見市場是位在這三者的中央位置，其與位於在地主義和普及服務之間有著較粗淺的關係。此外，該模型也顯示出從意見市場原則可以再延伸出多樣性和競爭兩項原則。

無疑地，意見市場的這個概念提供了瞭解這些原則之間關係的起點，如第五章所述，對於提倡健全意見市場，一直是民主理論的指導原則。此外，意見市場原則，不管是從政治或經濟的觀點而言，皆是電子媒體規範上一個重要的潛藏意涵。該意涵認爲思想與意表應保有無拘無束的空間，而公民也可以從廣泛的思想、意見與觀點之間自由選擇。在這個意涵之下有一

個中心假設，即：(1)健全的意見市場創造出有教養的公民，其能作出明智的決定，進而形成一個功能完善的民主體制；(2)一個健全的意見市場可以達到最大的經濟效益，與滿足消費者的需求。

那麼關鍵問題是，健全的意見市場有那些構成要素？其中兩個最常出現在學術和法律論述裏的構成要素，即是多樣性和競爭原則。下列兩篇法律判例正是用上述兩個原則來呈現意見市場原則的核心概念，大法官Holmes在Abrams v. United States（1919）一案的異議文，以及大法官Black在*Associated Press v. United States*（1945）一案中所發表之多數決意見文中。根據Holmes的論點，「最好的品德尚需經由意見自由交流來達成認定……，而對於真理最好的測試就是能接受市場競爭之思想考驗」（*Abrams v. United States*, 1919, p.630; emphasis added）。很明顯的，競爭原則無庸置疑地是Holmes對意見市場原則的核心概念，而在大法官Black的論述中，即明確指出多樣性的重要性。根據大法官Black認為，第一修正法案「是基於一項假設，即盡可能廣泛散布且來自多樣甚至對立立場來源的資訊，是為公眾福祉所必要」（*Associated Press v. United States*, 1945, pp.1424-1425）。

多樣性和競爭原則是很相似的兩個概念（因而兩者共同建構起意見市場之核心概念），然而，瞭解這兩者的不同處仍非常重要，第六章和第七章大致都在解釋這兩者個別差異的內容，和兩者之間可能的交互作用，因此，在此章先對兩者間的相同與差異建立別具意義的特質說明。

多樣性和競爭原則最大的相同處即是，兩者皆關切在意見市場中個別意見參與者之數量極大化，然而，兩者對於意見市場上用以衡量意見參與者之多樣性標準，與衡量意見參與者之

意見競爭性標準則未必相同。對於評估多樣性的標準並沒有和傳統經濟性的指標有緊密關聯。事實上，提升多樣性的政策，不一定會和反市場競爭的條件相呼應。相反地，在一個有足夠競爭的意見市場下，反而可用政策來提升市場的多樣性。部分原因是，多樣性原則即已包含了市場參與者的特性，然而，競爭原則卻只注重在意見市場參與者數量及意見市場占有率。這部分是由於多樣性原則不像競爭原則，多樣性原則不只考慮市場的參與者，更強調內容的產製和消費行為（參見第六章）。因此，以促進多樣性為動機的政策至少有部分企圖是在影響媒體內容，然而，只促進競爭的政策就未必如此。

與多樣性不同的是，競爭原則之概念對市場參與者的論點反映出較嚴謹的經濟學上的方法〔例如使用Herfindahl-Hirschman index（賀氏指標）來決定一個產業的集中度（參見Department of Justice & Federal Trade Commission, 1992）〕。促進競爭的政策，通常較關注一些諸如減少市場力、降低進場障礙，以及和價格等議題。最近幾年，競爭原則已經成為傳播管制裏的主要指導原則，這是因為它與達成經濟效益有假定性關係存在，以及與許多其他在此討論到的基礎原則也存有假設性關係（包括多樣性）。的確，強調競爭經常被視為是一個有效的方法來達成在傳播政策中許多社會所希求的目標，而這項特性確實是很重要的。

除了多樣化和競爭原則，其他原則與廣義的意見市場概念有關，例如，在意見市場概念中許多假設，皆提及所有的公民都有平等的市場近用機會，也就是說，由於市場的功能在提升民主體制，與／或滿足消費者的喜好，因此所有公民都必須擁有機會消費（接近）在市場內不同意見（Napoli, 1997d）。這也就是普及服務的概念所在。傳統而言，普及服務的概念一直都

只應用於電話服務,該概念在意見市場原則中一直都只算是一個較不顯著的產業技術政策層次(參看第五章),在電話產業的條件下,普及服務原則注重提供所有公民公平合理的語音通話服務,而無論提供該服務的成本差異為何(參見Dordick, 1991; Mueller, 1997a)。在這條件下,公共利益的目標要藉由將電話網路上市民使用者數量增加至最多可達成。因增加傳播網路的使用者數量,將對現在與未來的網路使用者而言,是增加該傳播網路的使用價值(Noam, 1994, 1997)。

然而,若認為普及服務原則只純粹應用於語音電話服務,此一想法並不恰當。因為普及服務概念與廣播服務也有關聯(參見Dordick, 1991)。直到最近,普及服務和網路近用也產生密切的關係(Compaine & Weinraub, 1997; Kim, 1998b)。而概念擴充後之普及服務和意見市場的關係變得更加密切。不同於語音電話之功能,網路和廣播科技與意見市場概念有更明確的關聯,是因為這些科技與民眾取得消息和資訊的途徑有強烈的關係,而資訊之取得是對於提升智識性的政治參與,以及(或)擴大消費者的滿意度所必要的條件。總結來說,普及服務這個概念是公共利益原則中的一個獨立分支原則,也是行使有效的意見市場之相關要素。

而在地主義原則也存在一個相似的關係。在地主義指的是,一個存在已久的政策使命,其強調傳播服務須針對當地社區的需求和利益。如第九章所述,在地主義原則是聯邦傳播委員會(FCC)廣播執照核發體制之中心指導原則。而在地主義原則亦經歷許多考驗而存續下來,並成為廣播管制與其他傳播科技管制的一條重要政策制定原則。

如同普及服務原則,傳統上,在地主義原則並不是意見市場原則的核心定義要素,因此,其定位是由廣義的公眾利益原

則所分支出來的，關於在地主義原則和廣義公眾利益之間關係
的最佳說明解釋，應參考前FCC委員Ervin Duggan（1992）在一
文中所提及：

> 在公共利益理論中可清楚看出，該理論對在地主義的偏
> 愛，並一向積極尋求榮耀這項原則的方法。……在遠方的
> 廣播電台所製播的訊息和娛樂，並不能告訴我在暴風雪過
> 後，我們社區裏的學校是否上課，那遠地的節目製作人也
> 無法在龍捲風逼近我們家時提供及時警報，也無法現場實
> 況播送我兒子在中學足球比賽的報導，假使這些都做不
> 到，那遠地的廣播服務對於我或我的社區並沒有任何重大
> 關聯。提供這些服務亦未蒙其利。（pp.9-10）

　　在地主義除了是公眾利益的一個獨立分支之外，在地主義
原則和意見市場原則也有關係，意見市場常被設想同時具有全
國性和在地主義的功能，如Stavitsky（1994）所述，在地主義原
則部分是由表彰民眾在當地意見市場所發表論述而發展出來
的。因此，早期有關於廣播的發展論述皆著重於其潛在的效
用，在提升社區內政治言論和加強地方民主素養，最終在創造
出多元化的在地意見市場。因此，就如普及服務原則一樣，在
地主義原則和意見市場原則雖有不同處，亦有其緊密關係存
在。

結論

　　在這章概略所敘述的基礎原則是反映傳播管制的獨特本
質，這些原則突顯出傳播產業對於廣大社會和政治的潛在影

響，其在社會與經濟制度中的獨特地位，以及在社會與經濟政策目標之間的相同處與互動部分。因此，這些原則很複雜，且具有多面向的概念，反應出這些原則之間即使有很大的區別，但卻存在相互關係的價值和政策使命。

　　對於想利用這些基本原則來做為在傳播政策制定上的分析指標，從概念和方法學的觀點而言，會是一大挑戰。因此，接下來的章節會深入探討這些基本原則的歷史、演繹和運用。在傳播政策制定上，致力闡明意義、改善評估方法，與增加其做為政策分析工具的功能。

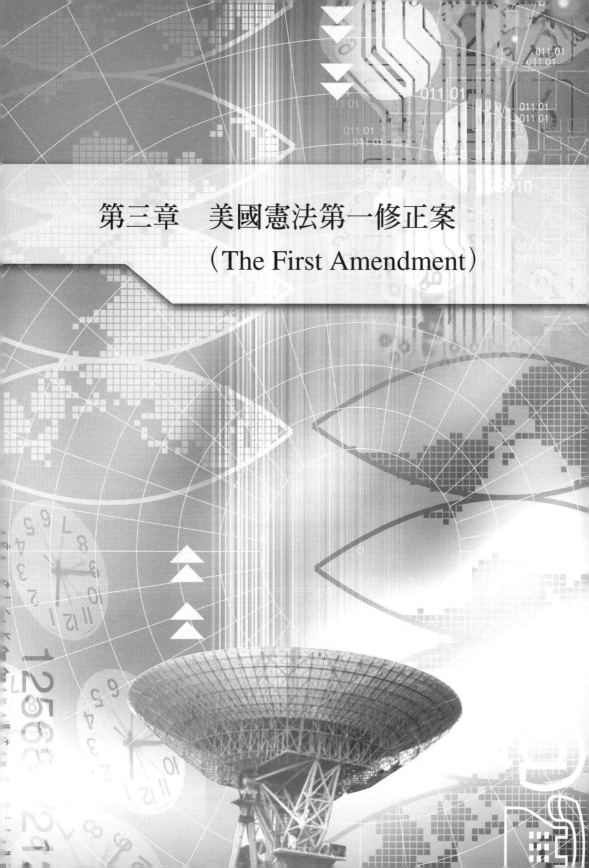

第三章　美國憲法第一修正案
（The First Amendment）

　　在前一章裏，確立了美國憲法第一修正案為界定傳播政策基本原則的基石，任何代表其他基本原則的政策皆不應逾越修正案之精神。同時，亦須認知到第一修正案（即代表言論自由權）亦是公共利益政策重要的一環❶。事實上，此原則在不同程度上仍涉及其他傳播政策原則之內涵。如前章所述（在本章及接下來的章節將會更清楚），在傳播政策的管制背景下，如意見市場（marketplace of ideas）、多樣性（diversity）、在地主義（localism），這些概念在某種程度上皆是憲法第一修正案的分支。鑑於第一修正案與其他原則之緊密關係，可知第一修正案是其他政策原則的最外層結構。

　　很明顯的，僅僅一章的篇幅無法完整交代既廣泛、複雜又重要的概念，如憲法第一修正案即是。但由於本章的篇幅所限，導致本章的焦點非常窄小，只能強調在傳播政策設計及分析中最重要的幾個面向。首先，本章檢視與第一修正案相關的功能與目標。就政策立場而言，有其必要瞭解每一個基本原則欲達成的目標；唯有如此，才能有效評估各項傳播政策。要分析第一修正案內涵深具挑戰性，因其有多重且廣泛的目標，其中有些深受批評，有些則是相互抵觸。

　　由第一修正案的多重且互異之目標特性延伸出各種不同解釋之研究方法。就像本書中所探討到的其他原則一樣，第一修正案也有其多重詮釋與應用的方式。如法律學者Thomas Emerson（1970）在三十年前所說的：「今日第一修正案尚未解決之事，即最高法院從未發展出一套完整的原理來解釋憲法所

---

❶ 如最高法院所載述，即許多政策之目標為公共利益。「該原則援引自憲法第一修正案；因此公共利益的標準即為第一修正案的參考指標」（*Columbia Broadcasting System v. Democratic National Committee*, 1973, p.122）。

保障的言論範圍及如何在實際案例中應用。」（p.15）許多人認爲這種情形至今仍無多大改變（Bollinger, 1991; Stern, 1990），同時，這種模糊乃允許了歧異解釋的存在與發展。第一修正案裏最受爭議的觀點之一是，第一修正案所保護的言論自由到底是屬於個人（individual）層次抑或集體（collective）層次（Post, 1993）。第一修正案的詮釋是用來維護強化自我意見的個人權利，還是要塑造一種言論環境，讓全體公民接收與發送意見的能力擴大至極限呢？表面上，此兩種解釋並無抵觸，事際上也是如此。不過，本章陳述在某些事證上，若維護或助長第一修正案的個人言論自由，可能傷害到更廣泛的公衆集體言論自由權。相同的，若強調集體的言論自由權，則可能傷害憲法所保障的個人言論權。

　　若以傳播政策的觀點來看，第一修正案的本質若未能有所擇定，則其影響將十分深切。由第二章所提的模型即可知，若第一修正案之概念模糊，則傳播政策的範圍也將無法清楚定義；會因有太多的解釋空間，反讓第一修正案無法成爲傳播政策制定者及分析者的有效分析工具，同時，其概念上的模糊也將造成政策原則只能成爲政策推展的口號，而非評量政策績效的工具。而缺乏共識的定義，使得憲法修正案成爲讓政策正反兩方皆可引用的弔詭現象。因此不論立法或司法部門皆無法清楚界定第一修正案的本質，使上述的狀況更爲惡化。總之，第一修正案乃提供探討傳播政策基本原則的一個起點，因爲，此原則已包括了所有的模糊地帶與不一致的現象。

美國憲法第一修正案的功能

在討論第一修正案個人主義及集體主義的爭議之前，有其必要先行檢視第一修正案的功能、目標與價值[2]。第一修正案是想實現什麼？由政策制定角度來看，第一修正案的功能應先視其要如何定義與應用而定，這種關係會反映在目的與手段之間的必然關聯性。以第一修正案的功能而言，顯然代表的是目的，而第一修正案的定義及應用（即個人主義或集體主義）則代表手段的主要元素。事實上，可將第一修正案的功能視為政策目標，而將第一修正案的概念化過程（即個人主義與集體主義的二分法過程）看成是第一修正案目標之整體策略（strategy），特定的管制手法即為欲達成目標的局部戰術（tactics）。

不幸的是，當前第一修正案實施的環境仍缺乏在目標上的共識，當然不可能形成共同的戰略與戰術。此節即陳述，憲法學者對第一修正案的各種政策應用手法，以及目標並非絕對互斥。在某些事證上，某個目標可以促成另一個目標之達成，當然也可能會破壞其他目標（參見Bloustein, 1981）。此章節之目的不欲陷入這些辯論之中（Baker, 1978; Redish, 1982a; Sunstein, 1993），而是整理出所有與第一修正案相關的目標，並討論這些目標之間的關聯，進而形成第一修正案的具體概念。

美國憲法的框架對第一修正案所欲達成之目標非常曖昧不清（Bloustein, 1981）；此外，美國最高法院也忽略了理應優先

---

[2] 本章所討論之「功能」（functions）、「目標」（objectives），以及「價值」（values）等用語，在意義上可交替使用。

澄清此一概念（Emerson, 1970）。因此，第一修正案的基本精神
依然有待商議。根據憲法歷史與最高法院的意見，法律與政治
學者對於第一修正案也發展出許多不同的看法。Shiffrin（1983）
指出：「長久以來，學者一直不願意見到第一修正案定於一種
或是少數幾種看法。」（p.1251）也因此長久以來呈現對第一修
正案之解釋、爭論與批評的混局（Baker, 1978; Bork, 1971;
Redish, 1982a）。

　　表3-1即列出過去與第一修正案有關的功能。此表援引自相
當廣泛的文獻（Baker, 1978; Blasi, 1977; Bloustein, 1981; Bork,
1971; DuVal, 1972; Emerson, 1970; Fiss, 1986, 1996; Meiklejohn,
1948/1960, 1948/1972; Owen, 1975; Redish, 1982a; Sunstein,
1993），這些文獻經由歷史與政治哲思的角度來討論憲法起草與
第一修正案的創設，以及最高法院對第一修正案的法學研究；
對於其中明顯重疊之功能予以檢驗。此表列出第一修正案的所
有功能，不管是言論表達與接收，或是個人與集體的層次的功
能。最後，此表也列出代表性的文獻來源出處。

解放／自我滿足功能

　　該表所列的第一種功能是引用被重複次數最多的項目。許
多第一修正案分析家主張言論自由為自我滿足所必需，再精確
而言，是指個人感受到的整體價值觀（Baker, 1978; Bloustein,
1981; Emerson, 1970）。由此觀之，自由言論在美國獨立宣言
（Declaration of Independence）中是「生命、解放及追求快樂」
的重要元素（Bloustein, 1981, p.373）。自由言論的價值取決於個
人自由及解放，與個人被允許來定義、發展與表達自我的空間
（Baker, 1978）；如是，從政治立場之意表到憤怒的咒罵皆稱之
為個人自主與解放的發揮，也是第一修正案的特殊價值。

表3-1 言論自由的功能

功能類別	文獻	利益面向		概念化層次	
		傳輸面向	接收面向	個人層次	集體層次
解放／自我滿足	Baker (1978); Bloustein (1981)	X		X	
個人技能發展	Emerson (1970); Whitney v. California (1927)	X	X	X	
提升知識／發現真理	Associated Press v. U.S. (1945); Emerson (1970); Wonnell (1986)	X	X	X	X
強化民主過程	Meiklejohn (1960/1972); Fiss (1990, 1996); Sunstein (1993); Bork (1971)	X	X		X
監督政府	Blasi (1977); Stewart (1975)	X	X		X
維持社區安定	Emerson (1970)	X	X		X
自我實現／自主意識	Redish (1982a); Reed (1997)	X	X	X	X

　　特別注意的是，這項功能的特殊價值及自由言論的利益完全僅在於說者（speaker），而不去討論該言論對於聽者（listeners）的影響（Redish, 1982a），Baker（1978）提供一則有用的案例：

> 一位反越戰人士在遊行當中高喊：「立刻結束戰爭」，沒有預期該言論能夠左右戰爭的延續或傳遞自由訊息給戰爭中的人；個人其實只是在公開表達反戰的立場。因此，反戰示威遊行提供了使用言論自我表達的具體寫照，純粹是自我滿足或自我實踐，而並非是在與他人溝通。（p.994）

　　在此詮釋性架構下，言論自由「即是有價值的目的，是人類生存條件的提升」（Owen, 1975, p.6），說話的行為是我們與生俱來的權利，個人自由是在獨立宣言與憲法中獲得尊重與保障。

　　而此一原理遭受批評的原因，在於無法將言論從人類其他活動中區隔開來，也無法解釋：(1)為何給予言論特別的保障；(2)為何第一修正案保障言論要比其他非言論的表達來得多（例如Bork, 1971; Schauer, 1983）。這些批評主張是，儘管自由言論在於增進個人解放與自我滿足，但人類其他活動也有此種功能。因此，解放／自我滿足原理也主張保障所有形式的自我表達──尤其是表達個人看法觀念的動作和行為──理應接受與言論同等的保障。根據Schauer（1983）的意見：「要區分言論自由與自我表達的主張不同，就和要區別自我表達與自我解放的主張一樣地不可能。」（p.1291）解放一說受到批評的另一個原因，是該學說沒有確認到個人其實也可以從接收言論之行為獲得與傳布表達一樣的利益❸（Redish, 1982a, 1982b）。

----

❸ 有關於Baker（1978）之「解放」（liberty）理論的批評，可參見Shiffrin（1983）。

個人技能發展之功能

　　第一修正案的第二個主要價值在於發展個人的技能（facul-ties），此價值雖輕微，但卻能擴大自我滿足的價值。此功能是指經由不受限制地收發訊息，個人能力天賦得以發展。因此，就傳送（transmission）與接受（reception）的觀點而言，自由言論是可促成個人參與及自我提升（Emerson, 1970）。此觀點源自於最高法院大法官Brandeis對於*Whitney v. California*（1927）一案不同的判決，在判決中他主張：「爲我們贏得獨立建國的先烈們相信，國家的最終目的是讓人們能充分發展出自己的才能。」（p.375）Brandeis大法官認爲「透過公開討論，理性思辨能力才得以培養」（*Whitney v. California*, 1927, p.375），也可以成爲發展個人才能的一項工具。公開討論以及討論的互動本質，對於個人自我發展是與第一修正案的解放／自我滿足功能有所區別的。鑑於個人才能的發展不僅需要發展思想表達的機會，同時也需要接收、分析與採納他人意見思想的機會（例如：經由欣賞藝術、文學作品活動等），才能讓個人發展成一個更成熟健全之人。

　　和解放／自我滿足功能之原理所遭到的批評一樣，個人技能發展的論述也因爲無法有效區分說話之自由與人類其他活動自由之差別而招致批判。其中一個同時針對上述兩者的著名批評，即Bork（1971）之論述：

> 任何個人可以從股市買賣股票獲得樂趣，也可以從當一名職業水手、當一位吧台女侍，或從事性愛、打網球，或成千上萬任何一項所努力從事的活動中，發展出自己的才能或從中發覺樂趣……由此來評斷，説話的好處或功能實在

無法與人們其他活動區別出來。客觀而論，吾人不能僅就這些功能就說，對言論自由的保護應多過人類其他形式的自由。（p.25）

根據Bork（1971）的說法，不論是自由解放與個人才能發展兩項功能，皆不足以說明言論值得特別的對待與考量。

提升知識與發現真理的功能論

第一修正案的第三個主要價值是知識的提升與真理的發現。在此前提下，若意見與資訊免費且公開地交換，可增加公民的知識水準，也可以讓市民個別地或集體地做出明智的決定（Emerson, 1970; Wonnell, 1986），第一修正案的價值是主張「自由交換意見乃是探求所有領域知識發展的必要條件」（Bloustein, 1981, p.375）。依此邏輯，資訊愈豐富多樣，知識也愈能增加，決策也愈明智。第一修正案的價值維繫於「意見市場」之概念（見第五章）。該概念強調公民知識與決策能力的改善，取決於每個個體能否有機會表達己見與接觸他人的觀點（Wonnell, 1986）。

而知識提升／真理發現功能論其主張一種客觀且能驗證真理的說法，常被批評為不切實際（Ingber, 1984; Redish, 1982a）。此外，另有一些學者則認為若減少資訊的負擔，會降低處理大量資訊的困難度，反而可以改善決策能力（Fitts, 1990）。

強化民主過程功能論

第一修正案的第四種價值在於自由言論的政治性功能。特別是，自由言論的價值有提升與強化民主過程的效力。第一修

正案就其政治價值而論,吾人可認定「自由言論是民主原理之必然結果」(Ingber, 1984, p.8)。自由言論與民主過程之間存在一種必然的關係,因為民主系統所強調是自決(self-determination),而唯有在公民能集體地為自身利益做決定時,民主才能有效地發揮功能。如此有效率的政治性決定,只有在公民能知曉所有選項及每個抉擇的優缺點與後果之後,才有可能發生;也唯有盡可能地呈現所有意見、觀點供公民考量,公民才可能接觸與處理所有相關知識,此學說認為第一修正案的價值在於能促進多樣的政治意見與理念流通。

此項關於第一修正案的理論來源以及其法律學術之重要性(Bhagwat, 1995; Bork, 1971; Fiss, 1986, 1996; Lichtenberg, 1990; Sunstein, 1993)以及司法判決(Brennan, 1965; Reed, 1997),皆源自於Alexander Meiklejohn(1948, 1972)的作品。Meiklejohn非常仔細的說明,第一修正案與民主功能之間的關係,其主張「惟美國人民能公平無畏地面對所有支持與反對自己的事務,吾人才可以說是在自己的制度下管理自我」(p.91),此第一修正案的功能與前述之功能(即知識與決策之間的關係)有明顯的關聯性;但在此節則更為凸顯,因為此功能專注於知識與政治領域的決策(特別是集體決策)。

此功能論最受批評的是對憲法所保障的自由言論採用一種極度狹隘觀念。在民主過程論詮釋下,傳統上,受到保護的各種言論,例如:藝術、娛樂和科學之論述皆被排除[4](Redish,

---

❹ 有關於第一修正案之政治功能的詮釋,請參見Bork(1971)。Bork主張「憲法中所指之言論應僅指明顯的政治性言論。而藉司法干預來保護任何其他形式的思想表達應無任何法源根據,不論其是科學的、文學的以及我們所謂的猥褻與色情的思想言論」(p.20)。

1982a; Stern, 1990）。此外，該學說特別要求從內容上來判斷到底何爲政治性言論，其實是非常困難的，而此項也一直備受批評❺（Bloustein, 1981; Post, 1993）。

　　儘管民主過程功能論的支持者已擴大詮釋自由言論的保障範圍，但又由於支持者對於擴大詮釋的言論範圍無法提供合理解釋，招致進一步的批評。例如，Meiklejohn（1961）主張非政治性的傳播形式（如科技、哲學和藝術）皆需要受到保護，因其能促進「知識、智能及人類價值的感受，和選票一樣可用以表達意念」（p.256）。批評者主張，民主功能的過度引伸，有損於第一修正案原始之政治功能（Bork, 1971; Stern, 1990; Redish, 1982a）。

監督政府權力功能論

　　第一修正案的第五功能即「監督功能」——就其政治特性上是與第四個功能相關。監督功能指的是自由言論在於防止政府的不義行爲（misconduct）。此學說是由Blasi（1977）所發展出來的。該論點意指自由言論爲有效地「警示政府正視官員行爲之影響，以減輕該行爲之負面效果」（p.546）。Stewart（1975）主張在第一修正案中，監督功能是爲新聞媒體所設立的條件，因該法案的起草者著眼於建立及保護所謂的政府「第四部門」（fourth branch）（pp.634-635）❻。對於美國憲法起草者而言，該項功能也是最大的動機因素（Blasi, 1977），第一修正案之最初應追溯至對英國殖民統治的反抗，至少有部分原因是對「反抗

---

❺ 有關於政治／非政治內容分際的討論，參見Sunstein（1993, pp.148-154）。

❻ 在第一修正案中，對於Stewart（1975）。將言論與新聞之間所做的區別邏輯主張，欲參考反對的論述，請參見Lange（1975）。

殖民政府的一種反應」，也是出於防止政府濫權的最大關切
（Owen, 1975, p.6）。

有關於自由言論之監督功能的最佳寫照，是出於大法官
Hugo Black在*New York Times v. United States*（1971）一案對第
一修正案的解釋文中，根據大法官Hugo Black之解釋：

> 政府之新聞檢查權之所以要廢止，即是讓新聞媒體永遠保
> 有自由監督政府的權力。新聞媒體之所以被保護，是因其
> 可揭發政府秘密濫權行為。唯有自由不受限的新聞媒體才
> 能有效揭發政府的欺瞞。新聞自由至高的責任是防止政府
> 任何部門欺騙大家，並防止政府為求外國利益而犧牲本國
> 子弟送去國外，死於外國人的槍火下。（p.717）

如Blasi（1977）指出，在最高法院的判決文中如此高分貝
的公開訴求第一修正案的價值是極少見的。

而監督功能最受評論之處，幾乎與前述強化民主功能論完
全一致（Redish, 1982a）。儘管Blasi（1977）認為，監督功能是
輔助性且有別於民主過程功能論，但Redish（1982a）主張，
「監督功能最終仍援引於民主自律（democratic self-rule）的原則」
（pp.615-616）。

社區安定功能論

言論自由的第六種功能是要實現社區安定，認為壓制公開
討論會降低理性判斷的空間，該論點認為「壓制反而造成不夠
彈性與停滯的現象，讓社會無法適應改變也不能產生新的思維」
（Emerson, 1970, p.7）。相反的，公開討論：

> 可以促進社會和諧，因大眾皆曾參與決策過程，大眾更能

接受與其相左的決定……自由表達可提供一個架構讓社會
進步中所產生的矛盾不致破壞社會。表達自由是平衡安定
與改變的一個重要機制。（Emerson, 1970, p.7）

自由意表之價值超越言論的政治功能，將言論置於穩定社
會變遷的關鍵角色，反而能確保公民在變遷環境中不會有負面
或反抗的反應。但社區安定功能論遭受批評的是，太過於強調
「權宜與思辨」的議題（Bork, 1971, p.25）而並沒有考慮司法過
程。根據Bork（1971）主張，社會安定功能論：

產生的議題唯有司法才能決定，在某些案例上，需要行政
部門決定。凡涉及權宜之便的問題，往往只是政府管理上
的判斷……因此只是權宜之決定，不適用於政府部門，也
不適用於司法。（pp.25-26）

由此觀之，安定社區非第一修正案原先在概念上與應用上
的訴求。

自我實現／意識自主功能論

最後是所謂的「自我實現」與「自主意識」功能論，該論
點是企圖將前述的學說畢其功於一役。根據Redish（1982a）主
張，前述第一修正案的價值討論皆是所謂「自我實現的次價值」
（p.596）要各項功能加總起來才能做出自我的決定。回述大法官
Thurgood Marshall的意見可以得到結論，即大法官Marshall其畢
生的法律判斷與分析都在強調自我實現的價值（Wells, 1993），
大法官Marshall和Redish一樣（1982a），視有效的民主、政府機
制與社區安定皆只是個人獨立自主與自我成就的個別功能罷
了。

　　第一修正案之自我實現功能，被批評為太過廣泛而無法有意義地節制言論。根據Baker（1982）的看法，「若一種價值可適用所有事物即是沒有價值：一種有用的理論，必能為廣泛的價值做明確的解說與維護」（pp.667-668）。

　　所謂「意識自主」功能也企圖結合前述所有的功能，使之成為單一的價值。近來，學者Reed（1997）進一步解說意識自主價值認為：

> 人類強烈的個體自我意識，可由言語的使用而得知。在最直接的感官中，從孩提時期，個體的自我意識從語言中得到增長。所謂的言論自由等同意識自主，這種自主意識之體現，唯藉政府施政中盡可能地不限制言論方可達成。（p.2）

　　Reed（1997）認為，不論在個人與整體社會皆須重視自由意識。儘管意識自主之價值仍待分析與評價，尤其是企圖整合所有價值成為單一概念，似乎被譏評為太過空泛而無法實現。

觀察評語

　　在比較第一修正案的各項功能之後，有幾項重點須澄清。首先，除了解放／自我滿足功能論之外，其他功能皆至少部分提及資訊接受面的好處。即表示解放功能論幾乎完全強調透過增加自我表達的機會之於說者的利益，而其他功能論述，則或多或少，強調意見思想的接受面與傳遞面兩者之價值層次。如個人才能發展仍得依靠接觸他人之意見思想而得之。而知識的提升只有在資訊獲取、綜合整理與分析之後才可能發生。同樣地，民主過程唯有在選民能充分獲得所有可得到的資訊狀況下，才得以健全。全民唯有獲知政府濫權之後，言論自由才得

以發揮監督政府的力量。社區安全則須由公民參與決策過程之後，有關社會困難的資訊才得以流傳開來。最後，自我實踐與自主意識功能論也確認多樣性觀點之接收對於個人決策與發展的重要性（Redish, 1982a; Reed, 1997）。

　　目前，第一修正案所賦予之言論自由權是否包括資訊接收層次仍不確定，因此有關於第一修正案之價值來源的討論尤其重要❼（Rumble, 1994; Stern, 1990; Wagner, 1998）。在全面瞭解第一修正案所有價值功能之後，可確認的是，第一修正案必須包括發送面與接收面，才能有效實現所有功能。事實上，只強調傳送資訊的權利，並無法完全體現第一修正案的概念。美國最高法院曾針對這個議題主張：「只要有說話者存在，對於傳播過程的保護就應包括發話過程來源與接收者。」（*Virginia State Board of Pharmacy v. Virginia Citizens Consumer Council, Inc.*, 1976, p.756）

　　自由言論之好處源自於對資訊與意見之傳遞與接收的同等保護。特別是當所謂「網路外部性」（network externality）存在時，則資訊的接收面即發揮效益。網路外部性在傳統的經濟學概念下，電話系統是最佳的說明典範（參見第八章）。當一個電話系統有愈多的使用者，則該電話系統對個別使用者愈具價值。只有一具電話存在系統內時是沒有價值的，一旦有了第二個人連線，價值才開始產生。尤其當連線人數愈多，其增加的價值會吸引更多人按裝電話。

　　就第一修正案而言，愈多的人能獲得言論自由，則對個人而言，言論自由才更具價值。我們所珍惜言論自由的價值，即

❼Rumble（1994）追溯資訊接收權之由來，發現其與憲法第十四修正案之正當程序條款有關，時間大概是在一九四〇年代最高法院明確認定之前。

在於它提供了多樣意見與思想，以及能自由流通的空間。若只給予少數人享有言論自由，那麼那些人所享受到言論自由的好處也非常有限。相反的，若言論自由僅在提供意見思想表達的自由，而無流通與接受的自由，則個人絕無法從他人之思想意見獲得言論自由的好處。

此外，吾人確認接收言論自由之網路外部性效應存在，即表示確實有某些個人或團體的意見訊息是比其他人容易被接收到，這也是第一修正案的困難點之一。若根據上述做一個比方，將訊息裝入瓶中拋入大海，並無法像在一個可容納一萬人的體育館，將同樣訊息傳送給聽眾一樣容易，試想人們能獲悉那個瓶中訊息的機率，幾乎微乎其微。因此對政策制定者而言，其首要責任即在同步增加意見表達與接受的機會，來維持第一修正案的基本精神。

第二個觀察是第一修正案欲保障之對象包括了個人與集體（參見**表3-1**）。解放功能論與才能發展功能論主要在個人層次，因為其對言論自由價值論述專注在個人成就快樂，自我價值，與促使自身完善的功能上。相對的，民主過程功能論、監督功能論，與社區安定功能論，則都將公民視為一個整體，這些價值論皆專注在社會制度而非個人行為與個別生活品質。其他功能論述則兩者兼具。如知識提升／真理發現功能論是兩個層次兼顧，因為一個活絡的意見市場是可同時在個人及集體層次上更完善整個的決策過程。自我實現／自主意識功能論也是強化這兩個層次，因強調個人發展的價值是完成集體目標最有效的工具（Redish, 1982a; Wells, 1993）。例如，吾人可知個人知識與決策能力的發展可以正向地影響政治集體決策的結果（Bloustein, 1981）。自我實現／自主意識功能論是在個人與集體層次之內，而在因果關係上，該功能論述是將個人概念優先於

集體層次上。

　　此節之論述在於第一修正案所強調的論點是平均分布在個人與集體的層次。前述每一個價值論都多少從歷史與知識理論中找尋支持。因此，吾人可得到一個結論，即第一修正案的內容是一多重價值的概念（Blasi, 1977; Cohen, 1993; Emerson, 1970; Schauer, 1983; Sunstein, 1993），而這個多層次特性則倒不必視為是一個待決的問題。如Sunstein（1993）所述：「吾人必須承認，言論自由的價值是多重且多樣的而非單一的」，因為「絕大部分憲法所賦予的權利都是具有多重目的」（p.129）。因此，就政策制定與政策分析的角度而言，第一修正案代表的是廣泛多重的政策目標，因此皆須被考量與評估。

美國憲法第一修正案個人與集體層次之研究方法

　　欲概念化第一修正案之內容，大致分為兩大研究途徑。最主要的爭論之一，即在於第一修正案是意欲保護個人的言論自由，抑或是全體公民的言論自由（參見Kelly & Donway, 1990）。Ingber（1990）認為此兩者詮釋立場基本上是對立的。每一個概念詮釋區分在前一節已說明。第一修正案的個人主義之詮釋方法主要是從個人層次的價值而論，見**表3-1**（即解放，個人才能發展等價值），而第一修正案之集體主義之價值詮釋所著重的是以社群為基礎的價值（即安定、民主與監督政府等價值）。

　　從傳播政策觀點而言，個人主義與集體主義論點的緊張關係其來有自，因為許多政策背後的邏輯即是出自於這兩種不同

詮釋角度。因此，某些政策若從個人主義來詮釋也許合理也合適，但在集體主義解釋下，就未必有正當性。因此，單一原則之邏輯是無法形成政策，也無法成為設計與評量傳播政策的工具。

第一修正案之個人主義詮釋

個人主義對修正案之詮釋是將個人言論自由之維護與強化置於最高的地位。無庸置疑的是，此一詮釋邏輯強調個人權利、發展與滿足（Baker, 1978）。個人主義著重個別公民自主權的極大化（Scanlon, 1979; Strauss, 1991）。例如，Baker（1978）之言論自由「解放」（liberty）功能論，要求政府須尊重個人自主權為核心假設。這種自主權包括說與聽的自主權。唯須謹記第一修正案的個人價值包括說者與聽者之自由（即是個人決策才能的發展）。如Wells（1997）指出最高法院之主張經常搖擺，有時強調說者自主權，有時則著重聽者自主權。

個人自主權之強調（無論是說者或聽者部分）源於一個事實，即憲法是保護個人免於政府不義的侵害（Ingber, 1990）。如Fallon（1994）所述，「確認第一修正案之自主權價值，有助於鞏固第一修正案與憲法其他條文的關係」（p.902）。Ingber（1990）將第一修正案之個人主義詮釋起源回溯至第十七及十八世紀啟蒙時代（Enlightenment Era）的哲學家。他認為自由言論的詮釋焦點在於：

> 個人是自由、理性與自主的行動者，是政治權威的來源，個人即是自我行為的最終理由。因此，憲法中絕大部分以權利為基礎的原理，皆以維護個人喜惡以及個人行動之解放為核心。（p.5）

　　在此詮釋架構下，由於過於強調個人自主，言論自由權往往被視為一種「負面的解放自由」（參見Fallon, 1994）；即個人從事自己欲做之事時，來自外部干預之自由。此研究之主要分析議題是個人在行使自由時是否會侵害他人的自由（Fallon, 1994）。

　　在憲法第一修正案的前提之下，美國最高法院將個人自主權優先化的判例，以*Buckley v. Valeo*（1976）一案最著稱。在該判決文中，最高法院否決國會立法限制選舉經費，將該限制視為違反第一修正案的精神。最高法院之結論是認為政府限制某些人的言論，來相對強化其他人的聲音，是不合乎第一修正案之精神（pp.48-49）。若以此觀點詮釋第一修正案，在任何環境下政府皆不可抑制任何人的言論權。此論點在於強調任何抑制個人言論權之作為「絕非第一修正案之精神」，最高法院之主張是否定任何超越個人言論自主概念的說法。在最高法院判決中，有關個人主義論述還有其他有名案例是*Cohen v. California*（1971）的判決文，其指出自由言論合於「我國政府體系之基礎，是個人尊嚴與自由選擇的前提」（p.24），大法官Brennan在*Herbert v. Lando*（1979）一案的判決文中指出，自由言論之「個人自我即是目的」是「人類尊嚴的本質」（p.186）。

　　但是，最高法院的主張並不必然認定第一修正案意涵與社群層次（community-level）價值相關，例如安定的概念與有效率的民主，皆非第一修正案之個人主義概念詮釋方向。上述也許是個人主義最極端之論述；但是，主張個人主義論點也會同時提升社群層次的目標。事實上，個人的自主權概念與民主功能論在學理上有明顯相關性（參見Fallon, 1994; Wells, 1997）。以此推論，唯全體公民能確切完全自主，自我治理之境界與責任才得以有效實踐。任何政體對於自主權之設限皆會威脅到有

效民主及自我治理的過程。如Post（1993）主張，「個人自主之保障在於防範政府對於民主精神之侵害，用以塑造出一套溝通架構，來達成自主意識的共識」（p.1121）。

若以此邏輯推論，爲推展自由言論之單一價值觀，通常將個人自主置於優先地位，而間接促成安定與有效自我治理之社群性目標達成。Redish（1982a）之「自我實踐」功能論也是將個人發展視爲首要。言論之價值，如監督政府濫權與促進有效自我治理亦含括於此一概念。但上述兩項功能被置於自我實踐的概念下之「次價值地位」（Redish, 1982a）。

同樣地，Reed（1997）企圖將第一修正案中各種價值整合成單一的「共同價值」，其步驟也始於個人層次，強調「意識自主」。很明顯地，凡自主原理皆爲第一修正案個人主義的詮釋核心概念。但是Reed主張擴大自主權的論述以融合個人在社群層次所想扮演的角色（參見Wells, 1997）。因此，意識自主有個人自主權爲其價值基礎。

總之，第一修正案的個人主義詮釋主要是關注自由言論所給予個別公民的益處。如個人解放、自我發展與自主權等，皆爲個人主義的論點。在個人主義的詮釋下，第一修正案的利益來自於言論的自由接收與發送。此外，強調個人亦可達成社群層次的目標，如有效率的民主與安定的社群等。無論如何，社群目標通常次於以個人爲主之目標。同時，社群目標的達成，是應透過對個人權利和自我表達的維護與促進爲前提，切記這種詮釋方式，是以尊重個人自主權爲政策的首先要務。

第一修正案的集體主義詮釋

第一修正案的集體主義觀點在於塑造一個言論環境，能讓最多的公民發聲與獲取他人觀點的環境。因此，自由言論在集

體主義的前提下，並非指的是個人行動，而是「公共事務的社會狀況」（Fiss, 1986, p.1411）。集體主義特別強調以社群為基礎的目標，例如安定、集體決策，以及有效率的民主等。根據Fiss（1996）：

> 言論在憲法中如此被重視……並非因其為一種自我意表或自我體現的形式，而是其為集體自決的精神所在。民主讓人們選擇自己所要的生活方式，而選擇的前提假設是透過公共辯論，並使用大法官Brennan的形式，即「無限制的，有建設性的，以及完全公開的」方式。（p.3）

因此第一修正案之功能是在強調集體公民的福祉優於個人言論的利益，有些學者特別強調提供社群的言論自由的利益遠超過個別言論自由（Farber, 1991）。對照上述價值所賦予的任務，因此集體主義的方法在於：「並非是所有人皆須發言，而是所有值得講述的事皆能被說出口」（Meiklejohn, 1948/1972, p.25）。

從應用的觀點而言，集體與個人主義詮釋最主要的差別，在於集體論述反對國會不得制定法律限制言論或新聞自由的原則，因為那是對第一修正案的一種絕對主義論述。從集體主義觀點而言，第一修正案的措詞很明顯地授權給國會制定強化自由言論的法律。如Meiklejohn（1948/1972）主張，「由條文內容而言，並非禁止國會所有有關於言論自由的行動。唯言論自由的立法，對於擴大與豐富言論自由的立法應不在此限」（p.16）。事實上，許多支持集體主義詮釋論點者贊成政府的管制措施（如選舉經費之限制），用以校正當前公民傳播資訊系統之不足（Fiss, 1996; Sunstein, 1993），而個人主義之詮釋論點特別反對任何政府管制言論措施，視其為個人自主權的一種侵害。

這項在應用方法上的差異主要源自於一個事實，即用以擴大及豐富言論自由的立法之同時，是會對某些特定個人之言論自由加以限制。從集體主義立場來看，某些個人自由的侵害是可被接受的，因第一修正案的基本要務是視公民為一整體，並且主要目的在於提升維護一個多樣意見自由流通的環境。Fiss（1990）透過比較個人主義詮釋所強調之自主權原則，與集體主義詮釋所強調之公眾論辯原則，來說明兩者的共通性：

> 自主權原則所提供的論述，是一個非常強烈反對國家干涉言論為前提之假設。而公民辯論原則無此假設。國家與其他組織立足點皆同，因此允許、鼓勵、甚至要求設計出能豐富公眾論辯的立法措施或命令，即使該項作法會引發某些人的言論遭到干擾，或因而否定個人或組織的自主權。（p.142）

在Meiklejohn（1948/1972）一項針對「鄉民大會」（town meeting）的著名論述中，認為個人自由的侵害是必然的結果，因鄉民大會是一個「可以用來測量政治程序的模型」（p.22）。Meiklejohn描述鄉民大會為一社群會員自由參加用以討論公共利益事務的機制，在此條件下，每一個參與者「有權亦有義務用自己的意見表達，並傾聽他人主張，基本原則是言論自由不應受限」（p.22）。但是，這種聚會是由一位中間仲裁者主持，其負責主持議事，維護議事規則，例如限制參與者之發言能「公開提問」以及有發言權者不受干擾。很明顯的，傳統鄉民大會議會形式存在有限制言論的情事。若沒有這些限制，則議事會無法有效達成原先的目標。因此，「大會之目的非在講話，而在於藉談話，將事情完成……這種形式的會議不是大家自由辯證。而是一種自我治理」（p.23）❽。

　　近年來，第一修正案之集體詮釋論調也逐漸抬頭，大部分是由於在美國傳播工具已高度發展，有逐漸緊縮個別公民分享意見資訊的能力，因此降低第一修正案促進有效自我治理的能力（即Barron, 1967; Ingber, 1984）。日漸依賴傳播科技獲取資訊，以及日漸集中的媒體所有權，以及媒體產業之商業本質，以上種種皆被視為是破壞第一修正案之集體主義理念的因素（Fiss, 1990; Sunstein, 1993）。

　　上述主張的第一個理由是基於公眾辯論與意表的過程已逐漸由人際轉移至媒體場域（Page, 1996）。因此只允許全體中一小撮人口能直接參與過程。第二是經濟利益已成為公眾思維最大的考量，因而破壞交換多樣意見觀點的可能性。此主張最早是源於新聞自由委員會（CFP, 1947）所發表一篇有名的報告，該報告主張若媒體擁有者謀取經濟利益之力量增加，將導致資訊的深度與多樣性降低，原因是擁有者將只專注在能吸引最多閱聽眾的節目內容上（參見Barron, 1967）。稍早，Fiss（1990）與其他的學者（即Bollinger, 1991）曾主張，主導媒體組織的經濟使命與公民對於充足多樣資訊來行使自我治理決策的需求，兩者存在著無可避免的衝突。

　　上述這些討論的重點是，若只認為政府是唯一有力量限制集體層次言論的組織，是一種非常危險的短視見解，媒體組織與其他非政府單位皆有能力降低言論自由的環境品質（參見

---

❽ 使用鄉民大會作為比喻，一直受到幾點批評（參見Massaro, 1993; Post, 1993）。最主要的批評是因為這項有其矛盾存在。一方面說自決是決策過程的核心，又說決策過程應在組織架構之下才可以（Post, 1993）。因此，根據Post（1993）所述，Meiklejohn這個比喻最大缺點是「其對於自決的實踐仍顯不夠激進，因為自決不應只在反映集體決定的本質而已，更應反映出集體決策其實是發生在一個更大的架構之下」。有關於第一修正案之集體主義方法的批評論述，參見Powe（1987b）。

Ingber, 1984)。根據Sullivan（1995）的說法：

> 一些私人組織……能行使跟政府一樣大（甚至更大）的力
> 量，來影響內容與言論之傳布。例如，企業、工會、政
> 黨、大學、廣播媒體，與犯罪組織，皆有多過政府的力量
> 來改變公眾論述。（p.955）

此點也得到最高法院明確的認定，在著名的*Associated
Press v. United States*（1945）案例中，根據最高法院陳述，「在
第一修正案的內涵下，政府干涉新聞自由的形式並不包括處罰
因私人利益而干涉新聞自由的行為」（p.20）。

私人組織以集體形式限制第一修正案所保障之自由，進而
破壞民主過程，讓許多集體主義擁護者認為政府不是自由言論
的威脅，而是促進言論自由的工具（Barron, 1967; Fiss, 1990,
1996; Sunstein, 1993）。而政府限制藉由其他組織所產生對言論
的壓抑，可以塑造一個公民自決與自我治理的環境，由此觀
之，政府反而是在對抗出版者或廣播業，來保障個人或是組織
意見的自由流通，皆是「在施行意見的自由流通，而非對人民
自主權的一種否定」（Schauer,1986, p.778）。

再進一步而言，若政府無法採取任何保障措施，則是對國
會不得制定法律限制言論或新聞自由之責任的一種懈怠。
Sunstein（1993）在這一方面提供最精闢的論述。他主張雖然私
人作為並不受憲法限制，但政府之作為顯示出，即使政府以一
種放任方式對待言論，也算是政府特定的作為。即表示私人組
織之所以有機會獨惠某些言論，其實是政府特定作為的結果，
不論其是普通法（commom law）之判決或是財產權的分配。例
如，廣播媒體被授予了相對的自主權去使用公共頻譜，其結果是
廣播媒體能夠排除某些觀點而獨惠其他言論，這是廣電媒體執照

申請審核制度下所建立的財產權功能。廣電媒體之所以會排除特定觀點而破壞第一修正案集體概念，其要歸因爲是政府作爲，其實就是政府在宰控排除特定觀點言論（Sunstein, 1993）。

　　最後這個觀點的重點是，普通法規與財產權法皆是政府之言論管制形式，也就是對特定內容的管制。任何在言論上由政府授予之排他性權力，皆不能只視之爲私人權力的行使，也必須以政府權力行使看待。尤其是從這個觀點評量政府作爲，則天底下無所謂「言論無管制」的說法（Sunstein, 1993, p.39）[9]。最後因檢視政府與第一修正案的關係之分析架構，會被上述觀點而擴大許多（對上述觀點之批判，參見Bunker, 2000）。

第一修正案與傳播政策制定

　　接下來的章節，針對第一修正案的概念化，概述兩個表面上相異但卻隱藏相關的詮釋方式，兩個概念化過程皆有不同的價值與目標。由於尚有未被解答的疑問，讓這些第一修正案不同的詮釋方式得以共存，但也都缺乏憲法歷史根源與最高法院法源依據。這些圍繞在個人主義與集體主義之間的關係上的問題，例如，如果將個人自由置於優先地位是否就是一個有效──或甚至是最有效地──創造優質自由言論環境的方式？同樣的，若用集體方式處理言論自由權，會在個人言論自由權產生什麼累積的效果？就第一修正案而言，是否集體主義方式就是擴大個人自由的最佳方式（參見Bloustein, 1981）？根據前面

----

[9] 值得注意的是，從Sunstein（1993）之觀點而言，有關於第一修正案之絕對主義論者根本不存在。

的討論，若就擴大個人自由，促進並活躍集體言論環境的共同
理念來看，第一修正案之個人與集體概念詮釋在理論上已經融
合（例如：Bloustein, 1981; Wells, 1997）；不過，這個問題也許
無法有效地從理論轉換成實證經驗。

　　就政策制定立場而言，第一修正案之個人主義取向功能對
於政策制定者之作為會是一項限制。相反的，第一修正案之集
體主義取向功能則較近似一個明確的政策目標，而非是一條不
可跨越的界線。很明顯的，兩種詮釋在傳播政策制定上扮演著
截然不同的角色。最高法院通常較偏好個人主義之詮釋優於集
體主義詮釋（參見Ingber, 1990; Post, 1993）。Post（1993）曾形
容最高法院對集體主義之詮釋「充滿敵意」（p.1109）。這些觀察
提供一個重要的指向，即反映出是哪些傳播政策較經得起司法
的考核。

　　不過，任何一種解釋仍須在最高法院之第一修正案的分析
中占有絕對優先的地位——或是在政策制定者之分析中，不過
就此而言——一切仍在爭議未決狀況中，主因是：(1)與第一修
正案相關的各種功能價值論在個人與集體觀點之間呈顯均勢
（參見表3-1）；(2)尚未有具說服力的論點證明個人與集體方法
具正向關係。但事實上，可以看出若要保障個人言論自由，是
需要對塑造更寬廣之言論環境付出努力。

　　回顧前述，第一修正案之七項價值中的六項，在某些程度
上皆強調閱聽眾從多樣來源處獲得多樣資訊的機會。就此觀
點，則聽者（接收面）之言論自由權的保障與促進，似乎是要
較有效實踐第一修正案各種價值的重點所在。欲有效實踐閱聽
眾的利益，至少必須部分強調第一修正案之集體價值詮釋。許
多個人主義的價值，如個別才能發展與有效決策等，皆有非常
重之比例來自於資訊的接受面（參見表3-1）；因此，凡僅將聽

者權利和第一修正案之集體主義概念連結，而將說者權利與個人主義概念連結都是錯誤的作法。無論如何，欲擴大個人接受多樣資訊的機會，應更著重健全收發資訊的大環境，而非僅僅增加個人說話的機會，除非吾人因為重視言論自由的接受面，提供一個能讓說者的聲音有效地被聽者接收到的環境，否則即使給予每個人絕對的言論自由也不具意義。而自由言論之網路外部性效應也無從發揮。上述關係被Scanlon（1979）的文章描述得非常精闢，「閱聽眾最大的利益就在於意表行為……其好處就在於有一個培養個人信仰與欲求的好環境」（p.527）。因此，一個自由言論的詮釋是即能充分說明閱聽眾接觸各種言論的價值，也能同時關注實現集體主義所主張之一種活躍的自由言論環境（參見Stern, 1990）。

最高法院對於第一修正案集體詮釋之價值最公開的一次確認，是在其對公平原則（Fairness Doctrine）（*Red Lion Broadcasting v. Federal Communications Commission*, 1969）法案是否合憲的判決文中。FCC已經將公平原則列為大眾傳播媒體功能的前提，在一個民主政體是應以發展「透過即時重大公眾事務的新聞與意見的散布以達成明智公眾輿論環境為要」（Federal Communications Commission, 1949, p.1249）。就如引述中所主張，公平原則明顯反應出是採用集體主義原則所制定出來之傳播管制規範；就其所強調的自由言論的政治功能〔雖然之後重新評估，發現公平原則也許傷害集體主議詮釋概念，甚至比破壞個人主義概念來得更大 [10]（Federal Communications

---

[10] FCC認為公平原則（fairness doctrine）會對廣播業者產生「寒蟬效應」（chilling effect），而導致不願製播具有爭議性的事件（FCC, 1985a），此項結論也得到Hazlett和Sosa（1997）的研究證實。因此，公平原則不僅侵害到廣播業者的言論自由，也危害整體的言論環境。

Commission, 1985a; Hazlett & Sosa, 1997）〕。當公平原則遭到挑戰之際，至少此一詮釋方式是最高法院所堅持的。根據最高法院的判決，公平原則儘管侵害到廣電媒體的編輯自由權，「但卻是強化而非限制第一修正案所保障之言論與新聞自由」（*Red Lion Broadcasting v. Federal Communications Commission*, 1969, p.375）。最高法院裁定公平原則與「憲法欲培養出能自我治理事務的明智公眾之目的，並無不一致之處」（*Red Lion Broadcasting v. Federal Communications Commission*, 1969, p.392）。但Red Lion案之後的數年，最高法院清楚表示其對該案之言論自由理念分析，大致是基於對「廣電頻譜稀有特性」的理解（*Federal Communications Commission v. League of Women Voters*, 1984）。因此，在最高法院所提的幾個集體主義詮釋案件中，Red Lion案則是一反往例（Post, 1993）。因為在過去三十年裏，稀有原理（scarcity）的重要性已日漸式微[11]（參見Coase, 1959; Fowler & Brenner, 1982; Spitzer, 1989）。

此重點是，並非要獨尊第一修正案的集體主義詮釋的說法。事實上，凡強調單一層次說法者皆遭遇到與極端個人主義詮釋一樣的難題。尤其是長久以來憲法思想極力主張個人權利的優越地位，以及最高法院所重視之個人自由（參見Ingber, 1990）。此節之重點反而是，當吾人利用所有與第一修正案所相關的價值時，集體主義的方式應與個人主義並重。

---

[11] 如許多批評者所載述，廣播頻譜特別稀有，因而需要特別的管制待遇。但有兩點事實推翻原先廣播頻譜稀有的狀況：(1)基本上所有的資源皆具稀有性，非頻譜獨有；(2)傳播科技提升，如信號壓縮與廣播訊號有線傳輸等兩項（Coase, 1959; FCC, 1985a; Fowler & Brenner, 1982; Spitzer, 1989）。

新的第一修正案之平衡驗證

在決定相關於第一修正案事務時，最高法案通常會將說者的權利與政府必要利益做一平衡調和。這種傳統平衡考量涉及的問題是，政府為防止某些不義之措施是否能合理化某些對個人言論自由的侵害。此點首先由首席大法官Learned Hand在*United States v. Dennis*（1950）一案中明白表達，此案的驗證考量，後來被最高法院在*Dennis*上訴案之判決文中所採行（*Dennis v. United States*, 1951），並且也迅速成為最高法院分析言論自由的重要考量要素（參見Frantz, 1962; Posner, 1986）。

第一修正案的平衡驗證已日益複雜。今日，已針對內容特殊（content specific）與內容中立（content neutral）兩種管制發展出不同的標準。特殊內容管制是特指傳播資料的內容（例如：暴力或性）。特殊內容管制必須滿足「嚴格審核」之標準，該種管制代表的是政府責無旁貸的利益，也是滿足該利益的最基本的限制工具（參見*Turner Broadcasting System, Inc. v. Federal Communications Commission*, 1994）。在另一方面，內容中立的管制形式，指的是針對非傳播內容的一種對言論之限制（例如，醫院附近的聲音管制）。像這樣的管制通常採用較寬鬆的考核標準，該管制是維護政府「最基本」利益，而非「責無旁貸」的利益（Stone, 1987; *United States v. O'Brien*, 1968）。

在某些事證上，利益平衡過程中反映出對言論的壓制與非壓制兩者間一項不正確的二分法。若我們從個人主義與集體主義觀點來考量言論自由，此傳統二分法是可以被推翻的。原因是政府利益——不論是責無旁貸或是基本的——皆代表著兩方平衡利益的一邊，也可能本身即是言論自由的利益。在某些事例上，會讓政府管制言論的事務，包括有國防、安全，或是由

其他言論所產生之危害。在上述事例上，傳統平衡方式也許有效。但在其他情形下——尤其是在許多重傳播政策環境下——政府利益涉及到的事務，包括多樣性與競爭等，如第二章所呈現出模型之各種原則，大都直接與第一修正案的集體主義詮釋相關。因此，所有需要平衡利益驗證的事務並非永遠是個人言論自由與政府利益之區分。其也許需要考量的是個人與集體權利的區分問題。這樣的區分，將以兩個最近傳播政策事務加以描述——網路成人內容管制與有線電視必載（must-carry）規定。

網際網路與成人內容

　　美國國會日益關心網路上成人內容即得性（availability），以及兒童取得這些內容也愈來愈容易。由這份關切產生兩個法案。第一項是傳播端正法案（Communications Decency Act，以下用CDA）（1996），該法明確表示任何人使用「電子通訊器材」，故意傳送粗俗內容給未成年或公開展示該種內容讓未滿十八歲的人可以直接接觸到者，皆觸犯刑法。但該法案最終以違憲之名被最高法院推翻[12]（*Reno v. ACLU*, 1997）。最高法院的結論是該法案違反第一修正案之精神，因為該法案並沒有充分符合政府利益來推動它（在這個案例上，很明顯地，政府利益是要保護未成年人遠離成年人的內容）。最高法院認定該法案條文非常模糊，特別其對於「下流的」（indecent）與「明顯有冒犯性質」（patently offensive），皆未充分定義，而這部分卻是CDA最重要的條件（*Reno v. ACLU*, 1997）。此外，最高法院認為該法案過於廣泛，為了保護兒童而威脅到成人被憲法所賦予的權

---

[12] 欲參考導致最高法院判決所有完整立法與司法活動的說明，以及法院推論內容的討論，參見Jacques（1997）。

利。結論是，傳統上受第一修正案保護的言論形式如今卻會受到CDA條文的威脅。簡言之，最高法院在權衡政府利益與個人自由言論的過程中，發現政府利益雖合法也責無旁貸，但政府在追求集體利益的工具上，卻毫無疑問地侵害到個人之言論自由權。

　　爲回應此判決，國會通過兒童線上保護法（Child Online Protection Act）（1998）。在法案名稱的改變更能清楚表明政府利益在其立法上的動機。該法院仍然清楚認定凡故意讓未成年接觸到成人內容者，皆負刑責，而國會特別針對最高法院反對CDA法案的理由，將內容定義縮小爲「凡有害於未成年人的內容」，並且仔細定義有害未成年人的資訊素材[13]。此外，兒童線上保護法案只針對World Wide Web上的言論設限，而CDA則要規範整個網際網路。兒童線上保護法同時也只針對有商業性質的內容來加以管制。

　　就如CDA法案，兒童線上保護法也立即受到法院的挑戰（參見*ACLU v. Reno*, 1999, 2000; Zick, 1999）。如CDA法案，兒童線上保護法之合憲性仍有待最高法院釋疑。至於最高法院如何看待這項限制兒童近用網路內容的修正案，以及在考量追求目標時，是否可以接受輕微地侵害到言論自由的態度，仍有待觀察。

　　國會的行動以及最高法院的考量象徵著對第一修正案的平

---

[13] 兒童線上保護法中對未成年人有害的內容題材定義爲：任何溝通內容、圖片、影像、畫像檔、文件、錄音資料、寫作文章，或其他任何形式的資料凡具猥褻或：(1)凡一般人用現行社區標準衡量，就整體內容與細部觀之，皆是設計用來引起或慫恿色情興趣者；(2)凡對未成年有明顯侵害性之描繪、描述或表徵者，具實際或刺激的性動作或性接觸者，具實際或被激起之正常與不正常的性動作，或以淫穢方式暴露性器官以及成年女性的胸部；(3)就整體觀之，缺乏重大之文學、藝術、政治或科學之價值者（47 U.S.C 231(e)(6)）。

衡驗證。在案例中,最高法院(理論上,是國會決定是否要立法)在保護兒童免於因接觸成人內容而在心理情緒受到傷害,被要求在第一修正案的公民權利與政府利益中取得平衡[14]。當然,在此案例上,吾人是在言論自由的利益與另一個政府責無旁貸、非關言論的利益之間取得平衡,因此傳統之利益平衡分析充分反映出政策事務的本質。

有線電視之必載政策

有線電視的必載原則是一種完全不同的情況。必載原則要求有線電視系統業者必須載播當地無線廣播電視台的訊號。必載原則長期以來一直是國會、有線電視業者、無線廣播電視台,與FCC之間爭議的焦點(參見Geller, 1995)。必載原則的合憲性終於在一九九七年由最高法院裁定(*Turner Broadcasting System, Inc. v. Federal Communications Commission*, 1997)。最高法院採取傳統對第一修正案的平衡分析法。在先前的判決中,最高法院認為政府在此事務上的利益是:「(1)維護當地免付費廣播電視的權益;(2)維護資訊的多重來源;(3)促進電視節目市場的公平競爭」(*Turner Broadcasting System, Inc. v. Federal Communications Commission*, 1994,p.662)。上述利益被視為優於有線電視系統業者和節目供應者的言論自由權。值得注意的是,最高法院原先認定必載規定是內容中立性質之管制,因此適用於較寬鬆的審核標準(*Turner Broadcasting System, Inc. v. Federal Communications Commission*, 1994),儘管最高法院內部有著嚴重意見分歧[15]。如最高法院之裁決,必載規定限制有線電

---

[14] 很明顯的,所有涉及此事件的各方,不論是支持或反對兒童線上保護法,皆同意一項假設,即未成年人在接收成年內容方面不具第一修正案所保障的權利——至少該權利不能推翻政府在防範未成年人接觸此類內容的使命。

視系統業者之編輯裁量權，也減少了有線電視頻道業者被載播的頻道空間（*Turner Broadcasting System, Inc. v. Federal Communications Commission,* 1997, p.1198）。最高法院裁定第一修正案所賦予有線電視系統的權利，並未超過政府利益，必載條文內容代表追求政府利益的工具。

　　不過，上述分析的弱點在於最高法院多數決定的焦點，在於是否政府其他的利益可以侵害到言論自由權；因為事實上第一修正案之分析著重雙邊的利益分析。而最高法院也絕非只認可政府的集體利益，若從集體主義觀點而言，刺激言論競爭與增加資訊來源多樣性（為必載規定的明文目標），兩者皆為第一修正案要活絡言論環境的目標。上述陳述主要來自於大法官Breyer具體而微的主張，他指出，必載規定「遷引出第一修正案一項嚴重的衝突價值……因為第一修正案所代表兩方的利益是同樣的重要」（*Turner Broadcasting system, Inc. v. Federal Communications Commission,* 1997, p.1024）。Breyer也參酌之前

---

❿ 美國最高法院大法官在判定必載（must-carry）條文是否屬內容中立（content neutral）的議題上，呈五票對四票的結果。根據大法官Kennedy在其判決文中是支持內容中立規則，「國會最高的目標非在偏袒某些特定內容的節目，而是在維護那40%沒有有線電視的美國人仍能收看免費的電視」（*Turner Broadcasting System, Inc. v. Federal Communications Commission,* 1994, p.646）。但是大法官O'Connor、Scalia、Ginsburg與Thomas並不同意大法官Kennedy及其他四位大法官的詮釋。大法官O'Connor的意見為「就此事件的相關法規而言，我不得不說有偏袒廣播業者，而非有線電視業者」（*Turner Broadcasting System, Inc. v. Federal Communications Commission,* 1994, p.676）。大法官O'Connor接著在該法規之內參考了一連串的聲明，並堅稱必載條款實屬內容動機。特別是她引用國會聲明說，強化與維護多樣性觀點以及當地節目的製播（特別是新聞與公共事務方面），來解釋說明必載條款的合理性。最後，她認為必載條款必須接受以內容管制為基礎的嚴格審核，而不應是較寬鬆的O'Brien式的考核。總而言之，這項判定結果顯示即使是在決定一項政策是否為內容中立，也絕非簡單的差事。

最高法院的判例，包括*United States v. Midwest Video Corp.*（1972）以及*Associated Press v. United States*（1945），指出必載條文的目標反映出「長久以來國家傳播政策的基本教義」，即是「將來源多樣與相左的資訊傳布至最廣，是全民最重要的福祉」，該政策「同樣地，能促進公眾討論與明智思慮，上述如大法官Brandeis多年前已指出，是民生政治的前提，也是第一修正案所極力實現的目標」（*Turner Broadcasting System, Inc. v. Federal Communications Commission*, 1997, p.1204）。因此，必載政策，若套用大法官Breyer的話，是代表「第一修正案具有同等重要的雙邊利益」（*Turner Broadcasting System, Inc. v. Federal Communications Commission*, 1997, p.1204）。

最高法院多數決之分析方式與大法官Breyer的分析方式的不同點在於，一個完全著眼於個人主義的詮釋；而後者則是整合個人與集體主義之詮釋，來完整正確地運用言論自由的價值與功能。在最高法院多數決的分析中，第一修正案的權利是只代表有線電視業的自由權利，至於任何以社群為主的權利，像廣布來源多樣的資訊的價值，則被排除在第一修正案原先關注的層面之外。相反的，該法案充斥著無線電視業對於公平競爭與經濟安定的關切，而這些皆屬於「政府利益」的項目（*Turner Broadcasting System, Inc. v. Federal Communications Commission*, 1997）。無論如何，必載政策最初明顯的動機是出於言論自由的集體概念，此概念在擴大公民接觸各種聲音的可能性，以完成第一修正案的各項目標（至於這項政策能否達成這項目標，是另一個需要探討的議題）。

上述討論，可看出言論自由集體主義的主張與個人主義之理念是一樣重要。因此必載政策的正確分析方式並不應只強調某一方面的利益。主要分析問題應是「這個政策是否能健全言

論環境到足以犧牲個人言論自由權」，而非「政府利益是否重要到必須推翻第一修正案所代表的利益」。藉由一個平衡考慮的問題，可將所有與必載政策相關的議題論述的矛盾納入考量。同樣地，這個問題可以作為政策制定者、分析家以及法院在考量言論環境之維護與健全時一項政策的參考指引。

分析方法的重新規劃，是將第一修正案兩種詮釋方式置於同等地位。當前的分析取向主要是將集體主義概念納入所謂「責無旁貸」或是「重要」的政府利益項目中，如此則一定會與第一修正案內容正面衝突。此現象讓集體主義利益背負更大的舉證責任，並且誤導第一修正案內容中多樣性與競爭的重要性。許多研究最高法院判例的觀察家皆認為，最高法院確實較偏袒個人主義的詮釋方式（Ingber, 1990; Post, 1993）。但從最高法院的立場來看，集體主義與其附屬的價值並非空泛地存在於第一修正案的內容。相反的，集體主義觀察並沒有背負著較多「責無旁貸」或是「重要」政府利益的標籤。

在此再一次說明，此章的重點非強調集體主義的詮釋優於個人主義對第一修正案的詮釋。重要的是，若從詮釋功能之發展與影響而言，集體與個人主義的價值應同等重要。個人主義的方法是實現集體主義目標的最佳手段，也就是說，若要完整實踐第一修正案的精神，兩種詮釋方式皆應同等的考量。可惜的是，當前對於第一修正案的分析方法，使用於某些政策決定之利益平衡考量時，誤置了集體主義的詮釋地位。要更正這種現象，即是重新導入一種新的平衡驗證方式。這種平衡驗證是將個人自我表達權，與多樣且健全的集體言論環境置於平等考量，如此才可不偏不倚地實踐第一修正案的精神。但這種新的平衡驗證法並非適用於所有的傳播政策事務，因為某些例證上，政府的利益是與第一修正案是無關的。同時，這種驗證方

式未必能讓立法與施政更容易，或是讓政策過程增加一致性。
但此分析架構可確切反映出第一修正案的範疇與廣度。最終，
這些平衡驗證認爲第一修正案的內容可同時促進與限制傳播政
策。若要在傳播政策中反映所有的社會價值，則勢必得接受這
種矛盾衝突的現象。

第四章 公眾利益
(The Public Interest)

前章將美國憲法第一修正案（the First Amendment）樹立成傳播政策中界定範疇的最高原則。在接下來的章節中所介紹每一個政策原則，皆不應踰越憲法第一修正案所界定之範圍。這些原則中，最基本也是最主要的概念原則即「公眾利益」（public interest）。公眾利益的概念是「政府民主政治理論的核心」（Schubert, 1960, p.7）。因此，聯邦傳播委員會（FCC）被要求以「公共利益、便利性，及必要性」（Communications Act of 1934）三項準則，來進行傳播產業的管制時，並不令人意外的是，這項指導原則在一九三四年之傳播法案中出現十一次，並在一九九六年的電訊法案中則整整用了四十次之多（其中有時「便利性和必要性」兩項準則並沒有附加上去）。

自從一九三四年的傳播法案成立後，雖然所有公共利益政策仍須遵從第一修正案所界定之範圍，但在傳播政策中，公共利益之概念仍是其他基本原則的庇護性概念（umbrella concept）。因此，每個政策目標都會在接下來的數章討論，不論是加強意見市場（marketplace of ideas）、促進多樣性（diversity）或在地性（localism），或是增加市場競爭，這些原則皆應被視爲是完成公共利益目標的基本組成要素。

正因爲公共利益是傳播政策的核心概念，因此探索其起源、優勢與劣勢，以及其被政策制定者和政策分析師用不同方式所做的詮釋，是一非常重要的工作。不僅要在實際的傳播政策中來探究公共利益一詞的詮釋與應用，更需要在政治哲學的架構下評估公共利益的政策目標。雖然傳播政策的領域，只有極少數是從概括性的政治和哲學情境中去審視概念，但在公共利益所主張之傳播管制措施中並不少見。因爲如此詮釋對於公共利益概念的深層瞭解是有助益的，更重要的是，如對公共利益概念解釋能有清楚的定論，事實上應用於傳播產業政策制定

也較爲適當。

　　接著本章進入討論更細部的傳播政策案例研討，也將概述公共利益一詞在傳播管制政策之應用與在傳播管制演進史之介紹，同時回顧委員會（FCC）的公共利益政策使命的演進過程。尤其在美國國會和FCC對於公共利益標準下所賦予之管制權限範圍仍僵持不下之際，藉公共利益一詞來界定FCC權力範圍之相關議題，至今仍然重要。而這種矛盾需要被置於適當的歷史和制度情境中來討論才行。

　　藉著在傳播管制政策的情境下，討論公共利益原則的起源，顯示早在一九二七年的無線電廣播法案（Radio Act of 1927）制定之初，即開啓了對公共利益一詞的爭議和批評。這樣的爭辯持續到今，有些人認爲這個語詞缺乏實質意義，因此對管制者之制定政策來說完全是一個無用的原則，而其他人則認爲其在劃清管制權力的界線上，反而非常靈活有效。這些對於公共利益語詞的批評與讚揚，本章都將討論和評價。

　　本章探究當前極端模糊不清的公共利益標準，以及由於該標準之模糊不清所造成的詮釋歧異和不同的應用（參見Rowland, 1997b）。McQuail（1992）指出，「公共利益這個概念最大問題特徵就是，原本對立的政策提案，任何個人卻皆能將公共利益的概念根據自己的說法來作爲自己的政策辯護理由」（p.20）。在針對這項議題上，本章舉例說明在聯邦傳播委員會（FCC）之內，即便是管理階層改朝換代，卻可以將公共利益的概念做完全相反的解釋及應用。這種歧異的解釋和應用方式顯示出，即便經過多年，委員會（FCC）也並沒有致力於將政策決策連貫與一致化。

　　本章所要探索的關鍵問題在於，公共利益需要什麼要素才能有效達成？所提出之特定議題包括，是否能說將消費者主權

極大化即等同於公共利益的達成，或是極大化市場競爭即能被視為是達成公共利益的同義詞。相關的議題包括公眾在判斷公共利益是否達成的過程中，所應扮演的角色。公共利益的概念反映出傳播管制獨特本質，而為使之成為一個有用的政策工具，則相關於公共利益的議題必須援引自較廣的政治哲學分析。

藉由組織這些不同議題討論，本章歸納出公共利益概念的三個不同層次：概念性層次（conceptual level）、操作層次（operational level），以及應用層次（applicational level）。許多針對公共利益概念的討論或批評，皆無法認清公共利益這個概念本身即有多重層次。不是說人們無法認清這個名詞有多重定義或概念。相反的，有關於公共利益標準之討論就已經明顯地概述出其不同定義和解釋的現象。更確切地說，此論點指的是，有關於公共利益標準之討論，普遍地無法體認這種多重定義之內又存在有多重層級的現象。正如本章所述，特別是在政策制定及政策分析的情境下，公共利益的概念包含有適用於不同功能之不同詮釋層次。任何公共利益標準之討論或批評，必須先指明出其所審視的層次。因此，如同許多批評者所說，許多本身含混不清的論述卻想要證明公共利益是一個意義含混的名詞，而這些論述並沒有指出含混不清所在的層次。總結來說，本章是要歸納公共利益標準不同的解釋和批評，並將其歸類至適當分析層次之中。

已經有意義不明確或多重解釋的問題存在於三個層級中的任何一個層級。然而，公共利益一詞意義的論證、討論，以及研究，唯有在所有人在同一個層次中來辯論時，才會提高這個名詞的效用。而此章所提供的組織架構，也試圖為未來的論辯聚焦。

公共利益語詞的起源

在提出公共利益原則的三個層次之前，首先必須解釋這個概念在傳播管制中，居於何種核心地位。在管制的情境中，「公共利益、便利性，或是必要性」這些名詞，根源於美國各州的公共事業立法（state public utility legislation）活動。美國各州設立管制委員會最早起源於一八三二年，比起國會在一八八七年創立第一個聯邦層級的管制委員會（first federal-level regula-tory commission）還早上五十幾年（Rowland, 1997a）。各州的管制權威機關主要始於運輸事業（尤其是鐵路事業），以及其他被認為「與公共利益相關」的公共事業（Caldwell, 1930, p.301）。尤其是在聯邦政府層級上採用委員會形式之管制模式時，公共利益的概念開始有所轉變。然而，在傳播產業的環境下，公共利益的概念一再被重新提出，公共利益在委員會（FCC）的報告及國會之內的爭論，顯示其立法的過程比起法律條文本身，受到更仔細的處理（Rowland, 1997a）。在聯邦層次上，「公共利益、便利性，以及必要性」這個用語全文首先出現在一九二〇年的運輸法案（Transportation Act of 1920），該法案提供州際貿易委員會（Interstate Commerce Committee, 簡稱ICC）可依循便利性和必要性兩項原則來核發執照（Edelman, 1950; Rowland, 1997a）。

公共利益這個用語第一次出現在傳播管制的情境，可追溯到一九二〇年代舉辦的一連串廣播會議。該會議主要是為因應新媒介的出現所發展的一個管制架構。Krattenmaker和Powe（1994）與其他研究者則提出一些令人信服的證據，來證明

Herbert Hoover是第一個使用這個公共利益名詞的人，當時是其主持這一系列的會議時所發表的演說中使用（亦見Hazlett, 1990）。這個概念在一九二二年Hoover在第一屆國家廣播會議的演講文中，的確是非常突出（Garvey, 1976）。雖然當時Hoover以及會議的參與者並沒有提供這個語詞精確的定義（Benjamin, 1992）。然而，在一般層次上，Benjamin對這些早期會議的結論是，公共利益乃繫於以下的幾個概念：「即閱聽人能有接收高素質節目的能力……是少數『優質』電台對公眾所提供的好處之一；以及管制當局核發執照、拒發執照，和撤回執照的發展標準。」（p.96）在之後章節將會看到以下的現象，那就是公共利益概念並沒有被明確的定義，反而間接地與某些廣泛的原則較相關，而這些原則在傳播產業管制之公共利益本質上，仍具顯著特質。

可惜的是，公共利益這個語詞從一般概念到被採用作為傳播產業立法檢驗標準的這個進程中，並沒有被完整的保存下來。這個用語出現於一九二七年的廣播法案，然而，這個法案的立法歷史中並沒有說明其來源（Krasnow & Goodman, 1998）。根據前任FCC的主席Newton Minow和前參議員Clarence Dill（是廣播法案的關鍵起草人）的對談中，參議員回憶起先前的經驗，當時美國州際貿易委員會（ICC）中一位年輕的委員會職員，是第一個建議採用「公共利益、便利性，和必要性」的用語的人。根據Dill所述，「這個建議聽起來非常棒，所以我們也決定採用」（引自Minow & LaMay, 1995, p.4）。然而，在早期的描述中，Dill（1938）回想起「是廣電媒體業者自己建議要在法律條文中包含『公共利益』一詞」（p.89）。因此，公共利益被包含進傳播產業立法的程序細節，充其量是有點不清不楚。

當公共利益一詞被推薦作為傳播產業管制原則時，雖然他

們主張將公共服務的義務加諸廣電媒體業者身上，但參與者特別建議，廣播經營執照不必被視爲公共事業的執照（Robinson, 1989）。廣電媒體業者在那時也欣然接受這些義務（Rowland, 1997b）。用一個接受管制後的商業體制，來取代因不受管制的市場混亂所造成從這個媒體產業流失的潛在利益，廣電媒體業者當然高興地做出讓步來接受管制（McChesney, 1993）。然而，這樣的安排導致該產業獨特的情況，即一個不被視爲公共事業的產業，卻須接受一個原先只適用於公共事業的管制原則的現象。

　　因此，早期許多傳播產業政策界人士，對於一九二七年的廣播法案中使用公共利益之管制標準是持批評的態度，這點或許並不會令人感到驚訝（如Caldwell, 1930）。這些批評至今仍然非常關鍵。舉例來說，許多人的責難是，將一個原先應用於其他龐雜不相關的產業且意義不明確的原則，卻要適用於傳播產業（見Rowland, 1997a, 1997b; Streeter, 1983, 1996）。公共利益標準的意義不明確，無疑是批評者最常見的反對理由。正如另一位前FCC委員Glenn O. Robinson（1989）所提出的論述，雖然一九三四年的傳播法案明確地界定出許多FCC的功能、責任，和程序，但是它並沒有釐清公共利益標準的意義。早至一九三〇年代批評家主張，「『公共利益、便利性，或是必要性』，幾乎與當初法案起草者的最初原意無關，但竟仍然能符合憲法精神，而成爲行政當局管理核發執照的原則」（Caldwell, 1930, p.296）。

　　在一九四三年，美國國家廣播公司（NBC）與最高法院爭辯，認爲公共利益標準是如此含糊，以至於有違反憲法之虞；然而，這項上訴被法院駁回，其贊成將公共利益標準作爲FCC廣泛管制權力的標準（*National Broadcasting Company, Inc. v.*

United States, 1943）。事實上，最高法院將公共利益標準描述爲
「專家團體（即FCC）行使自由裁量權的輔助工具，而這個專家
團體是受到國會特許成立來實行其立法政策者」（*Federal
Communications Commission v. Pottsville Broadcasting*, 1940,
p.138）。儘管已得司法上之認可，但認定公共利益標準仍存在意
義不明確的爭辯，一直持續到今日（如Krattenmaker & Powe,
1994）。

　　然而，有些人士認爲這種概念上的模糊，其實是經過設計
的。根據支持這項說法的人士認爲，是由於當時新廣播媒體充
滿科技的複雜性與不確定性，使得國會不得不採用一個含糊的
標準來因應（Corn-Revere, 1993）。這個既有之不確定性之特
質，讓行政管理上保有彈性和回應空間。Krasnow和Goodman
（1998）指出：「公共利益的主張……即是讓管制機構能創造新
規則、管制及標準，以因應新的情況發生」（p.609）。因此，這
種意義上的含糊反而可以適應傳播產業內經濟與技術情況驟變
之可能性，並且允許這個領域的專家（即FCC的成員），能行使
自由裁量並用最佳的管制方式，來管理這些既新又複雜的傳播
工具。

　　然而，也有些人用不同的方式來詮釋公共利益標準意義不
明確的背後動機。根據Williams（1976）所述，之所以缺乏一套
標準來明確地定義管制績效，其目的就是要讓國會能輕易抨擊
FCC的決定，尤其是當FCC沒有配合實踐國會的公共利益標準，
或是沒有支持國會代表的某些政策方案時，更是如此。FCC的許
多分析師認爲，公共利益標準的不明確，使得FCC比起其他「獨
立」管制機構而言，較易受到國會的影響（Emery, 1971;
Shooshan & Krasnow, 1987）。Shooshan（1998）指出：「用含糊
的法令來關照公共利益，已經阻礙公共政策的一貫性發展，因

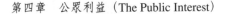

為國會（或是國會有影響力的成員）能輕易地宣稱，『該政策不是我們所意指的公共利益』」（p.625）。許多關於委員會遭受國會調查與攻擊的案例，顯示與此想法不謀而合（見Napoli, 1998a）。

　　無論如何，必須承認最初對於公共利益這個語詞的批評其實是無意義的，因此本章接下來是要勾勒出公共利益其意義的層次。正如所顯示的，在傳播產業管制上，公共利益標準意義含糊的程度，是依著所檢視層次的不同而有所差異。然而，就此宣告整體概念是無意義的，而就此將其從管制架構中拋棄，這樣的想法也完全不適用、不實際，而且潛藏著高度傷害，尤其在探討傳播政策制定與政策分析的特定應用情境下。Goodsell（1990）指出，公共利益的概念也許非常缺乏學術聲望，然而其仍在「實際之政府體制的操作範圍」內維持高度的顯著性（p.97）。正如本章最初所舉例說明的，公共利益的概念在傳播產業政策的領域內的顯著地位正逐漸增加。在這種情況下，相對於廢除及重組整體管制架構，最實際且適當的作法就是定出明確的意義來強化這個概念，並且增加它的效用。至少在某些層次上，公共利益概念並不像許多批評者所爭辯的，那麼缺乏具體的以及被普遍接受的定義（至少在傳播產業管制的情境內並非如此）。總結來說，對公共利益概念毫無意義的批評是被過分擴張，並且要求放棄用這個概念作為傳播產業管制工具的行為也過於草率。相反的，較合適的方式是，將更明確的定義融入此概念之中。

公共利益的層次

本章討論公共利益概念三個主要層次，而其相關核心問題，如圖4-1所呈現。這些層次中，第一個是概念（conceptual）層次。這個層次（是三個之中最廣泛的）的爭議主要圍繞在這個用語背後的普遍性意義，尤其是有關於公共利益的決策是如何做成的相關爭議。這個層次的分析基本問題在於，當一個機構被委以實現公共利益之責時，該如何達成公共利益的決策？這是最抽象意義層次的問題，最常出現在政治科學家及政治哲學家的爭辯之中（見Benditt, 1973; Cochran, 1974; Friedrich, 1962; Held, 1970; Schubert, 1960; Sorauf, 1957）。在公共利益意義概念層次上的討論，通常是在確認及批評這個用語之各種不同概念，試圖為這個名詞相關的特定意義提出理由，或常見的情況是，主張這個名詞基本上並無意義的論點（見Schubert, 1960; Sorauf, 1957）。

概念層級

一個機構如何被委以公眾利益責任，來達成其公眾利益決定？

↓

運作層級

什麼特定價值或原則，與達成公眾利益有關？

↓

應用層級

應該要實行什麼特定的政策行動？或是應該使用什麼管制標準？

圖4-1　公眾利益的層級及其核心關注

第二層次是運作（operational）層次。這個層次與達成公共利益的特定價值或原則的層次相關，也就是說，這個層次要定義出具體的目標。在這個層次上，Mitnick（1976）指出須確認「在實證上，吾人可用以決定某些事務是否屬於公共利益的一項指標」（p.5）。當然，這些特定的價值或原則源於第一層的概念，也出自於該名詞所應用於特定之社會、政治，或是管制的環境。此章節之焦點主要在於公共利益概念如何運用在傳播產業管制環境中。

第三個層次是應用（applicational）層次。在這個層次，是將第二層次中特定的價值與原則轉換成具體的政策決策或管制標準。因此，在運作和應用層次之間的關係可比擬成策略和戰術之間的關係。在策略層次中，形成一般行動的計畫和指導方針。在戰術層次上，這些指導方針被轉換成具體的行動。當然，「即使許多人在一般原則上意見相同，但幾乎確定的是在實際情形中該如何應用那些原則，仍有種種不同的觀點」（Downs, 1962, p.7）。Downs的陳述說明了公共利益標準的爭議或批評會發生在多重層次之事實。因此，傳播產業的情境中，公共利益的運作面向存有多樣的意義。那麼，在應用層次上，是在於決定如何將目標達成（例如：經由解除市場管制或是經由加強多樣性政策）。

概念層次上的公共利益

概念層次是最抽象的層次，其中，公共利益的意義也最受到爭辯及討論。事實上，在傳播產業政策的領域中，公共利益在這個層次上的討論並不是特別普遍（參見McQuail, 1992; Ramberg, 1986）。更確切地說，此層次從政治科學家那受到最多的關注，其為尋求判定是否公共利益的概念對於政治行為有任

何解釋力之標準（如Cochran, 1974; Mitnick, 1976; Schubert, 1957），而政治哲學家則普遍關注在探索此概念的界定與釐清（如Benditt, 1973; Friedrich, 1962），而較少關注於其預測之功效。

研究者已經確認出在公共利益概念層次有十多種不同的意義（見Ramberg, 1986），雖然這些概念很容易被壓縮成幾個類目特徵。基於這項討論的目的，公共利益的概念被組織成以下的項目：多數主義者（majoritarian）概念、程序（procedural）概念，以及規範（normative）概念。在概念層次上，關鍵問題涉及到公共利益的決定是如何達成的。這個歸類方式由Held所提出（1970；關於公共利益的其他類型，見Cochran, 1974; Mitnick, 1976; Ramberg, 1986; Sorauf, 1957）。區隔這些類項關鍵點在於，公共利益在於這些概念中包含規範性面向的程度大小。由於圍繞在公共利益意義上的爭辯，多數發生在政治科學之內，其重點常強調這個用語的解釋面向上（例如這個用語之功能在於幫助吾人瞭解政策制定者之確切作為），而比較少強調在規範性面向上之功能（如這個用語對於政策制定者應有的意涵）（Griffith, 1962）。然而，在傳播政策制定的情境下，最高的關注應是，如何以公共利益作為政策制定者的決策工具，或是作為政策分析者的評估工具。就這些既有的用途而言，皆是在規範性面向上的需求。當然公共利益的規範性面向，不能確實的反映出政治決策的真實。因此事實證明公共利益早已經不被視為是一般管制行為的預測原理（見Posner, 1974），尤其是對FCC政策的預測（見Napoli, 1997a）。然而，我們的討論焦點在於規範性面向而非解釋性面向（更具體而言，意圖是為改善傳播產業政策制定和政策分析），因此公共利益必須具備規範性面向，而讓這個概念角色成為政策制定者主要的決策標竿，以及

作為政策評估的主要標準（見Flathman, 1966）。以下會討論到，在公共利益大部分的意涵中，凡缺乏規範性概念者，皆對傳播產業政策制定上少有效用。

多數主義者（Majoritarian）概念

公共利益第一個被普遍闡述的概念，是將公共利益定義為個體利益的聚集體，公共利益之原則用大多數原則（majority rule）來決定政策方案。Held將此標示為「優勢」（preponderance）原則（1970，第三章），公共利益的多數主義觀點，將管制者定位為社區政策偏好的詮釋者，其必須將這些偏好轉換成有效的政策（Box, 1992）。事實上，公共管理機構主張透過調查，對市民政策偏好做持續且精細的評估，應是政策制定者致力於達成公共利益目標的核心任務（McEachern & AlArayed, 1984）。Cass（1981）主張，「公共利益這個語詞所闡明的意義，應是在反映某些市民之總合觀點」（p.57）。傳播產業管制早期，公共利益的概念即十分顯著。在聯邦廣播委員會（Federal Radio Commission, FRC）成立的第一年，Henry Bellows委員宣布：「我們只能做你們（市民）告訴我們你們想要做的事」（引自Baughman, 1985, p.4），這反映出期待用公眾投入之程度來作為指導政府的管制行為。然而，Held（1970）宣稱，在一九六〇年代，委員會大部分已經拋棄公共利益的概念。

但是，公共利益概念即代表民眾的意志，從民主理論觀點來看，該概念仍是十分引人注意。該概念將政策制定視為民主過程，和其他要素一樣，以一人一票制為支配原則。然而，這種公共利益概念也有一些缺陷。最重要的是，大部分的民眾對於政策議題很少被告知（Downs, 1962），尤其是有關於獨立性管制委員會，例如FCC。這些主張在傳播管制早期即已出現。在Herring（1936）的行政管理過程的經典研究中，找到一個用語

十分不雅的例子，其中他反對在傳播產業管制中使用公共利益的多數主義觀點，並聲明「公共利益並非僅由公眾有興趣的事務來決定。在廣播管制中有許多因素也會影響公眾，但是這些事務卻超過公眾的判斷能力」（p.171）。

雖然這也許是一個對公眾能力過於嚴厲的評判，但是公眾長久以來對於傳播管制事務，即抱持冷淡又一無所知的的態度（Baughman, 1985; Ulloth, 1979），已有研究結果證實在政策過程中，公眾之行為是有這樣的態度特徵（Kim, 1992a; McGregor, 1986，亦見第十章與第十一章）。總結來說，公共利益各種形式的多數主義論皆有「對於某些長期性的、少數人的，或技術性的議題，存有感覺遲鈍，或漠不關心的現象」（McQuail, 1992, p.25）。因此，若依公眾的意見和影響來概念化公共利益理論，則對於像FCC這種須面臨全面議題的獨立性管制委員會時，公共利益理論並沒有提供較多的效用。此外，多數主義的方式須藉一個有效溝通的機制，將公共偏好傳達給政策制定者（這個方式又與之後所討論的程序概念密切相關）。不幸的是，政策制定者達成其政策決定時，很少積極從普羅大眾這邊尋求資訊。有關於FCC的研究發現，FCC在決策規劃上即大量忽略公眾的參與投入，或者，更重要的是，公眾的代表缺乏必要的資源來影響政策決定（見第十章）。

正如這項討論提出的，即使委員會想要實質的改善對於一般大眾政策偏好的敏感度，用這種方式所產出的政策，其即代表著多數公眾的政策偏好，仍然受到高度質疑。公眾的缺乏資訊和興趣，以及公眾在過程中缺乏資源來參與，這些因素皆摧毀了多數主義這個概念的理想狀況，而且也質疑這個概念是否就是極大化政策決定之效用的實際可行手段。此處的關鍵點在於，即使對於多數公眾偏好的反應機制非常敏感，這些在政策

制定過程中的公眾投入，仍然會嚴重偏離多數主義概念。因為，要讓政策制定者能真正地在公共利益多數主義概念下運作所需要的矯正措施，已不是在傳播產業政策的領域中所能解決，而必須進入到改善民主過程之論域，而是更廣泛及複雜的範圍。

程序的概念

　　另一個常見用以闡明公共利益概念的方式，即是用達成決策的過程或透過這種過程所達成的結果（見Ramberg, 1986），來定義公共利益（如Herring, 1936）。明顯地，這兩個程序之觀點區隔很細微（見Cochran, 1974）。將公共利益作為程序—結果觀點認為，「公共利益和民主利益——衝突的過程是完全相同的，只是結果能回應社區的實質共識」（Cochran, 1974, p.341）。因此，只要這項決定反映出不同利益的參與投入，那麼公共利益即已達成。

　　這個公共利益概念化的方式在傳播產業政策制定的分析中非常重要。舉例來說，在傳播產業管制中，最高法院對於公共利益的詮釋，經常宣示為「公共利益就是FCC所說的」（Ramberg, 1986, p.26），說明決策過程就是該內容之概念定義。相同地，在傳播政策制定的早期研究之一，Edelman（1950）的結論認為，「『公共利益、便利性，或是必要性』之唯一具體定義……即是由聯邦廣播委員會和聯邦傳播委員會所採行過的政策之總合」（p.30）——這項定義清楚地說明只要是提出FCC的行動，不管是什麼，因為這些政策本身即定義出公共利益的概念。

　　公共利益的概念對於政治科學家來說也許很有用，因為政治科學家經常做出結論是，以過程為導向（process-oriented）的定義是最好的，就達成公共利益概念的合理定義而言，其較為

可行（雖然這個方式也受到質疑）。可惜的是，此概念用於傳播政策制定或政策分析上效用不大。這個以結果爲主（results-focused）的概念面臨一項事實，那就是在政策過程中所有的政策，公共利益的概念被降格成爲價值中立（value-free）的標籤。根據Sorauf（1957）所言，公共利益的主張由於在過程涉及多方競爭利益，「已不再成爲政策制定的指引，而是多方鬥爭之後的產物，公共利益要等到利益團體鬥爭輸贏決定之後才存在，因此公共利益不再是政策形成的基準」（p.630）。同樣地，太過強調過程的公共利益概念，其本身即忽略了該過程是否針對特定實質的後果問題（Cochran, 1974）。這種以過程爲主的定義無法決定過程是否可行。這個定義對於政策分析家來說無甚助益，因爲其並沒有提供標準來參照評估政策的效果。根據這個概念化的方式，政策分析家的角色會被減化至簡單的監控政策制定過程，只爲確保利益團體之間是否有同等參與罷了。

然而，堅持特定過程也許是公共利益概念的組成要素。當然，過程本身也有缺點，其可損害FCC有效實現其公共利益使命的可能性（見第十章與第十一章）。爲求制定更好的公共利益政策，矯正這種程序的缺點是有其必要，而且也應該將政策分析家的責任包含進去。Nagel（1990）指出，政策分析可以聚焦在政策形成或政策執行。兩者皆爲有效的政策制定不可或缺的要素。然而，公共利益的定義不能只停留在過程上。這個有限的概念化方式忽略了在政策過程中引導決策者的規範性原則。因此，立法過程是必要的——但不是充分的——公共利益之組成要素。凡具體政策的內容及其評估標準，必須有一正當理由（Barth, 1992；亦見Lasswell, 1962）。本書其他章節要呈現，一些規範性原則已經變成傳播產業政策決策的核心，也必須被視爲公共利益概念下廣泛的組成要素。

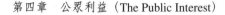

一元論（unitary）的概念

　　公共利益的最後一個概念化方式，將其定義爲單一的、一致的價值（Held, 1970）。在這個概念下應該是顯而易見的，公共利益概念所具有的規範性構面並未在其他概念中出現〔亦可見於Cochran（1974）對於公共利益之「規範性」理論的討論〕。雖然在過程的層次上，多數主義論及程序論觀點也是規範性的，在這個範圍中，他們所支持的是民主決策制定的方式，但沒有提出實質的問題。事實是，不論是程序論或是多數主義者的觀點都不承認，同樣由民主決策過程出來的不同政策，卻能夠就其實際達成的目標而做出不同評估的可能性。也就是說，兩個從相同過程出來的政策，不需要同爲公共利益服務。不幸的是，這種以實質問題（substance-specific）爲分析面向的方式，是在公共利益的程序論及多數主義概念中所找不到的。執行實質分析，需要多一個層次的評估，其中，政策的內容及效果取決於不同的評估標準。這些標準也會提供政策制定者在決策上的一個分析標竿。

　　爲了讓這個公共利益概念能有這些價值功能，特定的價值與原則必須納入定義之中。Flathman（1966）認爲，許多理論家皆曾在實質原則的條件下，提出了公共利益的定義。「這些……原則對於公共政策提供了實質的指導方針」（Flathman, 1966, p.53）。Mitnick（1976）認爲這個規範性概念類別爲「一套偏好」（set of preferences），其能「反映永續與最終的價值」（p.15）。Goodin（1996）最支持此一公共利益的概念，其主張公共利益最好能概念化爲吾人「最至高的共同關心」（the highest common concerns）；也就是說，唯有藉公共成員角色的每個個人所共享的利益，才能增進一致的公眾行動（p.341）。用這個方式來概念化公共利益，才能夠發揮作爲公共政策發展和評估的指導的潛

在功能（Downs, 1962; Flathman, 1966）❶。

由於對於公共利益概念的長期爭辯以及對此議題完全缺乏共識，如今徹底的解釋到底為何（如同本章說的），一元化之概念對於傳播產業管制來說是非常重要的。首先，必須承認公共利益概念層次的討論，比起行政管制（如Flathman, 1966; Friedrich, 1962）而言，是必須在較廣泛的格局下來解釋這個概念。舉例來說，Schubert（1960）提出了更多不同情境須特別考量，包括了總統之決策、國會的代表性，以及司法程序。若從管制性決策在制度性差異而言，程序或多數主義之概念化也許在這些其他的決策情境中，存有較多的相關性。然而，公共利益的概念層次，在行政管制的嚴格條件下受到較仔細的檢視，而規範性之概念通常是非常重要的（Herring, 1936; Polic & Gandy, 1991）。尤其是，當吾人將公共利益作為政策制定的工具時，則其概念化的方式，應是給予政策制定者和政策分析師在其決策過程中實質的指導方針。一旦概念化過程缺乏評估標準，那麼這個名詞的確是毫無意義。

公共利益的概念常被批評其過於干涉主義（paternalistic），在較極端的意義上，基本上就是不民主的表現（Held, 1970; McQuail, 1992; Owen, 1975）❷。Mayton（1989）主張，如此地詮釋公共利益，「即錯誤地假設以為中央官僚管理者最瞭解要如何為閱聽者的福利著想來管理媒體」（p.761）。上述皆是重要的評論；然而，或許這些批評是針對獨立管制委員會之決策本

---

❶公共利益的概念往往又更進一步被定義為政策制定者所必須遵守的道德規範（Casinelli, 1962; Griffith, 1962）。

❷見Schubert（1960）對於此觀點延伸批評中，對於公共利益「理想主義」理論之討論。

質和目標，而非公共利益的概念。獨立管制委員會即是以盡可能地不受政治影響為目的，在某些經濟和科技領域的政策決策——特別在高度技術知識和專門知識領域之中，有效決策被認為比起展現民主程序更為重要。這並不是說，決策過程應該忽略外在的因素。正如先前所討論的部分，決策過程中民意代表的正直品性，也是公共利益意義概念的核心（雖然，在之前也提過，即公眾想要有效利用完全地參與民主的政策制定過程，是存在某種嚴重的限制）。因關鍵點在於，在管制決策中，對於公共利益的概念，支持規範性原則的核心批評論點是，獨立管制委員會之存在，不論對或錯，都存有一點干涉主義與不民主氣氛，即是對於特別的專門技術及專家型管制者的評斷，會特別地順從❸。這種決策結構本身也許有缺點，而且本質上是反民主的，但是這在產業管制上，與公共利益概念化之適當性是另一項議題。

　　同時，在規範性的方式下，要說將公共利益最終定義權交給少數管理者手中，這種說法太過簡化，在本質上也不民主。相反地，這個語詞的指導原則應該是藉由多重來源而塑造，包括了國會、最高法院，以及管制機構（Price, 1995）。的確，有些學者質疑國會在一九三四年傳播法案中，對於公共利益的概念，到底留下了多少模糊不清和意義不明確的空間，他們反而認為國會提供了一些具體的指導原則，而且因此有助於釐清公共利益的意義（Mayton, 1989）。除此之外，在決定是否在行政管理決策將公共利益納入，最高法院亦可探究公共利益的意義，以及最終能重新將其定義，並納入新的組成要素（Henning,

---

❸對於政策制定，委員會種類的效力分析則超出本書討論範圍。

1970）。當法院檢視行政管理機構的公共利益決策，其調查的關鍵問題之一是，行政機構所考量的特有因素是否在法律上有其重要性。在此階段，最高法院必須在所賦予之權力之下，對於行政機構之權限範圍進行詮釋。因此，最高法院以公共利益平衡檢驗來決定某些因素，是有重大相關性，在本質上，是以所認定之行政機構的權限範圍，來解釋行政機構所應有之政策行動（Pacholski, 1983）。基本上，這個過程給予最高法院能力去決定公共利益標準的原則。因此在傳播產業管制的情境內，Ramberg（1986）表示，即使在一九三四年傳播法案起草之前，最高法院在定義公共利益標準上扮演著重要角色。

此外，正如接下來部分所呈現，傳播產業管制者已經在公共利益的意義上有實質不同的看法，但這些解釋上的差異是存在於運作或應用的層次，而非概念層次。的確，公共利益的一元論概念在傳播產業管制的領域中已經位居關鍵。但事實上，雖已要求在傳播產業管制中重新定義公共利益概念，實際上卻不曾在概念層次上要求重新定義。反而是在其他兩個解釋層次上，假定一元論的概念。因此，安全的說法是，傳播產業政策制定在概念層次上，贊成公共利益的一元論解釋已達成共識。當公共利益的概念層次在較廣的決策情境中被討論時，缺乏一貫性的缺點仍然存在，而且這種缺乏一致性的反面效果會反映在決策上，而在傳播產業管制上，這種現象應可視為是一項重要的成就。的確，其應該被視為是要在傳播產業政策中，將公共利益概念在運作和應用層次上達成一致性的首要步驟。

當然，對於公共利益的一元論概念要能發揮功效，管制者必須長時間地在「某項廣泛共享之價值」的特定原則中，注入公共利益概念（Bailey, 1962, p.97）。因而，公共利益才可逐步變成一個具體的指導概念（Goodsell, 1990）。為了能普遍適用於

公眾整體，進而成為名副其實的公共利益，這樣的指導原則通常在概念上是一體適用的且／或模糊不清的（Sorauf, 1957）。這也即是公共利益概念之缺失，尤其在傳播產業管制的情境之下。長期以來，政策制定者並沒有「在公共利益、便利性，或是必要性之概念上提供前後一致的、清楚的，以及明確的標準」（Herring, 1936, p.173，亦見Price, 1995, pp.162-163）。確認這些主張在本質上，承認公共利益在概念層次上已經被有效的定義。更仔細而言，不同於多數主義者或程序主義者的解釋，一元論將公共利益定義為一套指導原則。然而，這些主張所批評的問題是，就是這套原則並沒有被公之於世。下面針對這些評論做更細節的討論，尤其將公共利益概念更直接地應用於運作層次時。

運作層次的公共利益

正如先前所主張的，在傳播產業管制的情境中，公共利益的概念最好能根據一元論主張來適當地概念化，而所有決策是依據一套規範性原則而制定。同時，可以確認的是，當專注於政策過程的完整性時，能否保持這些原則成立的可能性也能增加。正如先前所提到的，在傳播產業管制中，對於公共利益效用的批評，時常是針對政策制定者無法貫徹一套具有一致性且清楚定義的決策。實際上，應是政策制定者不適當地運作公共利益概念所招致的批評。

傳播產業管制在公共利益意義中，許多爭論皆發生在運作層次。在語詞上意義不明確，讓在FCC以及聯邦廣播委員會（FRC）七十幾年的歷史中，採用多重操作公共利益的概念，其中不同的指導原則也有不同的優先順序。Krasnow和Goodman（1998）指出，「由傳播法案所造就出不同的法規政策之歧異，

往往是不斷的價值衝突」（p.626）。公共利益最知名的詮釋方式
是在雷根總統時期FCC的主席Mark Fowler的「市場」（market-
place）概念方式。根據市場方式所述：

> 傳播政策應朝向能極大化公眾所欲求的服務來訂定。除了
> 定義公眾需求和明確界定節目類別以符合這種需求之外，
> 委員會應唯仰賴廣電媒體業者的能力，透過正常市場機制
> 來決定觀眾的需要。那麼，公眾的興趣即定義出公共利
> 益。（Fowler & Brenner, 1982, pp.3-4）

很顯然地，操作公共利益之指導原則是市場力和消費者主
權。Fowler的詮釋代表FCC在一九七〇年代期間在詮釋上的一種
運作概念的轉換。在這段期間，經濟性分析的苗壯變成FCC達成
公共利益決策的基礎（Corn-Revere, 1993; Price, 1995; Rowland,
1997c; Sophos, 1990）。政策決策經常以消費者主權和經濟效用
即等同於公共利益（Ross, 1998，亦見第十一章）。根據Polic和
Gandy（1991）所述，於一九八〇年代中期在法院處理傳播政策
事務，亦強調類似的經濟性原則。

這些趨勢在Fowler和Brenner（1982）的聲明中皆已十分具
體，其以一套相關於市場經濟學的指導原則，以市場概念來詮
釋公共利益的標準（Price, 1995）。根據Musgrave（1962）所
述：

> 經濟分析之傳統是固守於……將個人利益，以一雙看不見
> 的手，與公共利益同步發生……這結果將會是在資源不足
> 的情況下，極大化顧客滿意度之最有效方式。生產因素將
> 以最佳方式用來生產人們最想要的財貨。（p.107）

媒體經濟學者Bruce Owen（1975）是在傳播產業管制中，

將公共利益概念操作化最有名的提倡者。針對媒體內容的議題，他主張「首要之務即是節目規劃是以極大化消費者福利為目的」（p.118）。從Owen的觀點來看，公共利益的操作化只須考量生產者和消費者剩餘（surplus）價值即可（例如Spence & Owen, 1975）。因此，從這個觀點來看，公共利益概念只有在經濟效率中才得以操作。

相關的思維亦能在最近的研究計畫中被發現，例如純粹以競爭概念來定義公共利益標準，以及用反托拉斯法（antitrust law）原則來指導傳播產業的管制（Huber, 1997; Read & Weiner, 1996）。這樣的方式會省略掉「公共利益」另外一個層次之檢閱，即FCC傳統上應用在傳播產業之議題，而該議題同時也是聯邦貿易委員會（Federal Trade Commission, FTC）的權限管轄之內（Shooshan, 1998, p.639）。FTC是不同於FCC，FTC只在競爭和效率的經濟條件下來考量公共利益的概念（見Cusack, 1984）。更廣泛的社會福利議題，如多樣性、近用權，以及本土主義皆不在其管制範圍之內。

此概念規劃所引起的一個明顯問題是，在傳播產業的環境下，這種分析觀點是否適用於這種受到管制產業之獨特本質（見第二章）。Wimmer（1986）指出，這種方式基本上「是將大眾媒體建立在對重要社會意義否決之關係上」（p.447）。最終，這種方法之所以能存續的理由，要不就是背棄促成文化和民主過程的美國媒體系統的傳統期待；再不然就是要有令人信服的證據存在來證明，用純粹經濟學的方法來達成公共利益，是達成美國媒體系統中廣泛政治與文化目標的有效方式。

有些人可能會認為用「市場」概念來詮釋公共利益是針對概念層次，而非運作層次，其反映出公共利益之多數主義者觀點（如McQuail, 1992）。然而，這種詮釋是誤解了市場方法

（marketplace approach）之精髓，混淆政策的輸出與產業的投入。在概念層次上，市場方法反映出多數主義對公共利益之詮釋，該方法在政策制定的過程中是支持公民之政策偏好，並在最終的決策產出上，強調多數原則。但這並不是Fowler和Brenner（1982）所提出的理由。再深入看他們文章明顯指出，其並不在意改變方法以達成政策決定。更確切地說，他們主張強調以市場力和消費者主權作爲傳播政策制定者的指導原則。在此指導原則下，消費者也許的確在可獲致的產品和服務上有較大的影響力（或者，至少政府在此領域較無影響力）；然而，消費者在由委員會所制定的政策決定上，較不具關鍵性的發言權。因此，市場方法（marketplace approach）強調「以公眾的興趣……來定義公共利益」（Fowler & Brenner, 1982, pp.3-4），主要是在運作層次上加以詮釋，在這裏，多數人的角色與功能之改變程度，端看特定指導原則，在較少之政府干預下，媒體生產者和消費者之間的關係。

　　同樣地，市場方法（marketplace approach）的本質也可以只針對應用層次來討論（applicational level）。也就是說，強調消費者主權和市場力，能夠（且常常成爲）達成政策原則最直接有效的工具（如應用方式等），例如多樣性和意見市場的原則。的確，有時是有這種情況發生。但在某些情況下，市場方法（marketplace approach）提倡者主張依靠市場力決定以及將消費者主權列爲優先，是達成公共利益標準的規範目標最有效的方式。Polic和Gandy（1991）摘要出達成健全意見市場特殊情境下的爭辯內容：

　　　　一個不受管制及其經濟法則運作本質所約束的市場——即
　　　　依賴其對於消費者需求和競爭性供給的敏感度——可提供

「意見品味的多重性」，因此，就長期而言，會更接近民主的終極目標。這就是「意見的多重性」。（p.56，亦見Smith, 1989）

　　然而，並不是所有市場方法（marketplace approach）的主張者，都做出這種強烈的因果論證。反之，他們認為，消費者主權極大化以及完全解放市場力，是可滿足公共利益概念在規範性面向上之要求，而不管這樣的方式，在相關於公共利益之其他操作化的規範標準到底會產生正面或負面的效果。Fowler和Brenner（1982）的深入看法指出，他們所主張之管制哲學變遷，將會提高消費者滿意度，並且，視消費者滿意即等同於公共利益之概念。而Fowler和Brenner並不認為，市場方法會較易實現並且堅持「公共委託」（public trustee）模式管制者所追求的目標。也就是說，他們一開始即認為這些都不是FCC應追求之管制目標。事實上，在文章的最後一部分，Fowler和Brenner承認，市場方法可能會在具有社會價值的節目規劃上，導致某些節目類型在供應上之空缺❹。因此，將市場方法作為追求其他目標（應用層次之）手段，或是將市場方法作為一套本身有特定目標且值得追求的原則，兩者之間的區別非常重要。這種區隔反映出在公共利益標準上，市場方法有兩種層次（運作和應用）。任何聲稱支持市場方法適於傳播管制的論調，皆需要謹慎審視其是否對市場管制操作與其他公共利益原則之間產生因果關係之結論。

　　這項區隔之所以重要的另一原因是，因其強調一項事實，

---

❹有關於Fowler和Brenner（1982）文章的這部分討論及其含義，見Brown（1994）。

即公共利益之不同詮釋並沒有發生在概念層次上。即使是公共委託模式（trustee model），也常常與市場方法產生對立，但卻共享相同的概念基礎。這兩種詮釋之間的差異完全只發生在運作以及／或是應用層次。前FCC主席Newton Minow對「公共委託模式」曾發表一著名詮釋方式，其與市場方法即有明顯的對立立場。正如他在一場名為「廣大荒地」（Vast Wasteland）演講（Minow, 1978）中的概述，委託模式（trusteeship model）強調是由FCC所被賦予之社會責任義務。根據這個觀點來看，媒體內容及服務的本質不應只憑閱聽人的偏好和市場力來決定，而且也不應假設上述方式可實現社會福利目標。FCC所建立的其他標準亦應符合。正如Minow告訴廣電媒體業者的說法，「……如果你只將廣播節目之受歡迎程度作為達成目標測試標準，那麼你們的責任義務並沒有達到」（p.212）。因此，根據這個操作定義，消費者主權和市場力量並沒有提供政策制定者一項指導原則，反而管制者本身成為操作一套指導原則的核心角色。

可惜，這也是委託方式最常受批評與缺乏之處。特別是，政策制定者在決策及政策評估時，很少明確闡明其所運用的指導原則。此外，即使在那些已闡明所使用原則的政策案例中，某些特定指導原則也沒有被一致性地應用，且缺乏定義之穩定性。

我們或許看到政策制定者在一九二八年，由聯邦廣播委員會（FRC）在廣播管制上所做的聲明，其是最早將公共利益標準操作化的證明。在這份聲明裏，聯邦廣播委員會確認出「幾項關鍵原則，皆可由委員會的經驗中，證明其可應用於廣播頻帶之管理」（FRC, 1928, p.59）。這些關鍵原則包括：(1)無訊號干擾；(2)公平合理分布不同類型之節目服務；(3)本土主義；(4)節目類型的多樣化；(5)對廣播執照持有人道德品性的高度要求

（FRC, 1928）。這個聲明對於傳播產業管制者提供了一套指導原則（即本土主義、道德品性，以及多樣性等）。

遺憾地，卻很難發現針對公共利益運作層次上較近期的努力。最近一次是在FRC初期聲明的五十年之後（Krugman & Reid, 1980）。和FCC職員及委員們的訪談中指出，委員會內部傾向將公共利益做高度複雜及多面向的詮釋。在FCC內部，公共利益似乎是一具有高度流動性的語詞，其「變革不只從議題到議題，而是從某些已經被建立的政策與議題的關係上」（Krugman & Reid, 1980, p.317）。然而，在此流動性特徵之下，有五個從屬於公共利益概念的主要結構。這些是：(1)平衡對立觀點；(2)利益的異質性；(3)就科技、經濟，以及利害關係人利益而論的動態關係；(4)本土主義；(5)就節目規劃、服務，和所有權而論的多樣性（Krugman & Reid, 1980），正如上列所顯示的，本土主義和多樣性維持著顯著的原則。所有權多樣性的主張反映出委員會在促進競爭上有高度興趣。此外，委員會對於平衡對立觀點的重視，再加上多樣性和本土主義原則，說明增加及保存強而有力的「意見市場」之企圖，是委員會最核心的公共利益使命。

其他研究者已經論證FCC對於公共利益的詮釋，是隨著時間而逐步演化。舉例來說，Henning（1970）用文件證明了在一九五○年代，委員會將競爭原則融入至公共利益標準的操作層次。根據Hirsch（1971）所述，過去幾年間，FCC已經將公共利益使命，凝結至三個通則性政策目標。這些是：(1)公眾應該有適當的節目服務以滿足需求和興趣；(2)防止過度經濟力量的運作；(3)防止在當地、區域，或是國家層次的公眾論述場合，在思想或意見上有過度的控制或影響。

這些指導原則存在於FCC的政策制定，使FCC在追求公共利

益使命的過程中，不太可能在運作層次上失誤。正如前FCC主席
Newton Minow之主張：

> 如果在廣播及傳播法案中，公共利益之條款如「法律小説」
> （legal fiction）一般含糊不清，就如同法律的評論者喜歡的
> 説法，法律之所以經常無法執行，是因為廣電媒體業者、
> FCC，以及國會不知其所云。（Minow & LaMay, 1995,
> p.114）

FCC不情願使用其職權是出了名的（Cole & Oettinger, 1978;
Napoli, 1997b），而導致一般普遍對FCC有此觀點，其原因是，
公共利益標準的問題是發生在應用層次，而非運作層次。

可惜的是，除了在Fowler主政時期，在公共利益概念中一
些既存之具體原則依然，如先前描述的，需要政策研究者從管
制者事後才能抽絲剝繭加以釐清。正如本章一開始提到，自從
公共利益的概念第一次在傳播產業的管制架構中被引進時，即
有此現象（Benjamin, 1992）。事實上，這些原則應該被強力的
闡明及適當地保存記載。這種混淆在最近由新任的委員Michael
Powell（1998）所指明是別具意義。Powell敘述他為了促進決
策，而致力於發現公共利益標準之特殊意義，然而，他發現不
管是在國會或是司法的文件裏，少有存在指導方針。Powell的挫
折反映出在這幾年（正如隨後幾章談到的），FCC在這部分之制
度性失敗，因為FCC沒有依不同價值整理出一套能引導其決策，
又能包含公共利益一致性且具意義的原則。此處的關鍵點在
於，這些原則的確是存在的。如同接下來幾章顯示的，傳播政
策的發展歷史透露出一些與公共利益標準密切相關的價值原
則。可惜的是，政策制定者忽略了去將這些價值編織進公共利
益的操作定義之內，也忽略去探索這些不同的政策原則之間所

潛藏的互動關係。

　　從政策制定和政策分析的觀點來看，公共利益標準在操作定義上缺乏制度性之說明，進而形成嚴重的問題。從政策分析的觀點來看，主要的困難涉及如何評估FCC績效，卻缺乏對目標和底線的標準。雖然美國國會要求FCC來為「公共利益、便利性，或是必要性」三項目標服務，如同之前提過的，在關於這些命令之組成與實踐上，仍有明顯矛盾的詮釋。因此，現今並不存在一致的、已建立的，以及取得共識意見的規範，無法對FCC政策做客觀評估。個別的決策是否達成公共利益，端看政策分析師如何選擇公共利益之操作性定義。從政策制定觀點來看，前FCC委員Powell（1998）的困境可以作為例證，其顯示出政策制定者喪失具體分析的標竿以及政策目標。在傳統組織性觀念上，其缺乏一項清楚定義及明確的任務宣言。意義不明確的任務宣言給予政策制定者一個廣泛且詮釋分歧的空間，這種現象可能阻礙管理部門的即時決策活動，也經常造成跨管理部門之政策矛盾。然而，即使確認出公共利益存在有多重面向的定義，是否對於傳播政策制定者而言，就足以使得公共利益成為一個有用且具意義的規範標竿？事實上，公共利益具有多重面向的特質，反而形成一套獨有的潛在問題。特別是，這種面向的多重性使得如何形成具價值之合理階層體系，也變成一項重要議題。如果實現本土主義的理念，和達成多樣性的理念，在某些情況下產生矛盾該如何處理？反之亦然。如果強化競爭，會損害到多樣性嗎？如果一項決策能達成某些理念，卻會傷害其他理念，則是否仍能有效的滿足公共利益的目標？為達成某些理念而忽略其他理念，能否仍適當的達成公共利益？至目前為止，與公共利益概念相關的潛藏價值，對於如何劃分這些價值之階層體系並沒有取得一致共識。相關於公共利益標準

之多重建構理論，已經普遍被確認出來，但並沒有做成價值建構之分等。明顯地，此現象在政策制定的過程中，製造出更多的矛盾（見Friendly, 1962），同時也增加政策制定中不一致的可能性，尤其當公共利益的各個面向之重要性會經歷不同時期或是不同管理機構而有所更變。這種現象可能持續下去，直到政策制定者建立起價值的等級制度，以及對於政策原則之間如何互動的全盤瞭解。

應用層次上之公共利益

最後，討論公共利益之應用層次。這個層次是要求將運作層次之原則轉換至具體的政策行動或管制措施。大多數對公共利益的批評及爭論，都是針對應用層次而來，毫無疑問的，比起概念或運作層次而言，政策制定者多積極地在應用層次上來定義公共利益。在公共利益使命下，應用層次上的主要議題涉及到FCC政策制定權力的性質及範圍。特別是，委員會如何運用這項權力？誠如此節談到的，在應用層次上所爭論的議題，不可避免地和運作層次的問題有部分重疊，例如，在運作層次上對於目標和原則的界定，以及達成其目標和原則之特定手段是彼此糾結交錯。在這個部分特有之應用層次議題，主要涉及特定政策活動的決策，或是關於如何達成公共利益、便利性，以及必要性目標之行為類型，尤其是在取得執照或特許權（如廣播或電視公司）的條件資格上。因此，在公共利益的應用層次方面，是針對負有公共利益組織使命的FCC來思考，以及那些受到管制的產業成員行為，因其皆負有公共利益、便利性和必要性之責任。

應用層次下FCC的權限

在公共利益標準下FCC權力範圍的討論，主要被歸類在應

用層次之議題下。這項討論會做如此歸類，是因爲在公共利益概念下，其涉及到特定政策行動／應用。因此是否FCC有權責實行某些特定政策的爭論，基本上是在辯論FCC在公共利益的應用（application）層次之下，其政策是否適切反映該語詞之操作化（operationalization）概念。以美國國家廣播公司（NBC）的案件爲例（*National Broadcasting Company, Inc. v. United States*, 1943），在這個案例中，NBC向最高法院主張，認爲FCC在公共利益概念下的權力範圍，其權限應僅只於工程及技術方面的事務。因而當FCC要求NBC必須釋放出一個廣播電台網，以及限制NBC廣播網與其電台聯盟成員之間的契約關係，在這方面委員會已經超過在一九三四年傳播法案所授予之管制權限。依照這個論證思維，一九三四年的傳播法案爲委員會明確界定出一套局限且特定的價值依循，而非一組廣泛、模糊的標準，任由委員會中的專家來主導制定自己的標準與原則（見Mayton, 1989）。此現象要不是公共利益的運作標準的確十分局限，就是FCC（設計一種管制模式來限制全國性廣播網對地方加盟電台的掌控）的管制權力過分擴展。因此，NBC的基本爭論是衝著公共利益之運作與應用層次的關聯性而來，此說明層次之間存有依存關係，也顯現運作層次之定義應可成爲應用層次議題的工具。

在這個案例中，法院並不同意NBC的說法，其結論是公共利益概念授予FCC廣泛的權力去追求超越技術領域以外之政策價值和原則，以及超越國會在法案中所明定之價值和原則。如最高法院一句結論所描述：「我們將委員會視爲一種交通警察，來指揮電波防止電台彼此互相干擾。但是法案並沒有限制委員會只能管理交通」（*NBC v. United States*, 1943, pp.215-216）。這項判決特別重要，是因爲它確認FCC可融合公共利益所有的價值

和原則，儘管這些價值和原則沒有在傳播法規中明確說明，並可自行詮釋來應用公共利益標準。因此，在NBC這個案例上，爭論即圍繞在FCC權力範圍之內，對於特定政策之定位，以及公共利益的概念是否以適當的方式加以應用。

更近的案例是辯論有關於公共利益標準下，FCC權力在應用層次之限制，發生在Clinton總統要求（在一九九八年的國會演講中）廣電媒體業者對於政治候選人提供免費的時段。其後續之回應是FCC開始對這個主題來制定法律，但是很快就遭受國會攻擊，並主張這樣的政策遠非國會所認定公共利益標準的目標（「Kennard提出」，1998）。

此衝突之根本可以追溯到運作層次，公共利益標準在意義詮釋上是不明確的。也就是說，它們部分可歸因於政策制定者近幾年來，對於公共利益標準的運作原則沒有提出具體且有權威的論述。正如前節所提，FCC很少針對公共利益標準提出具體運作之詮釋。國會和法院在這個部分也沒有實質的貢獻。運作層次意義含糊的結果反映到應用層次上，使得政策過程中不同的利益關係人，都有很大的彈性詮釋空間來判斷是否特定政策符合公共利益標準。

許多分析師針對FCC應用公共利益標準的表現上，得到一個較極端的結論，而非只簡單說FCC踰越了權限。更確切的說法是，許多批評者認為公共利益標準一直是以一種有系統的方式來配合產業利益，而忽視一般公眾利益（如McChesney, 1993）。目前普遍的批評是就應用層次之本質而言，此一派系批評委員會所制定之政策是，藉公共利益之名而行圖利產業之實。根據Streeter（1996）所述，公共利益的架構源自於法律與口號（rhetorical）上的策略，是為了推動廣電媒體業成為一個商業制度。而他認為公共利益成為排除所有非營利的私人利益使用公

共電波頻譜的一個工具性理由（Streeter, 1996）。同樣地，Rowland（1997a, 1997b）主張，公共利益標準之功能主要是配合受管制產業的經濟利益；因此，公共利益標準之含糊概念需要被重新評估。如Hazlett（1990）之論證，在廣播頻譜的分配上，早期政策似乎在犧牲教育性及非營利的廣電媒體業者，而圖利大型的商業廣電媒體業者。具體來說，就是在可釋出廣播頻譜的數量上設限，也因此限制了市場競爭。最後，用來決定哪一個廣播執照申請人最能實踐公共利益的取決標準（包括設備品質、財政資源、工作人員經驗，以及提供永續服務經營的能力），完全有利於既有之商業電視台（Rowland, 1997b）。

　　新設立之聯邦廣播委員會（FRC）的主要責任之一，以優先排除訊號干擾的方式來重新分配頻譜，因為這個問題已經困擾國會、廣播產業與大眾許久。因此，FRC在判斷哪家電視台最能實踐公共利益的判斷上，在某種程度是壓倒性地偏好全國性廣播網之加盟台，而忽略大部分由教育性組織所運作的電台，最後導致非營利電台的數量在一九三六年有百分之八十的衰退（Horwitz, 1989; McChesney, 1993; Rowland, 1997a）。這個數字提供令人信服的證據，即以強調聽眾的權利，並利用公共利益的文字，會導致管制方向偏袒既有之商業電台（Hazlett, 1997）。要注意的是，雖然這方面的研究常被歸類為歷史修正主義，但最早期的傳播管制中卻發現完全相同的主張。在最初廣播執照的分配之批判性文獻，Herring（1936）主張：

　　　　由聯邦廣播委員會（FRC）來詮釋公共利益的概念，以便於支持某特定團體的實際運作。當談到公共利益、便利性，以及必要性這些語詞時，委員會的確是以推動商業電台為目的。因此商業電台構成了由聯邦廣播委員會所詮釋

之公共利益的實質內容。（p.168）

　　這種主張並不只運用在傳播管制發展之期間。在近期的各種政策背景下此主張更為高漲。舉例來說，Fairchild（1996）認為，親產業方（pro-industry）對於公共利益標準在應用層次上之詮釋方式，也主宰一九九四年頻譜執照拍賣。他認為原個人通訊服務（personal communication services, PCS）之頻譜拍賣規則也遭修改，而讓大型電訊公司能掌控拍賣。根據Rowland（1997c）所述，對於應用公共利益語詞的歷史趨勢是要與產業利益一致，這種氣氛瀰漫在整個一九九六年電訊法案之中（Rowland, 1997c）。最後，McChesney（1996）主張，當商業利益逐漸主宰政策制定過程時，類似的現象也已運作於網路之初期管制措施。

　　這類型的主張常常對忽略或是放棄將產業利益和公共利益協調出一致的可能性。的確，受管制產業的代表們長久以來一直爭辯，在較少的管制介入之下，公共利益才能在一個穩固與安全的產業經濟環境來實現（Powell & Gair, 1988; Rowland, 1982b）。然而，傳播管制者面臨獨特和全面的外部性效應（見第二章）來減輕這個現象。除此之外，產業巨大影響管制過程的證據（見第十和十一章），促使管制者一直能夠以一種偏頗的方式來應用公共利益標準。因此，缺乏具體與制度性的公共利益之操作標準，也必須承擔後果責任。當然，運作層次的意義不明確所造成詮釋上的自由，是讓Fowler任職期間能允許FCC在運作和應用公共利益標準，幾乎是有系統地和產業利益一致的重要因素。而在沒有提供任何強烈證據支持下，宛如產業的方法即代表實現公共目標任務之歷史價值（見Cusack, 1984; Wimmer, 1986）。

此外，若缺乏正式的運作標準，即意謂著政策制定者只被少數的詮釋方式所局限（除了由政策過程參與者所加諸的限制之外——而參與者是完全不具代表性的團體）。因此，如果公共利益標準的應用層次被縮減成在過程中所有參與者的聯合利益，是由於指導標準的不清楚，那麼無疑地，結果將會有系統地偏向那些最熱中參與的利益關係人。更進一步而言，政策制定者也不需為過去政策行為負責，只因缺乏測量、評估，以及評論政策制定者的具體標準。簡言之，在運作層次上公共利益具體標準之缺乏，導致應用層次較可能偏向產業利益，同時也沒有充足分析基礎來決定是否能同時實踐更廣泛的公共利益。

應用層次上的公共受託人（Public Trustee）行為

應用層次議題的第二個主要範疇，對於公共利益標準詮釋焦點，並不在管制者的行為，而是在受管制產業的成員代表行為上，因為這些產業成員肩負有提供公共利益、便利性，與必要性的服務責任。這種區隔並不明顯，而是在肩負實踐公共利益、便利性，及必要性服務的受管制產業行為上才會發現。從受管制產業的行為來看，多數的傳播政策使命之區隔並不明顯。因此，焦點問題在於傳播產業成員實踐公共利益的責任義務有哪些？絕大部分這種問題是針對所有的廣電媒體業者，因廣電媒體業者是最明確須擔負實現公共利益之責。

公共利益實際構成廣電媒體業者之責的標準，多年來已一再改變（見FCC, 1999b, 國家通信及資訊委員會, 1997）。當前之責任義務內容呈現在**表4-1**。正如該表所呈現，即使在非常普遍的層次上，這些政策要求常常須延伸至節目規劃的活動內。舉例來說，廣電媒體業者需要提供符合當地節目需求的規劃。節目單必須提出以供委員會存查。以前為滿足社區事務的要求，只要符合特定節目的數量規定，及負有主動查明社區需求和利

表4-1　商業廣播執照的公共利益責任

責　任	描　述
符合社區需求的節目規劃	必須提交節目季報表，詳列電視台處理重大社區議題節目三個月一次的報告。
教育性和資訊性節目	為加速執照換新審核作業，電台必須針對十六歲或以下的小孩，提供一週至少三小時的教育性和資訊性節目。節目播映必須排在早上七點到晚上十點之間，且一次至少播放半小時，並且必須是被認定為教育／資訊性質之節目。
猥褻和淫穢內容	在早上六點到晚上十點的廣播時段中，不得傳送任何淫穢、猥褻，或是褻瀆的內容。
電視廣告	必須標示出贊助廣播內容的任何單位。在週末期間，兒童節目一小時不得有超過十點五分鐘的商業廣告；平日，廣告時段則一小時不得超過十二分鐘。
政治候選人的媒體近用權	對於具備合法候選資格的候選人，必須提供「合理的近用權」，或是允許其購買「合理數量」的時段。當提供近用機會給合法具資格的政治候選人時，必須提供平等的機會給其他候選人。 必須以商業廣告最低時段單價，將時段販賣給政治候選人。
「公平機會」原則	必須給予與電視台觀點不同團體一個「公平機會」時段。
錄影節目的易接近性	必須提供節目最基本字幕顯示功能。
主要電視台所在地及公眾檢視檔案	必須要求將電台主要攝影棚設置在社區所在地範圍內。 必須維護公眾接近不同檔案紀錄之便利性。

資料來源：美國商務部國家通信及資訊委員會（National Telecommunications and Information Administration, NTIA）（1997）。

益的責任即可（見第九章）。

除此之外，廣播執照必須符合特定兒童節目規劃之要求。具體來說，執照持有人在一個禮拜之中，在早上七點到晚上十點之間，必須提供至少三小時的教育性和資訊性節目。委員會的規定對關於教育性兒童節目規劃的本質、長度，以及時間安排上，有相當明確的進展，由於執照持有人在許多公開場合，要求將娛樂性節目，如「未來派」（The Jetsons），視爲教育性節目（在這個個案中主要爭論是，「未來派」節目是教育兒童關於未來的生活；見**Kunkel, 1991, 1998**）。理論上，在**表4-1**概述，只要在經營行爲中有一個甚或多個不完備之處，委員會即可祭出各種不同的處罰，處罰範圍可從警告信到罰款等，甚至到拒換發或撤回執照等。明顯地，即使委員會在建構有效公共服務概念定位上，有些搖擺不定，甚至是意義上之含糊，但與公共利益在運作層次之概念相較，它已經算是非常明確的。在運作層次上，對於FCC的主要批評即在於沒有一致且系統地來執行在表中所概述的政策行爲標準（如Cole & Oettinger, 1978; Minow & LaMay, 1995）。FCC常常被批評對於執照申請人及現有執照領有者的標準並不一致（Cole & Oettinger, 1978; Minow & LaMay, 1995）。

在整個政策過程，政策制定者必須盡可能量化廣電媒體業者公共利益責任的研究結果。因這些特定標準能清楚將公共利益運作原則轉換至應用層次，再轉換成具體的政策措施。國會在一九八〇年代早期舉辦一場公聽會，將量化廣電媒體業者的公共利益之責任加以立法（*Broadcast Regulation*, 1983）。數項法案概述出FCC對於公共服務節目規劃的類型、數量、製作成本，以及播出時段，皆有一定評分標準，這個提案當時未獲通過（*Broadcasting Public Responsibility*, 1981, 1983）。同樣的公聽會

在一九九〇年代早期亦舉辦過（*The Public Interest in Broadcasting*, 1991）。這項議題在一九九六年再一次重新浮現檯面（"We are going", 1996），而且，最近在委員會的數位廣播調查公告中，再次討論數位廣電媒體業者的公共利益責任（FCC, 1999f）。一方面，量化也許去除掉廣電媒體業者對於前主席Reed Hundt所描述「FCC左右無常」的形象（"We are going", 1996, p.4）。另一方面，又有委員Chong主張「實現公共利益，不單只是一件可測量的事情」（"'Slippery slope'seen", 1996, p.7）。這項主張背後的理論，從廣播法案開始施行起，至今日仍然相當重要：「唯藝術以及經由人類努力進步與改變快速的無線通訊領域，才需要不明確且非常有彈性的規範管制」（Caldwell, 1930, p.296）。然而，為了讓執照持有人承擔公共利益責任，在某些層次上維持意義模糊，反而因模稜兩可所造成之依循失據，在日後評斷上會極度困難，而平白圖利受管制產業（Hundt, 1996）。因此傳播管制之「公共利益」是否為一個可以量化的概念，仍有待爭議。

家庭購物頻道與公共利益

在公共利益的意涵中，有一項在應用層次上之重大矛盾，即在委員會一項調查中發現，例如家庭購物頻道實際上是否能符合公共利益、便利性，與必要性等目標，而有資格在有線電視系統中，可如同其他當地商業電視台一樣享有相同必載（must-carry）之權利（FCC, 1993c）。聯邦傳播委員會（FCC）調查此一案例時，發現該案對於公共利益在應用層次上特別具有啓發性。國會（1992 Cable Act）命令委員會在考量公共利益標準時，須採用下列要素：(1)電視購物節目目前的收視狀況；(2)再以頻道為單位，評量觀眾對於此類頻道與其他類型頻道相較之下的需求效益，來決定是否符合公共利益；(3)此種頻道之

存在是否能提供其他非電視平台的購物競爭，來滿足觀眾不同形態的消費需求。這個是極少國會會實際提供詳盡指示的法案，即明確指出委員會應該如何著手才能達到公共利益之標準。若進一步審視國會所建立的一套標準，某種程度上，公共利益之判斷仍留有前委員Fowler的影子，其中閱聽人之收視規模，扮演著決定家庭購物電視台是否符合公共利益的重要因素。

使用這些由國會所建立的評斷標準，委員會得到以下結論，家庭購物電視台確實能照顧到公共利益，因此享有和其他當地商業電視台一樣的必載基本權利。然而，Ervin Duggan委員使用爭議性措辭寫道：「公共利益之標準，經過十年的去管制（deregulatory）風潮的腐蝕下，已禁不起更多的敲擊，終究這個決定像是巨浪一般，狂掃公共利益的灘頭陣地……日後，吾人徹底地削弱了自己能再產生一致性公共利益定義的力量」（FCC, 1993c, p. 75）。Duggan持異議之基本理由在於，在家庭購物電視台中幾近完全商業的廣播內容，在公共服務標準上皆未達令人接受的狀況。因此，Duggan的反對意見不同於大多數人看法，而形成在應用層次上的爭論，其核心問題在於「到底要多少的商業內容才算是多的」（FCC, 1993c, p.75）？

結論

正如先前的討論所提出，FCC是在公共利益標準之概念層次上仍穩定地運作。而其在應用層次上，則是非常主動地公開宣示固有之公共利益標準。然而，主要問題是在運作層次上，其詮釋方式仍未見穩定，更重要的是，委員會或其他政治機構

極少努力於將公共利益標準打造成一套具體的運作原則。結果
是，公共利益標準常只是修辭學的工具，作爲辯解特定的政策
行動的藉口，而與其原本設定的功能無關——其原本設定的功
能是作爲政策設計和評估的分析工具。只要公共利益標準依然
在意義不明確的狀況運作，又無法運用特定的分析標準，那麼
其就無法有效地運用於任何實際政策。對於美國傳播產業政策
制定者的批評，即常常呈現這樣的情況，如同本章所列舉對於
廣播發展之討論。

另一個在運作層次上不明確的結果，是由於委員會經常做
出武斷與善變的詮釋。這是由於公共利益標準缺乏制度性之運
作。在傳播管制中，公共利益標準是管制核心中最脆弱的部
分，在運作層次上的不明確導致了應用層次上的不一致。因
此，爲了在公共利益的運作層次上增加政策制定過程的一致性
和連貫性，也爲了加強成爲政策設計和評估的分析工具的概念
效用，政策制定者需要在運作層次上持續強化。

就評估功能而言，公共利益標準在運作層次是有意義不明
確，而導致多重解釋，將使評估活動難以建立出一條具意義與
可被普遍接受的底線，進而用此評估FCC和特定政策的效能。因
此，有關傳播政策目標有效性的爭論從未休止，基本上欲從此
爭論中，洞察改善未來政策制定可能性，已大大降低。公共利
益之多重詮釋以及其易受外在影響之特性，凸顯政策制定者和
政策分析師對於傳播政策議題上，維持著多重面向觀點之需
要。在一般傳播管制，固有的經濟性與社會性福利面向仍有待
審理，尤其是對於公共利益的概念釐清。

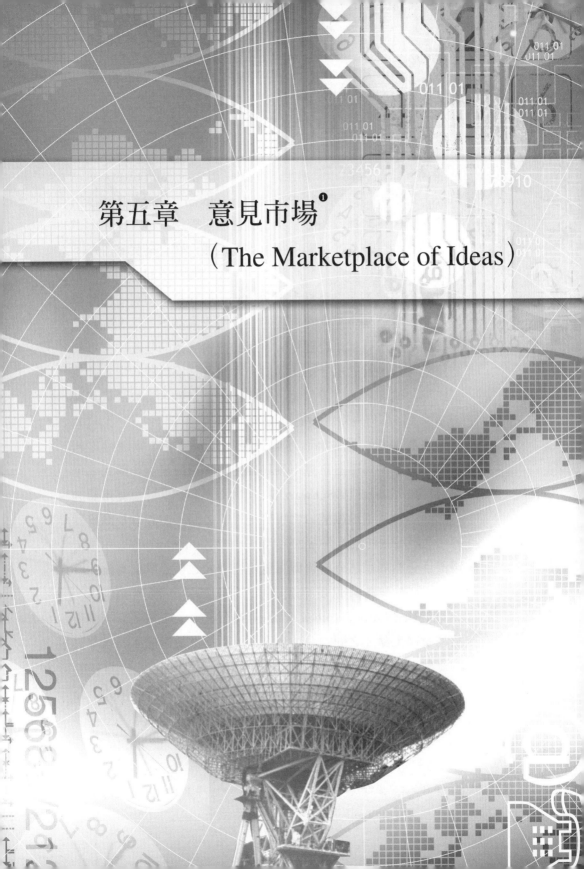

第五章　意見市場[1]
（The Marketplace of Ideas）

如第三章所提出的，美國憲法第一修正案中所討論到的共同議題，即是推促一個健全的「意見市場」（marketplace of ideas）。的確，意見市場中的隱喻（metaphor）概念乃與憲法第一修正案，及傳播政策中公共利益主張，緊密構連。但如本書所討論到的許多基礎原理，意見市場之概念很容易受到許多不同詮釋而產生差異。這些詮釋上的差異乃源自不同路線之原始思維。也因此不同之意見市場隱喻概念的詮釋伴隨著不同政策的應用。也就是說，意見市場的隱喻概念常在不同類型的政策行動中被提出並加以合理化。不同的政策應用乃是延伸自不同之隱喻假設，且適用於不同觀點。本章要詳盡地剖析與批評意見市場隱喻之各種假設。而這些假設之正當性，乃取決於意見市場隱喻該如何運用於傳播政策制定過程中。

在討論這些議題時，本章節將先論及意見市場隱喻之起源。所討論的焦點是意見市場隱喻的兩項理論根源，即民主理論及經濟理論。根據Schwarzlose（1989）指出：「意見市場的概念……乃清楚地根植於哲學傳統思想之個人主義以及眞實世界中之經濟放任主義」（p.2）。因此，如Wimmer（1986）所指，經濟性分析與憲法分析皆與意見市場隱喻之核心原則有關，該原則即是「將來源多元及對立的資訊傳布至無遠弗屆」（*Associated Press v. United States*, 1945, p.20）。在意見市場中經濟性及民主論述之間的互動及緊張，乃提供出研究此隱喻本質的焦點以及此隱喻如何運用在傳播政策制定過程中。

意見市場隱喻根源之分歧對於傳播政策制定及政策分析有重要影響，以經濟理論爲基礎之意見市場詮釋通常會比以民主

---

❶本章許多文獻皆已見諸Napoli（1999c）所出版的文章中。

理論為基礎之詮釋，更能接受不同的政策目標。其結果是，政策制訂者其詮釋意見市場隱喻之方式，往往影響到所追求之政策目標走向。就政策分析的立場而言，不同的理論詮釋乃反映出建構有效政策之不同標準。

隱喻中有關經濟與民主理論之探討，本章節也將針對隱喻之假設意涵做出不同的評論。一般而言，這些評論可以區分成兩種類別。第一個類別中所探討的問題乃是近用（access）與權力，尤其是，意見市場之隱含概念在說明每個個體皆能平等近用意見市場，同時，每個個體的聲音也皆能被聽見。但就如大部分的評論所主張，這樣的假設很難在工業化之後，大眾傳播環境下以及媒體所有權高度集中的世代中受到認同。

第二個類別所包含的問題是，一個健全的意見市場是否真能促進真理的實現，或者是至少能促成更好的決策，而最終能導引出更好的民主功能。評論家常主張，凡任何認為意見市場能促進真理實現之斷言，乃僅是反映出要定義一個單一、客觀及可接受驗證的真理之不可能性。但當討論到較務實的假設，即達成明智決策的層次時，吾人依然面臨一個問題，即一個健全的意見市場是否真能促進參與者的決策以及最終能否改善民主過程。

最後，為求清楚確切瞭解政策制訂者是如何解釋及運用意見市場的隱喻意涵，本章最後將呈現，委員會（FCC）從一九六五到一九九八年之間所做的政策決策之量化分析。這些結果顯示，歷年來，委員會在意見市場之詮釋及延伸應用上一直保持彈性，但從詮釋立場而言，委員會傾向依靠以經濟理論為基礎的方法，但就應用性的立場來看，則傾向於將意見市場運用於去管制（deregulatory）的情境之下。

意見市場隱喻的起源

意見市場之隱喻可回溯至十七世紀的John Milton之作品（見Schwarzlose, 1989; Smith, 1981）。此概念發展的早期，中心原則乃認為真理可由意見自由交換、自我表達個人權利以及思想自由而獲致（Smith, 1981）。如同Milton（1851）所述：「……真理存在於世上，但藉由許可與禁止的外在形式，吾人可傷及真理的優勢，讓真理與誤謬相互交融，唯在自由開放之艱困際遇中，吾人才能認識真理」（p.443）。雖然，Milton之文描述真理浮現過程乃源自於各種對立意見之相互碰撞，但是，「市場」（marketplace）一詞當時尚未被使用（Schwarzlose, 1989）。

意見市場活絡的結果乃是真理存在之假設，而此假設一直是該隱喻備受批評之處。這些批評焦點多在於吾人不可能建構出一個單一客觀以及可驗證的事理（如Baker, 1978; Ingber, 1984）。如Baker（1978）之評述，「真理無法客觀。」（p.974）而且，如果真理是客觀且能被觀察發現，此即暗示「文化多元論將漸漸消失，而且社會上將無價值衝突」（Baker, 1978, p.967）。也就是說，有關真理存在的假設是暗示著，任何問題與衝突皆具單一觀念與解決方案，而此解決方案可被客觀地與可驗證的方式來認定，而此即是一最佳的觀點，或就是所謂的真理，而且是由意見市場中所有參與者所認定的。再進一步由這個觀點出發，Ingber（1984）主張，「意見市場中所彰顯之真理……是……會在這個國家中因缺乏公眾共識而遭破壞。尤其在決定哪些事是真的或是最好的案例上。如果意見市場真能顯示出真理，則事實上的多元差異與衝突理應減少而非增加」

（p.25）。儘管，某些人仍捍衛此一眞理之假說（如Wonnell，1986），關鍵仍繫於要定義出單一、客觀且能驗證的眞理，乃有先天上的困難。

然而，在最後，成就眞理的高調似乎在早期闡述意見市場概念之哲學思想以及法律論述中即可發現，而這同時也促成最早提出此種說法的人對意見市場之功能提出質疑。所提出的問題是，在一個由法律與政策決定之應用情境中，成就一個客觀、可驗證的眞理，對於健全意見市場的價值是有必要的嗎？儘管眞理難以達成，但或許意見市場概念中仍存在純正的價值（Redish, 1982a）。Wonnell（1983）則主張完全將「尋找所謂的眞理與意見市場概念脫鉤」（p.122）。關鍵在於必須體認，除了實現眞理之外，長久以來意見市場的概念皆非高調，而是重視實效目標。仔細而言，從理想的政治哲學轉移至務實之法律及政策制訂面向，意見市場在促進公民之決策，與更具效率的民主過程，健全之意見市場仍被視爲極具價值（DuVal, 1972）。如Baker（1978）所言，「結論是市場（marketplace）之目的是在合法範圍內提供不同、利益衝突的意見，而非在促進客觀事實的發現……此意見市場的概念，似乎較有條理」（p.964）。就如接下來之章節所述，此一詮釋意見市場概念的方法在近數十年來已日形重要。

意見市場與民主理論

意見市場在詮釋上的轉變，從個人權利實現與追求眞理的工具，到成爲增進市民決策與保護民主過程完整的一個機制，這些大都是John Stuart Mill（1859／1978）的貢獻。Mill是第一位提出言論自由應超越個人權利而成爲社會美德（見Gordon, 1997; Kendall, 1960; Schwarzlose, 1989）。在Meiklejohn（1948／

1972）對憲法第一修正案之討論裏，這項觀點被進一步琢磨並更直接應用在民主過程中（見第三章）。其中，Meiklejohn主張，「自治社會成員之自由心智……是可藉由學習、教育以及資訊無障礙的暢流而獲增與建構」（p.16）。因而，「要達到最後的目標……靠智慧的投票行為，則選民必須有足夠的智慧」（Meiklejohn, 1948／1972, p.25）。

關鍵在於「多元與對立來源」資訊的自由暢流，與有效政策決定之間的關係（見DuVal, 1972; Levinson, 1992）。仔細而言，在民主政府中的人民主權是端看人民是否能做出有智識政治性及政策決策（Bloustein, 1981; Rainey, 1993）。根據Sunstein（1993）指出，「自由意表體制就是民主過程的基礎」（p.19）。的確，有些學者發現民主理論學家的工作，如Haberman，其對意見市場概念以及有效率的自我治理，是一項直接又與現實貼切的見解（見Rainey & Rehg, 1996）。

這種意見市場的詮釋方法也常見於司法判決中。例如，在 *Whitney v. California*（1927）案中，大法官Brandeis指出美國開國先烈們：

> 想你所要想的與說出你所想的自由是政治真相的發現及傳布所不可或缺的信仰；若無自由言論，則集會討論顯得徒勞；若有自由言論，這些討論則能足以對抗有害的教條學說傳布；對自由最大的威脅是一群遲鈍的人民；而意見市場應為美國政府的基本原則。（p.375）

這裏的關鍵是，追求真理的論述，只隱約存在於意見市場概念中最早先的表述，而後再特別針對政治性真相，並且意見之自由交換，乃與政治真理的達成有直接關聯。很清楚的，作為憲法第一修正案的分支概念，意見市場的概念乃是所有憲法

第一修正案詮釋方式的核心要項（於第三章討論過），就如言論自由乃是政治過程的中心意涵一樣。意見市場之概念被視爲「公眾福祉」（the welfare of the public）及「自由社會」（a free society）之必要條件時（*Associated Press V. United States*, 1945, p.33），意見市場的概念則與民主之效率功能產生關聯[2]。因此，在法學原理與司法決策上，意見市場之活絡與有效之民主治理有理論性之關聯。

　　然而，針對此種詮釋方法的典型批判，乃圍繞在個別參與者參與意見市場之動機與能力，即人們是否能以理性、有效率的方式利用意見市場（如Schauer, 1986）。例如，針對Mill的意見市場概念提出批評的有Kendall（1960），Kendall指出，「Mill的說法對於社會本質是一個錯誤的概念，因此，該說法空有一個虛假不實的外表。Mill等人之假設認爲，社會宛如一個辯論社團（debating club），會同心協力以追求眞理爲目的」（p.977）。根據Kendall所言，由於利己主義（self-interest）及自我維護（self-preservation）的觀念，讓社會不能成爲一個辯論團體。總結來說，「要社會……公開地將所有問題視作一種開放的問題……簡直是西方世界中所謂的烏托邦（Utopian）」（p.977）。在這些相關的思維中，批評者注意到人類行爲有相同傾向，就像選擇性的接受訊息以及易受情緒與非理性的影響，而這些都是破壞市場能促進人們明智決策之能力（Ingber, 1984）。的確，一個意見多元化之市場可能增加個人選擇性接觸內容以及窄化消費意見光譜的機會（見Napoli, 1997d; Webster & Phalen, 1994）。若在這樣的情況下，多元化的意見市場或許是弊多於利[3]。

---

[2] 有關於這些思維之司法詮釋，參見*New York Times v. Sullivan*（1964）一案。
[3] 第六章深入地討論到這種可能性。

這樣的批評很明顯地集中在意見市場概念的消費面向。其暗示著公民無法有效利用一個能提供龐大公眾利益的工具。當然，同時也有證據顯示資訊可得性（availability）愈高，可導致較佳的決策判斷（如Sowell, 1996）。由這個觀點看來，一個包含多樣觀點與多樣來源之健全的意見市場，可大大增長正確決策結果。

這樣的議題有著兩面的證據支持，問題關鍵在於政策制定者是否該發展及保護一個既有潛在好處又有潛在傷害之政策決策環境。目前有關於多樣性內容與多樣性消費之間相關知識極少，因此相關決策變得異常困難（見第六章）。的確，沒有更多的相關研究出現之前，這個問題可能無法得到絕對的答案。

在我們視意見市場之概念化過程不只對改善政策結果有所助益時，也許會較容易做出支持市場概念的決定。事實上，市場隱喻的概念也可存在於更嚴謹的經濟性環境中，但這種基本利益乃獨立存在於個人決策的成果累積，而非由增加經濟效益以及消費者滿意程度而來，更非由提供多重競爭意見來源與多樣化內容可獲致（見Fowler & Brenner, 1982）。當介紹這種額外層次之潛在利益之後，意見市場在傳播政策制定上之效益變得更強。

意見市場與經濟理論

意見市場之經濟面向論述，首先出現於大法官Oliver Wendell Holmes對於*Abrams v. United States*一案著名的異議文（1919）。Holmes不同意法院之判決，將五個俄羅斯的移民傳布反美國的傳單之罪名成立。Holmes主張：

當人們意識到時間可以使許多戰鬥信念消逝，人們終將相

信自己的行為基礎，而最終的美德其實可透過自由意見交換來達到──而真理之最佳試煉是在競爭市場讓思想力量得以被接受……這就是我們憲法的立論基礎。（p.630）

　　Holmes的聲明乃是一個起點，認為經濟理論是可融入長久以來一直是自成一格的民主理論概念中，並可合併至意見市場的概念中。進一步而言，Holmes的主張認為，透過「市場」概念，顯示出效率、無阻礙的經濟交換以及明智決策之間的因果關係。在意見市場中的早期概念從沒有出現過這樣的斷言（見Cole, 1986; Schwarzlose, 1989）。事實上，Holmes有關意見市場的說法是否能精確反映意見市場之概念起源，仍受到質疑（Cole, 1986; Gordon, 1997; Schwarzlose, 1989）。例如，Gordon（1997）比較Holmes與John Stuart Mill對意見市場的概念，發現Mill主張，積極促進及鼓舞少數人的意見，超越Holmes對少數意見被動容忍之態度。Gordon（1997）最後認為，Mill的市場功能觀點乃不同於Holmes，Mill建議政府在傳布意見思想上應扮演主動的角色，而Holmes之模式則主張完全自由放任主義。對於當代的媒體環境，Sunstein（1993）則完全承襲Mill的觀點，Sunstein主張，意見市場的隱喻詮釋是要求政府介入，而非放棄任何能有效完善民主過程之必要管制（見第三章）。政府在有關管制電子媒體之理由，經常基於相似的邏輯思考。FCC（1949）曾說：「大眾傳播事業在民主過程有其自明之理，即藉由公開的新聞及意見傳布，來發展出有智識之公眾意見」（p.1249）❹。

　　儘管Holmes的主張是率先將經濟理論導入意見市場概念，有一點需要特別注意的是，Holmes並沒有具體闡明意見市場之

---

❹ 此種詮釋方式同時完整反映在 *Red Lion Broadcasting Co. v. FCC*（1969）一案中。

隱喻。而闡明此一語詞之貢獻則經常歸功於大法官Brennan在
Lamont, DBA Basic Pamphlets v. Postmaster General（1965）一
案的判決文（見Cole, 1986; Fiss, 1986; Jensen, 1998）；然而，
眞正明確具體的闡明更要提早到十二年前之*United States v.
Rumely*（1953）一案。在這個案例中，最高法院維持地區上訴
法院之裁決，衆議院特別委員會（House Select Committee）在
遊說活動中，不得強迫揭露曾向遊說團體購買政治名單之個人
身分。一致的聲明包括，Douglas大法官（與Black法官一起）寫
道：「報紙、雜誌或是書籍的出版商一樣，出版者必須在意見
市場中爲人們的心思下注」（p.56）❺。Brennan在稍後的類似聲
明〔該聲明將「市場」（marketplace）與意見二字分開使用〕中
寫道：「如果意見所發布的對象無法自由地接收及思考這些意
見，則意見傳布將徒具形式。而市場將變成僅有賣家而無買主
的狀況。」（*Lamont, DBA Basic Pamphlets v. Postmaster General*,
1965, p.307）因此，直到一九六〇年代中期，意見市場隱喻已完
全融入憲法第一修正案，形成一個主要面向，而經濟交換的概
念已儼然占據一個突出的地位。

然而，意見市場中所附屬的經濟成分，則爲嚴謹的經濟學
解釋開啓一扇大門（如Coase, 1974）。用精確經濟方法來解釋意
見市場隱喻之方法，幾乎完全聚焦於貨物及服務之交換效率，
而忽視更廣博之民主功能。例如，由媒介經濟學家Bruce Owen
（1975）所表示的：

意見市場之隱喻乃有一種以上的意涵解釋。其中之一是從

---

❺ 對於隱喻起源的失察，是由於在U.S. v. Rumely一案原文將"market"與
"place"拆開，而造成此案無法被電腦蒐尋到。因爲英文習慣將兩字合併成
"marketplace"來使用。

Milton在 "*Arepagitica*" 一書中的題詞，也是最多非經濟學
家所提出的的概念。即所謂的「意見」乃是競逐成為人類
心中之知識主宰，而真理往往只能贏得過半數的支持，好
讓這場遊戲競爭充滿趣味。然而，我希望用不同的方式使
用這個言詞。特別是，我將更具體地提出「市場」的概
念。一個買賣資訊與娛樂及一切智識貨品的市場。（p.5）

　　很清楚的，若使用這種解釋方法，民主理論並無法成為意
見市場的定義及應用之要素。相反的，意見市場僅成為一符合
簡單供需法則之貨品交易場所。就應用觀點來看，經濟詮釋方
法造成政策目標的轉移──乃由明智的自我治理觀點轉移至交
易效率與消費者滿意度。

　　意見市場理論依循此法而著稱與發展，是受Reagan時代的
FCC主席Mark Fowler著名的傳播管制市場觀點所影響（Fowler
& Brenner, 1982）。根據這種管制方式，意見市場被視為如同其
他的產品市場，其指導原則是要促進競爭及將消費者福利極大
化（Fowler & Brenner, 1982）。因此，Fowler和Brenner指出，
「公眾的興趣……即可定義為公眾利益」（p.4），此詮釋方法比起
典型民主理論導向方法，對於公眾利益意涵解釋更具個人化與
客製化。根據Gardbaum（1993）指出，此解釋方法暗示「自由
言論之憲法原則應以自由貿易之總體經濟原則加以理解與解釋」
（p.377）。邏輯上，此法解釋意見市場隱喻是呼應在傳播產業中
全面性實施去管制的措施。

　　當然，意見市場追求嚴密之經濟性詮釋的目標，可能是達
到民主詮釋目標的最佳方法。Polic與Gandy（1991）總結各項主
張如下：「……一個受法規限制的市場，其依經濟法則操作之
下──自然而然對市民／消費者之競爭需求與供應有高度敏感

——並產生多重論調,而達成民主之最終目的——即意見多元
化」。因此,根據此一觀點,極大化競爭與消費者滿意度,將無
可避免地導引出智識公民社會以及良好的民主功能。早期意見
市場之司法表述皆反映出這種詮釋態度(見Cole, 1986)。例
如,考量Douglas如何使用意見市場之概念(參見早先的討論)。
若將此法抽離情境,該主張——以出版商是在市場上為人們的
思想下注之概念——似乎呈現出觀眾只不過是一種商品,而與
Mill及Meiklejohn之觀點無關。然而,Douglas的主張稍後由「安
全社會」這個論點所依循,而這個論點,乃是由「敵對」(hos-
tile)及「非正統」(unorthodox)的觀點而來(*United States v.
Rumely*, 1953, p.57)。因而,在這種合併的方式下,無管制的意
見交易競爭以及供需法則,皆被視為能提供良好民主功能的最
佳保證。

但是,經濟與民主的交互結果,並非是意見市場中以經濟
解釋為中心之最終政策目標。的確,在Fowler和Brenner(1982)
的一篇文章中,即道出此種連結關係,其主張意見市場管制哲
學之演變,應可提高消費者滿意度,也唯有消費者滿意度可等
同公共利益。Fowler最著名的比喻是,電視就像是一個有圖像的
烤麵包機(轉引自Nossiter, 1985, p.402),此說詞即顯示其認為
意見市場實在不須將格局提高至民主素養為目標。因此,區別
意見市場中的經濟學方法與複合方式兩者即十分重要。因經濟
學方法將競爭與消費者滿意程度視為最終的政策目標,而複合
方式則視這些目標為達成更廣泛民主的工具。

但是,即使意見市場之意涵被縮減為純經濟之構面,其仍
遭批評。針對市場這個概念,有一個共同點,即意見市場之近
用(access)假設概念。仔細而言,許多評論家指出,一個自由
且無管制的意見市場,無法提供所有意見市場參與者平等的近

用權。反而使某些團體控制意見市場，而某些個人或團體會被排除在市場之外。根據Baker（1978）所言：「若人皆有平等機會（如平等資源）參與意見市場，則意見市場似乎即可完美無缺」（p.984）。無廣泛的民意參與為基礎，不論從經濟理論及民主理論觀點考量，意見市場之理想皆有崩陷之虞。就經濟觀點來看，其關注焦點很明顯的是在經濟競爭不足，以及伴隨獨占性或是近獨占性市場而來之公共成本問題（例如，價格高、品質低以及選擇少等）。就民主理論觀點看來，其關心的重點乃在於民主的過程上，對於多元觀點不足以及意見壟斷的影響。

　　傳播市場之結構造成進場門檻過高，致使特定個人或團體無法獲得能傳達到大多數觀眾的工具。同時，私人企業之媒體組織可在意見市場中，有系統地以政治或是經濟理由排除某些團體、個人，或是意見觀點（Sullivan, 1995; Sunstein, 1993; Wimmer, 1986）。Ingber（1984）則提供這種主張之細部觀點。他認為，當代的傳播環境，呈現多元的大眾傳播技術以及組織化之資訊來源，而與過去十分不同，則憲法第一修正案所指的自由焦點，乃通常是指罷工權以及印製出版傳單的個人權利上。今日：

> 任何人若想廣泛的傳布其觀點，則近用大眾媒體的機會乃是關鍵因素。但是，獨占市場之現實、規模經濟之要求，以及資源分布不公平，使得新企業進入大眾傳播事業十分困難。經濟優勢者藉著進場限制，得以消滅掉只能在鄉民大會上及小冊子中聽見的聲音……結果是媒體擁有者及管理者，而非個人發聲，來決定哪些人事物可以接觸到公眾。（pp.38-39）

Ingber主張這些機構性的媒體自利行為，會導致組織只傳布

自己偏好的意見，並且只會給所偏好訊息來源近用的機會，並且有系統地排除其他消息來源及意見（見Baker, 1978）**❻**。很明顯的，當經濟資源成爲影響政治及社會觀點之資訊本質時，意見市場中的政治及經濟面向觀點在此就有交集。

在Ingber（1984）所主張的無管制意見幾乎是指毫無競爭存在可言。不過，組織所造成的瓶頸是有系統地過濾，或潛在性地同化市民所接收的資訊。某些學者認爲，法院愈來愈忽視這種可能性，轉而依靠一個過時的假設，即「每個人皆平等，而且近用意識形態之言論市場是不會有任何阻礙」（Powell, 1995, p.5）。相關主張讓有些學者以爲，意見市場之近用，是憲法第一修正案之核心基礎，也是所有傳播政策之基本原則（Barron, 1967）。

總結而言，從上述回顧中，形成兩個關鍵主題，第一，在意見市場中的經濟與民主理論方法，既可獨立發揮功能，兩者也有因果關係。在單獨個別詮釋方法上，以民主理論爲基礎之詮釋方式是集中在極大化思想交換之理念，以及其與有效自我治理之間的關係，而以經濟理論爲基礎的詮釋則著重在極大化消費者福利與市場競爭的概念。而第三種解釋方式則將經濟理論及民主理論連結，並主張一個競爭的、具效率的，以及無管制的意見市場，其對消費大衆偏好具有高敏感度，是一種能達成明智決策以及良好民主的機制。

第二個主要論點則在意見市場隱喻的詮釋方式與傳播政策制定之間的關係。仔細而言，在先前討論建議，意見市場之隱喻詮釋可用來支持傳播產業之去管制化（deregulation）（如

---

❻網路已成爲散布意見的主要工具，此發展引發出一個問題，即該項主張是否仍值得保存。

Fowler & Brenner, 1982），也可用來作爲採取管制的理由（如 Sunstein, 1993）。在意見市場隱喻的相關文獻探討中，去管制的概念往往植基於以嚴謹經濟學理論來詮釋意見市場（Fowler & Brenner, 1982; Owen, 1975），而民主理論之詮釋通常則與要求政府介入措施有關（Brietzke, 1997; Ingber, 1984; Rainey, 1993; Rainey & Rehg, 1996; Sunstein, 1993），儘管上述模式並無絕對關係（Coase, 1974）。然而，針對隱喻所做的批評其本質就像 Rehnquist 法官所言：「吾人沒有理由相信意見市場會是一個完美的市場，也不用相信經濟市場中之看不見的手會在商業市場發展出最佳經濟模式」（*Central Hudson Gas & Electric Corp. v. Public Service Commission of New York*, 1980, p.590）。因此，接下來的章節審視 FCC 對於意見市場隱喻之運用，其關鍵問題在如何以理論使用該隱喻，以及哪些政策行動可以得到該隱喻之支持。

意見市場之隱喻與FCC的政策決策

先前的討論乃集中於意見市場的隱喻意涵應該如何被解釋及應用。可惜的是，該隱喻在傳播政策上是如何被實際詮釋與應用，則少人關注。因此在相關文獻中形成一大空缺，但隨著相關研究報告結果慢慢出爐顯示，意見市場的隱喻的解釋及應用對於政策產出造成巨大影響（如 Bosmajian, 1992; Hibbitts, 1994）。吾人僅僅所知之研究，是來自於 Sweeney（1984）與 Hopkins（1996）二人對於最高法院判決中使用意見市場隱喻之研究。Sweeney（1984）研究從一九二五到一九八二年間，最高法院是如何使用意見市場之隱喻來做判決。她從中發現，近年判決時運用到隱喻概念十分頻繁，而且法院通常使用此概念來

維護消費者與市民接收資訊的權利。Hopkins（1996）則更深入探討最高法院對此概念之詮釋與運用，其擴大分析最高法院之判決內容（指從一九一九到一九九五年間的判決）。Hopkins首先注意到，儘管最高法院經常使用此概念，但是，沒有一位法官曾完整地定義出此隱喻概念所應有的功能。同時，他發現最高法院也承認有多元的小型意見市場存在，以下是最高法院的解釋：

> 沒有所謂的單一、且普遍的意見市場，但是卻有許多小型的意見市場，各自有其市場動力（dynamics）、市場參數（parameters）、管制計畫以及觀眾。的確，法院已確認出像廣播……郵務系統、學校教室與圖書館、國家事務……以及罷工等，其實都是意見市場的一環。（Hopkins, 1996, p.48）

這些相關研究，提出最高法院在做判決時，意見市場如何涉入成為一項考慮因素。無論如何，最高法院僅僅是必須運用隱喻概念的重要傳播政策機構之一。傳播政策制定之中央主管機關FCC倒是乏人爭議（Krasnow, Longley & Terry, 1982）。FCC不像最高法院只能對那些進入司法程序政策事務做出反應，FCC是涉入從設計、執行及評估傳播政策所有的日常事務。因此FCC事前選擇以何種方式詮釋意見市場隱喻概念，對之後的政策制定會造成很大影響。此外，FCC是如何及何時使用意見市場中的隱喻概念，顯示其是FCC做政策決定時的重要參考。

方法論

為了分析FCC是如何運用意見市場之隱喻概念，將FCC從一九六五到一九九八年六月之間，利用意見市場的隱喻概念之政

策案例做一內容分析。一九六五年是一關鍵時點，因從此該隱喻巳明確載入憲法第一修正案的司法精神之中，同年，最高法院第二次使用隱喻（可能也是最著名的一次）做出最高法院之判決（*Lamont, DBA Basic Pamphlets v. Postmaster General*, 1965）。因此，一九六五年可能是意見市場的隱喻明確滲入FCC之分析過程的開始❼。

　　欲執行此項分析，研究者使用一個名為FCC的政策案例資料庫（LEXIS "FCC" database）。在這個資料庫中有從一九六五年中起，所有FCC的政策決策案例文件，同時，此資料庫中也包括（近幾年的）FCC的新聞發布稿以及FCC委員在國會發表的言論及聲明。使用複合字詞查詢方法，輸入意見市場（market-place of ideas）這個字詞，這個字串搜尋到一百一十三份文件。然後再將市場（marketplace）拆成兩個字詞以此方式重新查詢，以防止此隱喻概念會用不同的字詞表達而有所遺漏。這次字串搜尋增加另外四個政策（排除重複文件之後），研究為了將焦點放在FCC之管制活動項目上，而將所有相關新聞稿及演講排除在外。此外，研究為了聚焦於FCC對意見市場這個字詞的解釋及應用方式上，凡此字詞是出現在非FCC團體之評論摘要文件中，該文件也被排除在樣本之外。在排除這些文件之後，整個需要分析之政策案例就剩下八十七份❽，在某些案例中（八十七份中的二十一份），其使用此隱喻概念超過一次以上。通常這些案例會使用隱喻二至三次。然而，在某些例子中（以公平原則法案為例），每一項決策此隱喻皆被使用十五到二十六次之多❾。

---

❼直到一九六七年此時期才首次使用隱喻概念（FCC, 1967）。

❽完整的政策分析名單可洽詢作者。

❾在八十七項樣本文件中，總共使用次數為一百七十三。

　　然而，此研究是以每項FCC之完整決策爲分析單位，而非以個別使用之隱喻爲分析單位。同時，本章之初即認定，就政策之核心議題而言，此隱喻的使用在不同管制行動之差異，會比在單一管制活動之內的差異來得更具實際意義。很清楚的是，就此分析之測量變數在同一個政策案例其隱喻意涵變化差異不大，此乃因其聚焦於整體意見市場隱喻之理論、技術以及管制情境。

　　每個政策決定皆依一組變數加以編碼，以反映出使用隱喻概念之前後文背景。編碼者在編碼時須依整份文件內容來判斷，而非只注意部分字句之出現。首先，凡特定之傳播科技議題，也必須記錄。爲求對於歸屬於FCC管轄權範圍之傳播科技，以及FCC使用意見市場隱喻之方式有廣泛的瞭解，可藉由審視FCC所認定經常與意見市場概念相關之傳播科技而得知。由上述方法而求得下列名單：無線廣播電視、無線廣播電台、有線電視、無線之有線電視（wireless cable）、衛星、有線電話（即固網市話）、無線電話以及其他項目。在這些政策案例中，經常涉及一個以上的傳播技術。因此，每個傳播科技皆爲不同的變項。

　　爲了審視FCC使用意見市場概念的廣度，曾使用到隱喻意涵的議題類型也都記錄下來。事實上，FCC處理非常廣泛的管制議題，早先的研究也發現委員會在不同議題類型之下，也有不同的管制行爲（Napoli, 1997b, 1998b）。爲了探究出FCC有差異意見市場隱喻之可能性，使用下列之議題編碼方式（從早先研究而來的）：(1)技術性的（包括技術要求或規格，以及新技術所允許之用途範圍）；(2)內容方面（包括媒介內容之管制）；(3)結構方面（包括傳播管道所有權的管制）；(4)核發執照（包括傳播管道的執照核發與授權之標準）；(5)程序方面（包括服

務供應以及與FCC互動相關之產業經營程序〕；(6)社會性方面
〔包括廣泛之社會議題與關心，例如平等就業機會（Equal
Employment Opportunity, EEO）及環境上之要求〕；(7)其他
（凡不適合歸入上述任何類別之案件）。以及另一位受過訓練的
資料編碼人對三十一個（是全部文件數的36%）隨機抽樣的文
件，做第二次編碼。兩次編碼內在信度為0.85，是使用Scott's pi
（平衡計分卡）。

　　接下來，針對每項決策編碼方式，乃取決於該文件是屬於
去管制形態（deregulatory）還是支持管制形態（pro-regulato-
ry）。也就是說，這項隱喻是被使用來支持減少政府之傳播管制
或是FCC採被動管制角色，或者這項隱喻是被用來支持政府增加
傳播管制，或是FCC採主動管制角色？但在某些案例上，意見市
場隱喻意涵卻是用之於反對聲明。這些隱喻之使用是不同於其
他方式，其功用不在於反映出FCC所支持之管制行為，而是反映
委員會中的個別委員的反對觀點。這些異議也須經由審查決定
是否真的反對該項管制決策。如果真的是反對意見，那這份文
件將被編碼至反對決策意見之文件。有一點很重要的是，並非
每項反對意見都會編碼至對立方。因在某些案例上，反對者是
同意政策行動但此政策行動之基本原理不同意，或是反對者覺
得這項政策行動，並沒有完全執行管制原則。因此，這些案例
並不適合做完全相反之政策行動之編碼。然而，由於反對意見
導致編碼複雜，因此許多分析結果用兩個形式呈現：包含反對
案例之結果以及移除反對的案例之結果，而得到變項的內在效
度為0.80，是使用Scott's pi（平衡計分卡）[10]。

----

[10]對於此變數兩次編碼產生差異者，即歸入「無法編碼」之項目中。

最後，每項決策編碼是根據意見市場隱喻意涵之使用是在經濟理論情境之中，或是民主理論情境之中。使用民主理論情境之定義是，凡政策決策中出現有關於傳播產業與意見市場之相關的聲明，並且其目標是在促進真理達成，改善決策，創造有智識的選民，或是強化辯論或民主素養。例如，在一九七四年的《公平報告》（*Fairness Report*）（該報告呈現公平原則Fairness Doctrine法案之存廢研究）中，指出憲法第一修正案與意見市場隱喻意涵間的強烈關聯，其指出：「憲法第一修正案並非僅僅保障某些個人之言論自由，而是為了保存促進民主社會與機構中所必要之明智公眾意見」（FCC, 1974b, p.5）。另外一例即FCC的委員Susan Ness在一九九八年委員會雙年管制評論（Biennial Regulatory Review）之聲明。Ness寫道，意見市場中之對立言論來源之必要性，「多樣性是民主化的基本政策，意見與資訊的自由市場乃為自我治理之基礎」（FCC, 1998a, p.11300）。

使用經濟理論的案例則被定義為，凡討論增進消費者福利，消費者選擇，經濟效率或競爭狀況，但未提及明智決策或效率之自我治理者。例如，在FCC的《第四季年度競爭報告》中指出：「意見市場的功能就如同其他產品競爭市場一樣」（FCC, 1997d, p.1243）。由於該文件接下來全文皆未提及傳播與意見市場在有效率的自我治理中所扮演的角色，因此這文件被歸至經濟理論類別。同樣的，在很多案例中，委員會也提到「要在經濟市場以及意見市場中增加競爭」（如FCC, 1978, 1998e）。即使此類聲明將意見市場從經濟市場中區隔出來，除非在目標上不只是促進及增長競爭市場（例如，提及競爭對於民主的好處），否則案例都被歸結至經濟理論項目。

至於那些同時包括經濟理論與民主理論的案例，則歸結在

「共同的」類別中。這類別可以委員會於一九八○年決定廢除聯賣節目獨家播映權（syndicated program exclusivity, Syndex），得到具體說明。最初，這個決定委員會所關心的是「消費者影音服務的福利」，「我們的責任是在確保傳播服務的效率」（FCC, 1980b, p.672）。然而，委員會提出另外一項分析標準：「即外在或是溢出的效果」，其被定義是「與我們所關注的是……廣播媒體有義務將資訊告知大眾」（FCC, 1980b, pp.672-673）。委員會進一步解釋：「在地的新聞及公眾事物的價值乃在於……必須是對我們的社會整體或是民主進程有所助益」（FCC, 1980b, p.673）。這項編碼的內在效度是0.85，使用的是Scott's pi（平衡計分卡）。

結果

使用分類

　　表5-1呈現以各個傳播科技類別中意見市場隱喻之使用的技術（包括不同意見案例）。此表格很清楚呈現，在無線廣播電視之管制最常使用意見市場隱喻意涵（趨近於82％的政策決策），接著第二名是無線廣播電台（只占趨近於40％的政策決策），緊接而後的是有線電視（趨近於33％）。這些百分比數據反映一項事實，即由很多案例可看出，這些決策涉及多重傳播技術（例如，有線－廣播電視跨產業所有權規則即是）。但也發現意見市場隱喻意涵很少運用在有關衛星、無線纜線或無線電話的管制。而最高法院則將意見市場隱喻意涵廣泛的運用在各種面向（Hopkins, 1996），FCC則是採取較為狹義方式，很明顯的將廣播視為意見市場並歸屬在FCC之管轄範圍。

　　表5-2則是依議題類型呈現意見市場隱喻之使用（包括不同意案例）。很清楚的，結構方面（占38％）與內容方面（占35％）

表5-1　意見市場隱喻運用於不同科技之情況（樣本數＝87）

科技項目	次數	百分比
廣播電視	71	81.6
廣播電台	35	40.2
有線電視	29	33.3
衛星	3	3.4
無線之有線電視	1	1.1
有線電話	0	0
無線（行動）電話	0	0
其他	0	0

註：所有次數與百分比不等於87（第二列）與100％（第三列），是由於在個別
　　決策之中，會出現二種或以上的科技。

表5-2　意見市場隱喻在不同議題類別之使用情況（樣本數＝87）

議題類別	次數	百分比
結構性	33	37.9
內容	30	34.5
執照核發	12	13.8
技術性	3	3.4
程序性	1	1.1
社會性	1	1.1
其他	7	8.0
總數	87	99.8

註：由於四捨五入百分比相加不等於100。

的議題是最常使用隱喻意涵。其之所以充斥於內容議題乃是由
於公平原則（Fairness Doctrine）一案。意見市場隱喻意涵被證
明十分適用於應用、重新評估以及最後廢除公平原則法案之標準
概念（如FCC, 1974b, 1988a）。而意見市場隱喻意涵之所以充斥

於結構方面的管制案例，則是由於FCC對於無線電視－有線電視跨產業所有權管制一案。再一次的指出，隱喻意涵是被用於分析潛在性違規以及這些規定之免除資格授予案例（如FCC, 1978）。

在FCC意見市場隱喻使用上，無疑地反映出FCC在來源及內容多樣性這兩個議題之關注，也反映FCC將意見市場應用在傳播政策上解釋及應用（Napoli, 1997d）。其中，值得注意的是，FCC並不認為這些議題目標之間有正面的關聯性。在某些案例上，FCC以增加內容的多元性或是促進整體服務品質之名，放鬆在所有權上之管制（FCC, 1992）。

表5-3依管制背景類別呈現使用項目。此表格呈現包含反對意見案例與排除反對意見案例兩種結果。若將反對意見案例納入，則使用在去管制的案例數是使用在支持管制的案例的近兩倍（四十二比二十二）。若將反對意見案例排除後，去管制與贊成管制的案例差距變得更為明顯（四十比十一），顯示有關意見市場的隱喻意涵的反對意見，大都是委員會用來對抗去管制的行動。很多異議是來自於前FCC的委員Nicholas Johnson所提出。在他的任期，Johnson經常在像是積極強化節目規定、核發執照標準，與公平原則要求上，與大多數人持不同意見（如FCC, 1969a, 1970b）。

總結來說，若吾人只著重於大多數委員會對於意見市場隱喻使用上，可以很清楚的發現，其大都是運用於去管制的情境中。當然，也可能是反映出FCC在這段時期的管制政策趨勢。顯然的，約開始於一九七○年代中期，去管制的趨勢已是政府管制許多產業的方向，包括傳播產業（見Horwitz, 1989）。然而，值得注意的是，雖然研究從一九六六到一九九五年間的廣播政策案例，若以去管制與支持管制的意向上來看，在所有可編碼的案例中有六十與四十比例分歧（Napoli, 1998b）。相對地，在

表5-3　意見市場隱喻在不同管制情況之使用情況

包含反對意見樣本（樣本數＝87）		
情境類別	次數	百分比
支持管制	22	25.3
去管制	42	48.3
無法編碼樣本	23	26.4
總數	87	100
排除反對意見樣本（樣本數＝70）		
情境類別	次數	百分比
支持管制	11	15.7
去管制	40	57.1
無法編碼樣本	19	27.1
總數	70	99.9

註：由於四捨五入百分比相加不等於100。

四十比十一的該項目上，則在所有可編碼的案例中呈現八十比二十之分歧，顯示意見市場隱喻意涵較可能出現在支持去管制的法案中。

　　表5-4依理論情境來劃分意見市場隱喻意涵之運用。該表的數據資料與**表5-3**方式相同。該表的上半部是將異議包含至樣本中，則利用民主理論（三十六個）的案例與經濟理論（三十二個）的個案分布還算平均，其中有十六個樣本是同時使用民主理論及經濟理論的案例。當異議案例被排除後，則經濟理論的案例比民主理論的案例稍多（三十比二十七），其中有十一個樣本是同時包括民主及經濟理論的案例。這樣的結果表示FCC在利用經濟理論與民主理論來詮釋意見市場隱喻意涵的案例，其實分布還算平均。總之，FCC甚少將此兩種理論基礎連接，可見其並不認為經濟績效與良好的民主功能之間有因果關係。

表5-4　意見市場隱喻運用不同理論之情況

包含反對意見樣本（樣本數＝87）		
基礎類別	次數	百分比
經濟理論	32	36.8
民主理論	36	41.4
兩者皆有	16	18.4
無法編碼樣本	3	3.4
總數	87	100.00
排除反對意見樣本（樣本數＝70）		
基礎類別	次數	百分比
經濟理論	30	42.9
民主理論	27	38.5
兩者皆有	11	15.7
無法編碼樣本	2	2.9
總數	70	100.00

意涵使用之時間趨勢分析

　　圖5-1表現出過去三十三年來，引用意見市場隱喻意涵的個案次數分配（包含反對意見個案）。根據圖5-1顯示，隱喻意涵的使用次數的最高峰是發生在一九七〇年代早期以及在一九八〇年代初期至中期。一九七〇年代的高峰主要歸因於前FCC委員Nicholas Johnson所發表的許多不同意見（參看先前討論）。一九八〇年代的高峰部分起因於公平原則的政策決定。在這個期間，委員會公告一連串的政策，皆是有關於公平原則法案之效果、存廢等措施。這些政治決策個案中，意見市場一詞是非常重要的。圖5-1顯示，在Reagan-Fowler主政時期，意見市場的隱喻概念具顯著地位，其顯示出該詞對於尋求管制鬆綁的傳播產業深具吸引力。最後，近幾年，利用意見市場的隱喻做決策分

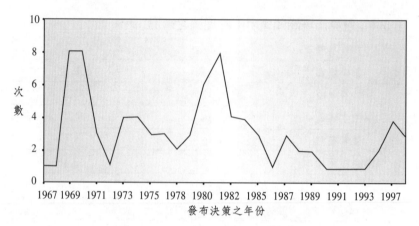

圖5-1 意見市場隱喻之使用情況

析的現象有些微的增加趨勢,但相對而言在一九九○年代早期,此語詞並不常被使用。

圖5-2則呈現在不同的管制環境下,意見市場隱喻意涵使用的狀況(包括異議部分)。如圖表所示,雖然早期意見市場的隱喻意涵之運用,代表FCC在傳播產業的管制涉入較深(原因同樣是源於Nicholas Johnson),但隨著時間演變,意見市場隱喻意涵則明顯與去管制之政策較相關,尤其在一九八○年代初期最爲明顯,這個時期之後,意見市場隱喻意涵運用在去管制之決策是明顯多於運用在管制的政策。此結果自一九八○年代以來,去管制之趨勢一直是傳播政策的特徵。

圖5-3呈現以時間數列表示意見市場隱喻意涵在不同理論背景下的使用狀況。爲能更清晰地呈現結果,圖表只有標示出民主理論及以經濟理論爲主的案例。凡同時包含上述兩種理論者,皆重複計算至兩種理論之中,原因是該政策是要同時達成民主與經濟兩種目標。如圖所示,在一九六○年代到一九七○年代初,運用意見市場隱喻中民主理論詮釋的案例,要比以經

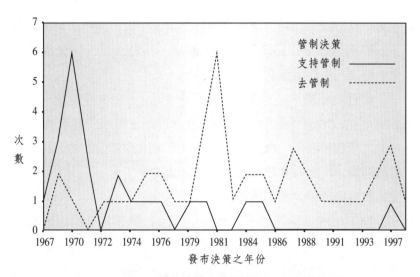

圖5-2　意見市場隱喻在不同管制之使用情況

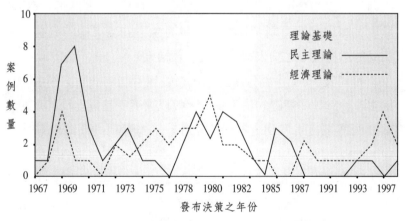

圖5-3　意見市場隱喻運用不同理論基礎之情況

濟理論詮釋的案例還多。然而，從一九七〇年代後期到一九八
〇年代早期，則經濟理論之使用漸顯均勢。此趨勢並不必然令
人意外，因為從一九七〇年代中期，FCC已開始大量引入經濟分
析（Napoli, 1999a）。反而較意外的是在一九八〇年代，意見市

場隱喻利用民主理論面向之詮釋依然重要，表示儘管此時期FCC多以經濟思維論作為決策指導，但是，其仍然無法完全捨棄意見市場之民主理論面向之思維。

　　但近幾年來（從一九八○年代末至今），民主理論面向則幾乎完全從FCC的思維中消失，比過去三十三年來的研究還要嚴重。這種趨勢表示，FCC在運用意見市場隱喻意涵做決策時，以經濟理論之詮釋方式已掩蓋住民主理論的光芒。

理論解釋與行動之間的關聯

　　接下來的重點在於，判斷特定政策行動與意見市場隱喻詮釋方式之間的關係。早先介紹討論中有關意見市場的文獻裏已表示，去管制的觀點比贊成管制的觀點較不易融入以民主理論為基礎之詮釋。但為確定此是否即為FCC的政策決策模式，因而將理論情境變項也納入計算，和圖5-3的計算方式相同。表5-5呈現，將理論與管制背景變數一併考量下的交叉矩陣分析（包括反對意見樣本之納入與排除後計算結果）。

　　如同表5-5上半部分所顯示，在贊成管制的決策案例中，以民主理論為詮釋基礎的決策案例，較以經濟理論為詮釋基礎的決策案例為多（十四比九）。相對的，在去管制的政策決策案例中，以經濟理論為詮釋基礎的決策案例，比民主理論為詮釋基礎的決策案例為多（三十比十九）。雖然，所有的決策模式皆反映在意見市場隱喻意涵的文獻當中，但就統計上來看，這些結果並未達到.05的顯著水準，同時，也顯示出，政策之管制方向與意見市場之理論詮釋方式未達顯著關聯（$X^2 = 3.08$; $p > 0.05$）[11]。

---

[11] 雖然這組樣本代表FCC決策母體，即在此時期使用意見市場隱喻的情況，因此不須再做顯著水準測驗。但為研究周延性及參考價值，表中依每個變項提供顯著差異之數值以供參考。

表5-5　意見市場隱喻在理論基礎與管制情境之使用情況

包含反對意見樣本（樣本數＝72）

理論基礎	管制情境		
	支持管制	去管制	總數
非民主	9	30	39
民主	14	19	33
總數	23	49	72

註：X^2=3.08; p>.05

排除反對意見樣本（樣本數＝57）

理論基礎	管制情境		
	支持管制	去管制	總數
非民主	6	29	35
民主	5	17	22
總數	11	46	57

註：X^2=.27; p>.05

如**表5-5**的下半部分顯示，若移除掉反對意見之案例樣本，則發現在支持管制的變數下，理論觀點之間的差異縮小（六比五）。同時，在去管制的政策案例上，運用民主理論及經濟理論爲基礎詮釋案例，則幾乎無多大改變（二十九比十七）。總之，此研究結果顯示，FCC不論是在其管制與去管制的行動上，皆可能將這些政策行動與意見市場中之民主目標搭上關係（X^2=.27; p>0.05）。

結論

　　儘管這幾年多所批評，但是有關意見市場的隱喻意涵仍廣
泛地運用在傳播政策之中。本章所顯示的結果提出此隱喻意涵
首次被納入FCC之政策決策的證據。

　　綜言之，FCC大都將意見市場隱喻概念運用於無線電視及
廣播傳播產業（以及小部分在有線電視產業管制）。至於有些產
業則幾乎不在FCC管轄權限之內，如衛星、無線之有線電視、無
線電話等。這些結果顯示出，FCC是持一種較爲狹義的方式去看
待意見市場意涵之構面，而最高法院在運用意見市場概念則較
具擴充性（Hopkins, 1996）。若持續FCC對意見市場隱喻概念之
運用模式，則未來勢必產生困擾，因爲，當前重大政策議題，
如普及服務原則（其中公民能否公平近用意見市場仍爲核心議
題），以及傳播科技匯流所帶來對於意見市場之互連（intercon-
nected）及多面性（multifaceted）的願景，與意見市場隱喻皆有
重大關聯。

　　在這些議題的背景下，FCC較常運用意見市場隱喻概念來
管制市場結構與媒體內容。此概念原則之所以能盛行於上述兩
領域之中，是因爲來源與內容多樣性原則乃是FCC操作意見市場
概念之核心原則（Napoli, 1997d）。

　　研究結果顯示，FCC並未明顯將意見市場某些特定詮釋方
式與某些管制活動類型連結在一起。因此，儘管意見市場之隱
喻意涵常被用作傳播產業去管制政策的理由，但是這些政策多
半是同時強調民主理論爲基礎詮釋，也著重促進經濟效率及顧
客滿意度的面向（雖然最近的趨勢討論顯示出此一模式正在改

變）。此外，即使是在少數贊成管制的政策案例中，使用隱喻的方式也經常是以達成經濟目標與政治目標的案例一樣多。

此結果顯示，若將民主理論之隱喻詮釋與政府管制活動相關，又同時將經濟理論之隱喻詮釋視為去管制的政策理由，則是將FCC對於意見市場隱喻之運用過於簡化的說法。相反的，FCC對意見市場隱喻之應用其實深具彈性，也就是說，此種政策彈性其實是凸顯出，FCC並沒有一致地將某種管制行動與意見市場中隱喻概念某些詮釋方式連結。也就是說，FCC並未口徑一致地來預設立場認為，不論支持管制或是去管制措施，是可以永遠強化或是破壞掉意見市場中之民主理論或是經濟理論面向之目標。此種詮釋上的彈性，反映出意見市場隱喻在傳播政策制定之運用，在許多方面仍具爭議。吾人也看不到FCC與最高法院對於隱喻詮釋的一致性（Hopkins, 1996; Sweeney, 1984），即使是學術文獻也是如此。由於隱喻之本質起源，在傳播產業中要落實隱喻意涵的一致詮釋，似乎不大可能。FCC管制責任具雙重本質（經濟性與社會性），也許會讓FCC在隱喻解釋上靈活運用反而備受稱許。

但是，意見市場隱喻之運用，去管制的案例還是比支持管制的案例來得多，尤其隨著時間此趨勢也愈明顯。此外，至今FCC愈來愈不可能運用民主理論來詮釋意見市場隱喻。此趨勢表示，FCC意見市場隱喻之詮釋方式及應用有日益窄化的現象。尤其，此趨勢表示FCC漸漸強調以經濟理論之隱喻超越以民主理論基礎之隱喻意涵，以及這種採用單一面向之詮釋現象是與去管制政策案例增加相吻合。若以隱喻在傳播管制政策與在FCC之組織性演變中所扮演的角色而言，此研究結果深具重大影響。

很多學者曾指出，隱喻概念之使用在法律及政策上有巨大影響力（Bosmajian, 1992; Gunkel, 1998; Hibbitts, 1994; Jensen,

1998）。隱喻概念能幫助政策制訂者在面對新的或是複雜的狀況時，釐清思維。所謂的隱喻就是「從複雜的關係中獲得參考……藉由具架構之知識來促進瞭解」（Jensen, 1998, p.565）。然而，隱喻意涵同時也會造成人為潛在地限制決策過程（Ball, 1985; Jensen, 1998）。Hibbitts（1994）指出，「因其細節、熟悉性，與可觸及等特性而得之隱喻意涵，往往反而造成模糊與扭曲」（p.234）。在某些特定之傳播管制情境下，隱喻常因限制新媒體技術的發展而深受批評（Gunkel, 1998; Pool, 1983b）。因此，檢視FCC有關意見市場隱喻意涵之用途及解釋，即發現將隱喻意涵作為政策分析工具之功能已逐漸受限。也就是說，隱喻意涵將呈現較少動態特質，也無法像以往一樣可普遍運用於各種政策目標與決策選項。

最近，FCC在意見市場隱喻詮釋及應用上的窄化現象，顯示FCC作為一管制機構在特性上之轉變。如第二章中所述，長久以來，FCC之管制責任兼具經濟及社會面向，此點顯示FCC獨一無二的特性（Reagan, 1987）。然而，由最近FCC對意見市場隱喻解釋及應用上之窄化，表示出，委員會逐漸將自己定位為傳統的經濟管制機構（見Corn-Revere, 1993）。也因此，逐漸將焦點放在效率、競爭及顧客滿意度等傳統經濟管制標準上（Reagan, 1987）。如同其他經濟管制機構，FCC發現為達成上述的目標，去管制政策會是最佳的方法。

此轉變之廣泛影響，乃值得關心。特別是，如果FCC在意見市場隱喻意涵之運用，是一種更廣泛的機構變革，長期以來，傳播產業中的有別於其他受管制產業之元素，將不再是FCC管制思維的核心。這些結果所顯示出的意涵為，傳播產業中社會及政治功能之重要性已逐漸式微，至少在FCC的眼裏，已被經濟功能所取代。

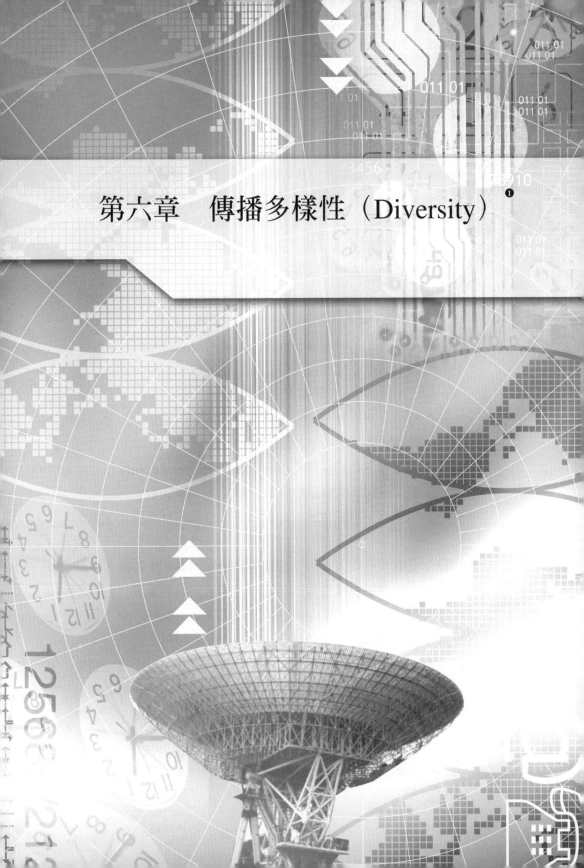

第六章　傳播多樣性（Diversity）❶

誠如第二章的模型所述，多樣性原則是「意見市場」（marketplace of ideas）概念中基本構成要素之一。傳播政策之規劃自始即在於維護及加強傳播多樣性。多樣性已成為評估大眾媒介系統績效最基礎的原則，也是傳播政策制定的目標之一。因此今日任何媒體系統或市場的品質測量標準，即在於是否可提供閱聽人多樣性的選擇（Levin, 1971）。多樣性的內在意涵也一直是美國最高法院及憲法第一修正案的基本法理（Bhagwat, 1995, p.178）。多樣性亦被形容為「美國廣播管制之最高目標」（paramount goals of broadcast regulation in America）之一（Owen, 1978, p.43）。但多樣性之應用已遠超過廣播（broadcasting）領域，而延伸成為其他電子媒體的政策[2]。

多樣性很明顯地是一個十分廣泛的語詞，包括許多意義及用途。根據McQuail（1992）所言，「多樣性本身即具目的性，可以是代表被忽略的少數社群與消費者選擇權益之訴求，也可以是反壟斷與反其他限制的原則」（p.142）。誠如此一陳述所主張及本章所述，多樣性政策之動機可來自於對社會關切，例如增加少數族群的代表性，也可從關切經濟發展之角度切入，例如掃除壟斷。亦可同時由社會性與經濟性的關切來推動多樣性政策者。因此，多樣性政策示範出傳播管制同時兼具社會與經濟目標的特點（參見第二章）。

儘管多樣性原則是傳播政策制定之基本原則，政策制定者與分析家仍未能充分定義，而在概念測量方式上也未達成共識（Entman & Wildman, 1992; Iosifides, 1999; LeDuc, 1982; Owen

---

[1] 本章之大部分內容已先發表於Napoli（1999b）。
[2] 有關於國會、FCC、司法部門支持多樣性原則的歷史文獻，參見Harrington（1997）。

1977, 1978）。此章即是探討多樣性的定義及檢測。引用多樣性政策發展歷史，以及「意見市場」的意涵，此章將由政策觀點出發來描繪多樣性的基本面向。

　　本章第一節先置多樣性原則於「意見市場」的背景下來探討，以凸顯傳播多樣性一直是政策制定者與法院制定政策法規的指導原則（參見第五章）。在意見市場意涵假設之下，有助於界定多樣性的各種要素以及要素之間的關係。第二節描述多樣性的三大要素（以及各要素的次要素），要素之間各種假設性關係，以及曾經使用過之多樣性實證研究方法。由意見市場概念延伸出多樣性的三大要素：來源多樣性（source diversity）、內容多樣性（content diversity）以及暴露多樣性（exposure diversity）。表面上此三要素看似簡單，但實際上其個別仍存在許多次要件（subcomponent）。在本章次要件也將一併討論。時至今日，很明顯的存在於各多樣性面向之間的重要關係，長期以來一直缺乏實證研究。在缺乏實證研究的狀況下，也讓許多政策無法成功推展。此外，多樣性的「來源」與「內容」二要素也較受到政策制定者與分析家的諸多重視，儘管其實「暴露」多樣性才是意見市場意涵的主軸概念。

　　而本章探討暴露多樣性相關問題時發現，若仍沿用傳統概念應用多樣性原則於傳播政策之制定，對於達成意見市場的目標，恐怕是傷害多於建設（Napoli, 1997d）。如本章所呈現，傳播多樣性政策雖缺乏實證基礎，卻仍被廣為宣傳運用。其結果是指導多樣性政策的假設大都無法正確反映媒體系統的功能。本書之內容討論即不斷反映出，傳播政策往往就是對相關社會與行為議題沒有充分研究而有所缺失，也缺乏對於政策實施之後對社會與行為的影響做充分的評估研究。

意見市場與多樣性

在論述多樣性原則的各種要素前，首先評論多樣性政策目標與意見市場原則政策目標之間的關係。雖然多樣性已被視為傳播政策之決策目標之一，但其最重要的功能仍在於能（與競爭原則）共同有效實現意見市場的理想。多樣性所強調之政策目標源自於意見市場之意涵。「將來自於多樣與對立的消息盡可能地廣為散布」（*Associated Press V. United States*, 1945, p.1424）。以上述方式作為要達成明智（informed）決定、文化多元、公民福利，以及健全民主的目標（參見Bloustein, 1981; Glasser, 1984; Meiklejohn, 1948／1960, 1948/1972; Redish, 1982a）。如前章所述，不論從純民主理論或是經濟理論來檢視意見市場的目標，其概念依然是要增加意見市場中的意見參與者的數目，以及擴大意見、觀點與文化之角度。

如前章所述，意見市場是強化多樣性政策的指導原則，包括媒體所有權的管制（FCC, 1978）以及「公平原則」（Fairness Doctrine）（FCC, 1974b, 1988a）。FCC在一九九三年公告之「意見與規定備忘錄」（Memorandum Opinion and Order），有關於鬆綁（relax）以及最終要廢除「財務利益與聯賣規定」（Financial Interest and Syndication，簡稱Fin-Syn）的法規內容，皆曾明顯指出意見市場與多樣性政策之間的關聯。於一九七○年開始採取的這些規定，最初設計來限制三大電視網從事首輪下檔的聯賣行為（off-network syndication）與限制電視網所涉及節目製播的財務利益之參與程度（參見FCC, 1970c）。這些政策的中程目標是：(1)加強節目製作人的獲利；(2)限制或削減電視網之談判

籌碼；(3)防止電視網獨厚自己投資的節目（參見Besen et al.,
1984）。總之，最終目標即在於「限制電視網掌控節目，並藉此
鼓勵多樣性節目之發展，尤其是透過多樣與對立之節目來源」
（FCC, 1993e, p.1454）。以上我們可明確看出大法官Black在
Associated Press V. United States（1945）一案所引用意見市場的
原則。由此，亦可清楚看到意見市場作為傳播政策者之指導原
則下，可用以設計強化多樣性相關政策之發展。

多樣性的面向

　　學界與政界長期爭論的是多樣性原則是如何建構而成的
（Entman & Wildman, 1992; Krattenmaker & Powe, 1994; McQuail,
1992）。而本節所勾勒出的面向，主要是專注於和傳播政策制定
最相關的幾個要素。有一些多樣性面向可能超出本章的內容；
但其中常被忽略的面向常超出傳播政策制定者的關注範圍。

　　大致而言，多樣性基本面向有三：來源（source）多樣性、
內容（content）多樣性，與暴露（exposure）多樣性，還有許多
子項目在上述三大項之下。更重要是存在於各個面向之間的關
係。圖6-1是多樣性各面向間的簡示圖，以及相關次要素與其假
設關係。如圖示，多樣性在資訊來源面向上經常（並非總是）[3]
被假設和內容多樣性有因果關係（FCC, 1995b, p.3550）。此外，
特別是在意見市場意涵的前提下，若增加內容多樣性可導致閱
聽人消費內容的多樣性，這樣的關係也經常被假設是存在的。

....

[3] FCC主張，來源多樣性之降低會導致內容多樣性之增加（參見Federal
　　Communication Commission, 1992, 1995b）。

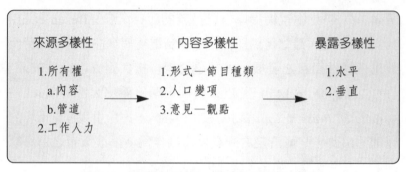

圖6-1　多樣性元素、次元素與假設關係

上述這些因果關係在接下來的章節中會深入討論。

來源多樣性

　　潛藏於意見市場中的基本假設是，在能考慮到所有「多樣與對立的資訊來源」的狀況下，公民能夠做出最佳的決策（*Associated Press v. United States*, 1945, p.1424）。因此，傳播政策制定者一直致力於給予媒體觀眾增加多樣資訊來源的選擇。但是這項表面看似簡單的概念卻包括兩種不同的次元素。仔細而言，政策制定者從三種不同方式來操作來源多樣性的概念：(1)媒體播送管道（media outlets）所有權的多樣性；(2)內容／節目所有權的多樣性；(3)在個別媒體管道內工作人力（workforce）的多樣性。接下來描述每一個次元素的內容，而(1)與(2)項將合併起來，在較大的所有權多樣性概念下描述。

所有權的多樣性

　　所有權多樣性可被分為兩個子項目，但在此必須澄清的是，這些子項目內容並非互斥的。這兩個項目包括了內容所有權與傳送管道所有權。在這兩個子項目下也有多層的概念。例如，要評估有線電視所有權之多樣性，可以從有線電視系統的

擁有者入手，另一方面，又可以將焦點放在有線電視系統中個別頻道擁有者來分析。甚至也可以從個別頻道中節目內容的製作人（即內容擁有者）來判斷。

　　但內容所有權與媒體管道擁有權的區分並非絕對的，因為某些無線電視台與有線電視頻道也同時製作自己的節目內容，因此他們同時是內容與播送管道的擁有者。所謂的播送管道在傳送內容的活動上並非是被動的。例如，有線電視系統與廣播電視台便可積極地決定所傳送節目的來源，因此，媒體管道可稱為仍在線上的節目規劃者（active programmers），可以決定獨惠某些特定節目的擁有者。因此，儘管對於節目與管道所有權之間有明確的劃分，但這樣的區分有很大的比例是人為刻意的劃分。因為現有節目的多樣性多少仍決定在管道擁有者的手中。這個現象足以說明為何FCC在地區層次上關注的是來源多樣性（FCC, 1998a）。即FCC在整個內容傳送過程的最後階段，特別關注來源的多樣性。依此邏輯，FCC一直對於廣播電視台之所有權在全國性或地方市場之比例有所限制。也限制無線廣播與有線電視系統（broadcast station-cable system），和無線廣播與報紙（broadcast station-newspaper）之間的交叉擁有權（cross-ownership）問題（參見FCC, 1998a）。

所有權多樣性的評估（Assessing ownership diversity）

　　很明顯的，評量所有權多樣化程度一直是傳播政策的目標，因此，必須要有一個有效的評量工具。過去的研究曾實際地測量過印刷媒體和電子媒體的所有權多樣性（如Bagdikian, 1997; Chan-Olmsted, 1991; Compaine, Sterling, Guback & Noble, 1982）。通常這種評估都在計算特定市場或產業內分屬於不同的管道以及節目來源的數目，或是在檢視所有市場參與者的市場占有率，以及觀眾的分布狀況〔利用經濟學上測量集中度的方

法，例如賀氏集中度指數（Herfindahl-Hirschman index, HHI）〕。

FCC通常還要區分節目製作人的多樣性（通常用較不妥的名詞「來源」多樣性形容此項目）與管道多樣性（參見FCC, 1993b, 1995b）。若根據FCC，來源多樣性是用來測量節目產製者的數目，而管道多樣性是測量個別傳送系統的數目（FCC, 1993b, p.3302）。因此，無線電視台則被歸類為「管道」，而節目製作人則被歸類為「來源」。

量測所有權多樣性的分析單位並不明確。例如，若考量到FCC廢除「財務利益和聯賣規定」（Fin-Syn）的決定（FCC, 1993b, 1993e）。尤其在檢討"Fin-Syn"規定之存廢時，對於使用何種方式來測量節目來源之多樣性產生了矛盾。一個支持"Fin-Syn"規則繼續存在的團體主張，測量來源多樣性的合適方法，應是以提供給電視網節目構想並製作節目的個別人數為計算標準。因此，該聯盟團體主張以電視網節目的執行製作人數作為來源多樣性的測量方式（參見FCC, 1993b, p.3296）。但FCC並不同意此方式，而認為以節目版權所有人的數目較適宜，因為所謂的「版權所有人」（copyright holders）才有「對節目最後的控制權」（FCC, 1993b, p.3311），無線電視台也極力反對"Fin-Syn"規定，而比較支持FCC的量測方式。

這些矛盾所凸顯的意義，其實是非常重要的，若採用執行製作人數之量測方式，則在節目產製市場中的集中度狀況是呈現下降的。相反的，若採用版權所有人的方法，則市場集中度會上升。因此，在某個評量方式下，"Fin-Syn"規定已有效的達成目標——即在節目產製市場上降低所有權集中度。又根據另一個評量方法，則"Fin-Syn"規定是失敗的。因此，到最後"Fin-Syn"規定的功過竟然全部決定在量測標準的選擇上。不過

FCC最後還是採用版權所有人之數量為計算方法。FCC提出強烈
證據顯示，節目執行製作人數在近年來雖然有所增加，卻對於
節目多樣沒有影響（可能的原因是半小時節目增加，為電視製
播的電影也增加）（FCC, 1993b）。這項矛盾凸顯出，評估方法
應於一開始就設想周全並要能貫徹該評估方法，如此所得之資
料才能使用於縱向時間分析（longitudinal analysis）。

職場人力多樣性

　　用以加強資訊來源多樣性的管制措施並不局限於媒體管道
與節目所有權的管制。政策制定者同樣也關注於加強在媒體管
道內整體工作人力的多樣性。致力於「職場人力」多樣性之政
策管制措施，可見於FCC為無線廣播電台執照審核發放所實施的
「平等就業機會」（Equal Employment Opportunity，簡稱EEO）
規定。這規定在鼓勵無線電視台之用人能反映當地市場的種族
人口比例。仔細而言，該規定之前身是在禁止電視台對任何人
因其種族、顏色、宗教、國籍，或性別不同而有歧視待遇。這
些管制要求電視台採用平權法案（affirmative action programs）
之EEO。主要在於保障少數族群與婦女的就業機會。這些平權
計畫包括了：(1)平等就業機會應公平分配給工作申請人與受雇
人；(2)充分運用少數族群與婦女的就業求職管道資源；(3)評估
電視台受雇人的人口比例與離職率以比照給予少數族群與婦女
升遷的機會；(4)以不歧視的方式，給予少數族群與婦女升遷的
機會；(5)分析所有可能的機會，以尋求、聘用與升遷少數族群
與婦女。這些法規的短期目標是在提升電視台的工作人口比例
來充分反映該市場的人口比例（參見*Lutheran Church-Missouri
Synod v. Federal Communications Commission*, 1998）。

　　相較於之前只討論到所有權多樣性的部分，前述這些管制
很明顯的反映出對「來源」一詞有較廣義的解釋。在職場人力

多樣化條件下，所有的工作人員，上自管理階層下至秘書及工友，皆被視為是資訊來源多樣性的一環，因此皆屬於多樣性原則所規範範圍。

職場人力多樣性的評估（Assessing workforce diversity）

職場人力多樣性的評量方式與所有權多樣性的方式不同。FCC最初之評量方式，取決於凡合於工作條件而獲聘用的婦女與少數族群，「在當地人力市場是否有合理的就業比例」（FCC, 1975c, p.360），可惜的是就評量條件而言，這個方式非常模糊。最後於一九七七年FCC採用了一種較明確的量化指導標準。精確的說，凡員工超過十人以上的廣播電台，至少要有50％僱用前來應徵且合於條件之少數族群工作申請人，以及前四級之管理工作職位中，至少要有25％僱用前來應徵且合於條件之少數族群工作申請人，否則其執照申請須重新再審（參見*Lutheran Church-Missouri Synod v. Federal Communications Commission*, 1998）。到一九八〇年，職場人力多樣性的條件更加嚴苛，因為對於前四級高階職位要求要有50％的少數族群（FCC, 1980a）。

在政策領域中來源—內容之間的關係

凡設計用來加強來源多樣化的政策（不管是所有權或是職場人力多樣性），絕不是只單純地要求來源多樣化而已。隱藏在來源多樣化政策之下的假設是，凡來源多樣化必可產生內容多樣化[4]。這項假設不僅普遍為政策制定者所堅信，也同時是司法判例非常普遍的依據。在許多例證上，FCC與最高法院皆視所有權多樣性即等同內容多樣性，都認為所有權多樣性與內容多樣性之間的因果關係是一種「合理的期待」（Kleiman, 1991,

---

[4] 這些假設相關理論的討論，參見Spitzer（1991）。

p.413；同時參見Wilson, 1988）。儘管FCC的平等就業機會規定
（EEO）之短期目標是要加強來源多樣性，但其最終目的仍是在
促進多樣的節目內容（*Lutheran Church-Missouri Synod v.
Federal Communications Commission*, 1998）。FCC宣導這項政策
之假設，也寄望更多樣的工作人力會導致更多樣的節目內容。
因此必須認清到多樣化的節目是這些政策的最終目標，但有人
質疑FCC是否有權直接涉及反就業歧視相關的法規。當華盛頓特
區之上訴法院指出，「ＦＣＣ並非平等就業委員會」成員
（*Bilingual Bicultural Coalition on Mass Media, Inc. v. FCC*, 1978,
p.628）。但基於這些主張立場之微弱，FCC也拒絕承認平等就業
法案有任何反歧視的動機（*Lutheran Church-Missouri Synod v.
Federal Communications Commission*, 1998）。強化節目多樣性之
目標仍是FCC維護「公共利益」的使命之一（參見Busterna,
1976; Kleiman, 1991; McGregor, 1984），只不過多樣性的目標是
FCC鼓吹平等就業法案的一項動機罷了（*Lutheran Church-
Missouri Synod v. Federal Communications Commission*, 1998）。

　　美國最高法院曾質疑僅就數字上要求節目製作人或媒體管
道的多樣化，是否為一有效的管制目標。最高法院僅認定節目
多樣性是所謂「多樣化目標最重要的呈現形式」而已（*Schurz
Communications v. Federal Communications Commission*, 1992,
p.1054）。其實上述對於多樣性之價值的層次邏輯仍值得辯論。
Owen（1978）持反對立場認為，政策制定者只須專注在維護與
加強來源多樣性，不用去管內容多樣性是否增加或減少。根據
Owen（1978）主張，「節目之多樣性無關乎意表的自由（free-
don of expression）。不論是節目的來源或是對媒體使用的掌控，
多樣性與言論自由並無明確的關係」（p.46）。重點在於司法單位
並不確定來源多樣性的重要性。因此，許多傳播政策往往只許

打著能增加內容多樣性的旗號。因為這樣的口號往往較討司法部門喜愛。

　　儘管來源與內容多樣化之間存在有普遍認定的因果關係，但是當前政策與立法決策皆無確切實證來支持這項關係的存在。在許多例子上，缺乏實證的政治決策最後都會失敗。誠如之前所述，來源與內容多樣化之間的關係假設是隱藏在FCC的平等就業法案之內，用以強化職場人力之多樣性。這項假設最終仍遭到攻擊（*Lutheran Church-Missouri Synod v. Federal Communications Commission*, 1998）。更仔細的說，平等就業規定受到路德教會（Lutheran Church）的挑戰，該教會在美國密蘇里州克雷頓市（Clayton）擁有兩家電台。一家是非商業性質的宗教電台，另一家則是播放古典音樂及宗教節目的商業電台。教會電台執照更新的公聽會是由FCC安排審查，FCC發現，該兩家電台的工作人員並不符合當地人口多樣結構比例。教會辯稱電台宗教與古典音樂節目是需要有路德教會與古典音樂素養的人才能勝任，因此，才會在某些特定人口群當中顯得缺乏適合這些職缺的人才。也因此，電台工作人員之人口結構並不符合職場人力多樣性的要求。FCC反對此立場，並表示像是接待人員、秘書、工程人員、事業主管等職位，是不需要懂得路德教會教義的人也能擔任的（參見*Lutheran Church-Missouri Synod v. Federal Communications Commission*, 1998）。

　　FCC的主張倒是提供一個重點促成最高法院對該案的判決。最高法院指出了隱喻在FCC主張的矛盾，即FCC認為路德教會背景並非製作路德教會節目內容的必要條件；但根據FCC的平等就業政策（EEO）卻指出，在各工作階層中種族多樣化卻為強化多樣性節目所必需（參見*Lutheran Church-Missouri Synod v. Federal Communications Commission*, 1998）。明顯地，這種矛盾

推論損及工作人力多樣性和內容多樣性之間關聯的假設。由於委員會無法產生任何證據以支持這種關係的存在，而更進一步的損害該假設的效力。正如最高法院在其判決中提到的，委員會並沒有提出任何證據來連結基層員工和節目內容之間的關係（*Lutheran Church-Missouri Synod v. Federal Communications Commission*, 1998）。

兩年後，FCC發布平等就業機會法（EEO）經過修訂的版本（FCC, 2000）。為對法院的反對有所回應，委員會不再利用僱用資料以篩選執照更新的依據。而關於工作人力多樣性和內容多樣性之間關係的問題，委員會只從公眾評論檔案中，找到一些非正式的數據。只有在這項判決中，社會科學的資料討論到少數族群所有權和少數族群節目內容的關係（見Dubin & Spitzer, 1995）。因此工作人力多樣性和內容多樣性之間直接關係的有效性仍受質疑[5]。

法院也否決了存在於廣播電台所有者性別和內容之間的關係假設。在*Lamprecht v. Federal Communications Commission*（1992）中，哥倫比亞特區上訴法院（D. C. Circuit）裁定FCC在其廣播執照決定中，給予女性所有者執照申請優先權利的政策是違反了憲法第五修正案（the Fifth Amendment）。這項裁定的關鍵因素是，委員會無法提供獲得執照的女性申請人在規劃電台節目時會不同於男性申請人的證據。如法院所述，「委員會的簡報舉不出任何可能支持其預測性的評斷，即女性電台所有者與男性電台所有者相比，會播送更多女性的、少數族群的，或是任何其他代表性低於適當比例的節目。而在行政紀錄上也

---

[5]委員會主張促進工作權多樣性即促進所有權的多樣性，也促進內容的多樣性（FCC, 2000）。

沒有任何證據證明」（*Lamprecht v. Federal Communications Commission*, 1992, p.395）。不過這項判決與最高法院在*Metro Broadcasting Inc. v. Federal Communications Commission*（1990）一案判決形成強烈對比。在這個案子上，法院裁決了少數族群執照優先權，是促進播送內容多樣性一項可被接受的手段（見Eule, 1990; Wimmer, 1989）。法院做此判決的主要原因，是判決文形容「許多實證證據」支持這項關係（*Metro Broadcasting Inc. v. Federal Communications Commission*, 1990, p.580）。然而，值得注意的是，法院所仰賴的證據中，多數不是在方法論上有瑕疵，就是沒有直接針對少數族群所有權和少數族群內容間的因果關係所做的研究（見Spitzer, 1991）。的確，持不贊成意見的法官發現，實證的證據完全無法令人信服（*Metro Broadcasting v. Federal Communications Commission*, 1990）。這些實證紀錄不夠堅強的部分原因是由於一項事實，即在一九八七年，國會在有關預算的立法裏增列一項條款，其明確的禁止委員進行少數族群所有權政策的研究（見Compaine, 1995）。有趣的是，然而在這期間由委員會所蒐集到的資料，由於被國會的命令要求而放棄，但最終仍顯示少數族群所有權和少數族群的節目規劃之間呈現強烈連結（Dubin & Spitzer, 1995）❻。

然而，在一九九五年一項政府合約分配（government contract allocations）之種族分類（racial classifications）裁定中，法院之結論是：種族的分類「只有在經過非常明確的措施及推動強制性之政府利益時，才具有憲法的權利」（*Adarand Constructors, Inc. v. Pena*, 1995, p.227）。法院並沒有應用「嚴格

....

❻然而，注意到這項研究（Dubin & Spitzer, 1995）並沒有分析媒體內容，反而倚賴調查對象的自我報告作爲研究結果（此案例是針對廣播執照持有人）。

審查」標準（見第三章）在前述*Merto*一案的判決上，法院推翻*Metro*一案是因爲其和*Adarand*一案的判決不一致。根據大法官O'Connor所寫的多數意見判決文，法院依賴較不嚴謹的「中級審查」（intermediate scrutiny）❼標準，因而在*Metro*案的判決上脫離先例，所以呈現出「對已樹立之信條，一種有違常理的背離」（*Adarand Constructors, Inc. v. Pena*, 1995, p.231）。由於在Metro案上缺乏具體實證，以及前FCC主席Kennard（1998）在這個議題上要求實證研究，兩者皆主張少數族群的發照優先權將通不過較嚴厲的「嚴格審查」標準。

　　對於證明來源和內容多樣性之間假定關係上，傳播產業政策制定者最後一個失敗的例子是，上訴法院對於FCC重新修訂Fin-Syn法規的否決案（*Schurz Communications v. Federal Communications Commission*, 1992）。法院認爲FCC重新修訂的規則是獨斷且反覆多變，該否決判決之部分原因是由於委員會沒有解釋，該規定可以如何實現提高節目規劃多樣性之目標。這項判決的核心概念是，法院對於增加來源多樣性可以假定會導致增加節目多樣性這一點持懷疑態度（見*Schurz Communications v. Federal Communications Commission*, 1992, pp.1054-1055）。FCC並沒有提供任何資訊來降低此項質疑。正如法院的結論所述，「所有這些〔修訂過的Fin-Syn的規則〕能夠促進節目多樣性的說法仍令人懷疑，而在委員會的意見中也未被解釋」（*Schurz Communications v. Federal Communications Commission*, p.1055）。

---

❼根據中等審查標準，種族的分類必須符合重大的政府目標，並且對於目標的達成有實質助益（見*Metro Broadcasting v. Federal Communications Commission*, 1990, p.565）。

　　Lamprecht、Schurz和路德教會的案例，有效地證實了許多FCC有關多樣性政策幾乎完全沒有實證支持。也注意到法院對於性別發照優先權（the gender licensing preference）、Fin-Syn的規定與平等就業機會（EEO）等政策無法兌現，皆由於證據不能支持假設。更可說明某些被質疑的政策被推翻，是由於無法提供任何一種證明假設關係的實證證據。法院對於證據的要求，說明這些政策的假設應該以能被驗證的方式來設立假設。

　　在此情況下，最近的政策仍忽略對於內容多樣性的評估步驟，實令人沮喪。在鬆綁及最後將Fin-Syn廢除的決定上，委員會概述爲了持續監控這項修訂政策之有效性，用兩年期間來將該規則完全廢除。委員會的目標是利用兩年期間來判斷鬆綁該規則是否能達成他們所預測的效果。委員會爲了持續監控而要確認的因素包括：(1)獨立製片買給電視網節目數量的改變；(2)每一個電視網在首播節目的國內市場占有率；(3)在節目產製市場的所有權集中狀況；(4)新興電視網的所有商業操作；(5)電視網的節目聯賣行爲；(6)新增電視網的成長狀況；(7)電視網、廣播電視公司、有線電視系統，以及其他節目提供者的購併行爲（FCC, 1993b, pp.3340-3341）。這些因素清楚的反映出委員會的目的，是藉監控Fin-Syn規則在競爭及所有權多樣性的實施效果。但更清楚的是，儘管在該報告與命令中所概述的，增加節目的多樣性是變更Fin-Syn規定的主要目標之一，但委員會所監控的各因素中，卻完全沒有監控這些政策實施後對於節目內容多樣性變化的效果。

　　幸運地，對於來源－內容多樣性關係上實證研究之缺乏情況，並不完全和這些例子所顯現出的一樣嚴重。下面章節凸顯一些曾經將這個關係檢視的實例。事實更清楚的是，即增加來源多樣性會導致內容多樣性的期待仍無法獲得肯定。

內容多樣性

　　內容多樣性被視為多樣性關係鏈中的第二個連結。正如先前部分提到的，用來設計提高來源多樣性的政策，通常是建構在增加來源多樣性將會增加內容多樣性的這個假設下。用這項非直接的方式反映出傳播產業政策的常見策略——即經由「結構性」的市場管制來達成政策目標，而非「行為」管制（見 FCC, 1995b, pp.3547-3549）。因此，藉由政策所實施的結構性改變，大約能達成較主要政策目標的一半成效。

形態（Format）—節目類型（Type）的多樣性

　　內容多樣性這個要素，即是一般所說的廣播節目形態、有線電視頻道形態，以及個別電視節目的各種項目。一般說來，節目類型多樣性的例子，是指觀眾在一小時的黃金時段內所可以選擇不同類型電視節目的範圍。如果觀眾有六個不同情境喜劇（situation comedies）以及三個電視電影（made-for-TV movies）的選擇，那麼至少在節目類型（type）的層級上，上述節目組合並非是非常多樣化的。然而，或許在別的晚上，同一位觀眾可以有兩個情境喜劇、兩部戲劇、兩個新聞節目、一部電視電影、一個綜藝節目，以及一個脫口秀的選擇。明顯地，在相同數量的頻道範圍內，上述已經達成提升節目類型多樣性的目標。政策制定者通常較重視提供多樣性節目類型給予大眾選擇。

　　當然，有關這些節目類型或形態分類上的問題，最重要的是這種區別能真正完全地區分出閱聽人偏好，以及能區分出收視模式的行為特性嗎？理想上，每個人有偏好的節目類型，而這些節目類型之偏好可以作為對收視行為一項有意義且有用的預測值。因此，個人若列出科幻節目是他或她最偏好的節目類

型,則當播映科幻小說節目時,此人會比喜歡看情境喜劇的人更可能去收看科幻小說節目。這種收視行為模式的存在,加強政策制定者對於節目類型多樣化的期待,也就是會因這種多樣性,而增加較多節目類型,並可將觀眾滿意度極大化,才進而符合公眾利益的目標。

可惜,節目類型的研究結果是,節目類型分類在有效區隔觀眾偏好的程度上,通常不一致性很高(Ehrenberg, 1968; Frank, Becknell & Clokey, 1971; Kirsch & Banks, 1962; Lehman, 1971; Levin, 1980; Rao, 1975)。然而,在評估整體研究文獻時,Webster和Wakshlag(1983)指出了:「從一連串的研究中所得的結論是,傳統『常識』般的節目類型……和節目偏好是有某些系統性的關聯」(p.436)。這項結論在近期研究中得到證明,即節目類型項目是閱聽人收視率很顯著的預測值(Kim & Grant, 1996)。或許在此時最保守的結論是,即使不是百分之百準確,節目類型項目的確可作為個人收視行為一項有意義的預測值。

節目類型多樣性與意見市場經濟面向之間的關係是非常清楚的,如較多樣性的選擇能促進較高的消費者滿意度。然而,節目類型多樣性與意見市場中民主理論之間的關係,則並不容易察覺。確實,在電視上有較多的娛樂選擇,似乎跟增加公民決策以及較有效的自我治理(self-government)是不太相關。當這樣的關聯性被提出時,其關注焦點又在於傳統民主理論對於文化面向的詮釋(Glasser, 1984)。具體而言,根據Glasser所述,「從文化觀點來看……新聞自由條款需要一個健全且不受拘束的新聞輿論環境,其並不是要配合開明的選舉活動,而是要照顧多元文化團體的活動」(p.138)。如此,「文化多元主義(cultural pluralism)轉化成對第一修正案之保護,即是要實現多元化節目內容」(p.138)。

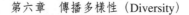

　　無論如何，爲了有效實現意見市場的理想，必須先有便利且內容充實的多樣性產品，再轉化成實際節目選擇多樣性。但僅僅是節目類型的多樣選擇，無法單獨實現隱藏在意見市場中的民主原則（這個議題在下面會更詳細的討論）。然而，正如Glasser（1984）披露的，節目類型多樣性至少應可被視爲是這些目標的一項基本組成要件。

節目類型多樣性的評估（Assessing program type diversity）

　　在多樣性概念之中所有主要組成要素及其相關次要素分析，節目類型－形式（type-format）多樣性的實證評量是最普遍的。可惜，研究者很少仰賴這種節目類型的相同分類方式（typology），而限制了跨研究之比較對照的機會。在某些例證上，研究者發展自己的節目類型分類法（Dominick & Pearce, 1976; Grant, 1995; Kim & Grant, 1996; Lin, 1995; Litman et al., 1994）。在其他例證上，他們仰賴收視率公司所使用的節目類型分類法，如Nielsen和Arbitron（Napoli, 1996, 1997d; Wakshlag & Adams, 1985; Wildman & Lee, 1989），或是產業出版品（Litman, 1979）。在過去，這些團體所發展出節目類型分類法，因不斷配合新節目形態和類型的出現，實際上已經是相當不同於以往。

　　在各種多樣性評量方式中，因方法論上的不同，早已造成其節目類型分類法的差異。這些研究在如何計算多樣性指數上也有所不同（見Kambara, 1992）。一個常見的方法是「前三名」（top three）的指標法，其首先爲Dominick和Pearce（1976）的研究所使用。藉著這個方法，由前三名節目類型所產生的電視節目總數比例來推估。這項比例適用於多樣性的測量，以由前三名節目類型所產生的節目總數比例若較高，則表示多樣性程度較低。雖然這個方式提供了前三名節目類型的集中程度，但是藉由這種方式所得到的資訊是受限的，因爲此法並沒有提供關

於其他一些剩下的節目類型之間的分布情況（Kambara, 1992）。

第二個常見使用的手段是「相對熵」（relative entropy）的方式。這個方式起源於Shannon和Weaver（1963）用來處理資訊量及種類的測量。比起「前三名」（top three）的方式，是更精密的測量方式，因為此法考慮到了不同項目所提供的數量，以及在那些項目中具體的集中度。以數學式來說明，可表示成如下：H=-Σpi log2 pi，即H為多樣性，而pi為收看節目類型i的機率（見Wakshlag & Adams, 1985）。

最後，或許在多樣性評量中內最常見的方法，就是集中度Herfindahl-Hirschman index（HHI）的模型，其被美國法務部（Department of Justice）用來作為評估產業集中度的方法。這個測量方式包括了在市場上每間公司市場占有率的平方和，當分數在一千以下，象徵是一個集中度不高的市場；分數介在一千到一千八百之間，則表示中度之集中度；若分數在一千八百以上，則表示市場高度集中（Baseman & Owen, 1982）。這個方式已經被採用來計算每一個節目占有率的平方和，或是每一種節目類型占總時數比的平方和，來作為節目類型多樣性的測量方式（Litman, 1979）❽。

多樣性研究告訴我們什麼？

至今節目多樣性的研究文獻可以分成兩個項目。第一個項目組成主要是描述性研究。這些研究焦點在評估節目類型多樣性的趨勢，或是以跨媒體來源（例如有線vs.電視網）來比較多樣性程度。第二個項目的研究，則包括調查節目多樣性之因果

---

❽ 在此應強調特定HHI指數，對於節目多樣性的評估環境並沒有實質意義（如，HHI為一千即等同於中度多樣性），但是用於反托拉斯的個案條件下，指數的範圍則在實證上與市場中的公司行為有關。

要素的研究。這些研究在數量上是非常少的，但此類研究是多樣性研究必須進行的方向，因爲它對於傳播政策制訂者來說有實質效用。

節目類型多樣性的縱向時間分析，研究焦點一直在電視網黃金時段的電視（Dominick & Pearce, 1976）以及有線電視上（DeJong & Bates, 1991）。比較性研究則將焦點放在分析跨傳輸形式（across distribution form）的節目類型多樣性，包括基本有線電視頻道（basic cable）、超級廣播電台（superstations）、付費有線電台（pay cable）、公共電視（PBS），以及廣播聯賣制（broadcast syndication）（Litman et al., 1994; Napoli, 1996; Wildman & Lee, 1989）。雖然這些研究對於決定是否有特別的趨勢存在，以及確認哪些媒體來源提供最廣的多樣性節目而言，是有用的。但從政策觀點來看，其較關心的是瞭解影響多樣性程度的因素。

幸運地，有些研究試圖超越上述的描述性研究，要找出與解釋影響節目類型多樣性程度的因素。舉例來說，Litman（1979）主持在一九七四至一九七九年期間一項節目多樣性的研究，發現在無線電視網的節目多樣性上有所增加，這個趨勢對於之前三十年的縱向評估研究中認爲節目多樣性是呈下降趨勢的結果，是一個大逆轉現象（Dominick & Pearce, 1976）。Litman（1979）把節目類型多樣性的突然增長，歸因於電視產業競爭的增加與市場的混亂——仔細而言，是在一九七〇年代中期美國廣播公司（ABC）快速崛起的結果。Long（1979）發現在一九五〇年代杜蒙（DuMont）電視網結束之後，廣播電視網的節目多樣性受到傷害，而再一次的強調電視網競爭和節目類型多樣性之間的關係。Wakshlag和Adams（1985）發現，電視網節目多樣性的急遽下降，與一九七一年黃金時段近用規則

（the Prime Time Access Rule, PTAR）的實施有關，而這項規定事實上是意圖要增加多樣性（McGregor, 1984）。最後，Levin（1971）發現，在個別的電視市場內，節目類型的多樣性與電視頻道數量的增加有關。Levin的研究將「多樣性彈性」指數（diversity elasticity）的概念（Greenberg & Barnett, 1971）定義成一種測量方式，即增加一定比例之頻道數量造成一定比例之節目多樣性的增加。

然而，Levin（1971）的發現與最近針對四十一家美國廣播與有線電視網的分析相互矛盾（Grant, 1994）。Grant發現特定類型的頻道數量增加，並沒有導致節目類型的多樣性增加。這項發現對媒體管道多樣性以及內容多樣性之間，任何正向關係之假設提出質疑。很清楚地，新的媒體管道（outlets）可能會選擇重製市場上已經有的節目類型。除此之外，這項研究所提出的在競爭與節目類型多樣性間的正向關係，已經被Lin（1995）最近的研究所否定，其發現一九八〇年代期間，電視網在黃金時段的節目類型多樣性一直呈現相對穩定的水準。在這段期間增加的市場競爭，從不同的傳送管道來看，如有線電視、衛星電視，以及家庭錄放影機等，皆被期待能增加節目的多樣性。反而電視網內節目類型的多樣性仍維持不變，這種現象顯示，廣播電視網並不認為增加多樣性是對抗來自不同傳送管道的競爭之必要策略。

總括而言，節目類型多樣性之因素研究，指出來源多樣性和節目多樣性之間的可能關係，但這項證據在目前是合理的，至少在某種程度上是對立的。因此，在此領域的研究尚未明確的回答到因果問題，然而，該研究應被當作增加政策分析這部分研究的起點，以對影響節目類型多樣性的因素得到更成熟的瞭解。舉例來說，雖然有些研究者開始同時評估所有權和節目

類型的多樣性（如Napoli, 1996），但是他們尚未充分檢視這些多樣性組成要素之間的互動關係。

　　然而，須體認單獨評估節目類型多樣性並無法對內容多樣性的概念提供完整的研究方法。的確，「並非所有公共事務節目都是相同的，正如同所有的西部片並非一樣的。也許存在各個節目類型之內的『多樣性』，會和節目類型之間的多樣性一樣多」（Owen, 1978, p.44）。同樣地，Kahn（1982）問道，「如何合適地將節目類型內……的偏好從節目類型之間的偏好區分開來？」（p.186）確實，用節目類型的分類來測量內容多樣性是相當表面的方式。然而，此種方法仍然非常普遍，或許是由於此法是研究媒體產品之間內容差異的方法中，唯一合理又簡單客觀的方式。但須承認媒體產品中之內容差異比起其節目類型的差異要來得更深。人口統計學的概念以及意見多樣性上會反映出這個事實，後文將會討論。

人口統計學的多樣性

　　內容多樣性之討論也經常以在電子媒體節目內，出現不同種族、性別角色的多樣性來研究。因此，在所有多樣性研究中，有一種獨特關切即是，少數族群以及其他人口統計學的團體在電視節目出現的比例，是否合理反映該社會真實。這個面向的多樣性很少是政策制定者所關注的焦點，儘管對電視產業的批評不斷地針對這個範圍❾。然而，前FCC主席Kennard的聲明提出，人口統計學的多樣性應該包括在多樣性政策的討論範圍內。Kennard（1998）主張婦女在電視上的角色多樣化是非常

----

❾舉例來說，廣播電視網在一九九九至二○○○年電視季中所播出的節目，由於包含相當少的少數族群代表，因而遭受到少數族群團體嚴屬的批評（"NAACP blasts TV networks", 1999）。

重要的,以及「應創造出更能反映人口多樣性的角色內容」
(p.2)。他也主張提高這種多樣性「是攸關於增加婦女在此產業
中的地位」(p.2)。因此,來源-內容(source-content)的關係
再一次被印證。隨著Kennard的聲明,以及委員會最近對於多樣
性分析的努力,人口統計學上的多樣性已經變成在政策範圍中
內容多樣性的重要組成要素,並且已受到研究者注意,而導引
出更多多樣性評量研究。

評估人口統計學多樣性

　　儘管最近才在傳播產業政策上增加人口多樣性的議題,但
其實對內容多樣性組成要素的評估研究,已經從事一段時間。
這些研究常常說明,某些人口統計團體,如兒童、老年人、非
裔美國人,以及西班牙裔人口,在電視節目內容中是低於適當
比例的(參見Kubey et al., 1995)。一般而言,這些研究是就一
組電視節目樣本做種族、性別、年齡,甚至是人物出現的職業
類別的內容分析。再將這些未經加工的數字換算成百分比(如
在這個節目樣本中,所有角色中有89%是白人),然後再以跨人
口特徵做比較(如男性vs.女性的代表性),或是和實際人口普查
資料做比較(見Kubey et al., 1995)。這種測量方式提供了一項
指標,即電子媒體的內容是否精確的反映出全人口中的人口統
計學上多樣性。可惜,在這個範圍內很少人調查研究可能影響
人口多樣性程度的因素❿。

意見多樣性

　　意見多樣性(idea diversity)或許代表著內容多樣性中最難
以理解的組成要素。意見多樣性是指媒體內呈現觀點的多樣

---

❿一項最近的例外是Lauzen(1999)的研究,其表露了女性在生產、具創意力
　職務的數量,以及在電視節目中作為主要角色的女性特徵的數量之間,是正
　向的關係。

性，以及社會、政治，和文化觀點的多樣性。此內容多樣性之
類型，或許最能代表意見市場的意涵，也是其與民主自治的核
心關係。正如Entman和Wildman（1992）指出的：

> 在社會和政治重要的議題上，愈有清楚的思想、分析、批
> 評以及其他意見，對社會就會更好。在提供多樣意見上，
> 媒體績效方面的討論，則通常專注於其是否有助於在民主
> 社會中良善治理的需求，例如培養明智的公民。（p.8）

　　意見多樣性的概念及其在傳播政策的地位，或許可藉由公
平原則（Fairness Doctrine）做最適當的呈現。在一九四九年剛
開始立法時，公平原則要廣播執照持有人在重要議題上必須呈
現對立觀點（FCC, 1949）。公平原則允許領到執照持有人保有
「選擇節目編排及廣播形式實質內容的取決權」，然而，廣電媒
體業者仍必須在公眾重要問題上，給予所有意見立場一個合理
的機會（Lentz, 1996, p.276）。因此，增加意見多樣性是公平原
則背後的核心動機。的確，公眾近用多樣化意見權利的保護，
是最高法院支持公平原則背後的核心理由（*Red Lion
Broadcasting Co. v. Federal Communications Commission*,
1969）。因此，內容的多樣性作為健全「意見市場」的核心組成
要素，又再一次的被強調（*Red Lion Broadcasting Co. v. Federal
Communications Commission*, 1969）。

　　諷刺的是，相同的基本理由導致了公平原則的成立，也促
成公平原則的淘汰，例如委員會非常在意公平原則對業者的要
求，會導致廣電媒體業者提供較不具爭議性議題的新聞報導
（FCC, 1985a）。然而，從意見多樣性的觀點來看，或許有關公平
原則的成就，凡考量其有效性到最終將公平原則淘汰的決定，
皆不曾依據其是否對於觀點多樣性之影響來加以評估。委員會

決定要淘汰公平原則時，舉出公平原則是造成寒蟬效應（chilling effect）之「重大威脅」因素（FCC, 1985a, p.169），例如幾個從廣電媒體業者傳來的說法，認為這項原則影響他們考慮公眾事務節目編排的決定（見Aufderheide, 1990）。最終，影響這個決定的主要證據是，在媒體市場中增加足夠的競爭，就不再需要公平原則的管制形式（FCC, 1985a, pp.208-217）。因此，為了要達成意見多樣性的目的，實不需要這些沒有意義的意見多樣性的評量。

FCC習慣上會避免評估意見觀點的多樣性，因為其認定該多樣性實際上是不能有效測量的（Cusack, 1984）。反而，委員會常常只有就節目類型方面來操控內容多樣性（FCC, 1993b），而且認為「媒體管道多樣性的增加或減少即等同於觀點多樣性上的改變」（FCC, 1995b, p.3550）。然而，在其最近的聲明中顯示，意見多樣性現在也是委員會實證關注的焦點。在其一九九八年廣電法規兩年一度的審查上，委員會在描述分析架構中，強調以「觀點多樣性」作為一個關鍵性目標（FCC, 1998a）。委員會採用「較廣泛的多元、與對立的意見和詮釋」來定義觀點多樣性的概念（p.11283）。吾人也注意到在相同的公告中，委員會主張來源多樣性和觀點多樣性間的關係，即反映委員會現在特別感興趣的核心類型即實證分析（Kennard, 1998）。因此，意見觀點的多樣性是委員會決定該廣電法規是否有效以及是否持續可行的核心標準之一。

評估意見多樣性

正如先前討論提到的意見多樣性的實證分析，很少由傳播政策制定者所主導的。學術界也很少從事這方面的研究。毫無疑問的，部分原因是由於其涉及政治性或意識形態觀點的標準所做的媒體分類，仍存有高度主觀性。發展一個既客觀又具功

能的意見多樣性評估方法，是一項非常繁瑣的工作。這項挑戰
的痛苦完整地反映在Entman和Wildman（1992）的問題上：「就
意見內容而論，我們如何以其公開的（overt）與隱蔽的（covert）
種族偏見訊息來區分『天才老爹』（The Cosby Show）和晚間新
聞？」（p.13）

　　雖然許多研究已經研究了諸如不同類型所有權或是競爭在
內容的影響（針對平面媒體的研究比電子媒體多），這些研究通
常針對較狹隘的因變項而非廣泛之意見多樣性來探討。典型所
探討依變項包括了編輯的地位，公共事務節目的數量，或是在
地節目的數量（如Busterna & Hansen, 1990; Gormley, 1976; Lacy,
1991）。正如Compaine（1995）指出，「測量多樣性比起只是追
蹤節目內容差異來說，要困難許多，若要關注到〔關於所有權
－內容的關係上〕則可能更加困難」（p.771）。Busterna（1988）
在電視－報紙交叉所有權（cross-ownership）對新聞議題報導多
樣性的影響分析，是對於有系統地測量意見多樣性效果的最佳
例子（該研究結果顯示，兩者並無重大關係）。

　　最後，若要尋求如何實證評量意見多樣性研究指引的最佳
地方，也許是在有關於電子媒體中有關「偏見」（bias）測量的
許多文獻中（見Gunter, 1997）。偏見這個術語常常給人一種負面
的聯想而造成誤解，如Gunter指出，偏見的分析包括從節目呈現
形態的分析、來源利用的模式以及編製技巧，一直到話題新聞
報導多樣性範圍的任何事（這些領域的詳細說明則是在本章範
圍之外）。因此，偏見的測量不應該只用扭曲或誤報來理解。反
而，測量偏見的技術可以在電子媒體內，應用於意見多樣性測
量方式的構成上，因為偏見測量基本上關注於意見和觀點多樣
性的議題。

暴露多樣性

在多樣性研究中暴露多樣性經常較被忽略，但它和來源多樣性與內容多樣性一樣是傳播政策的重點之一。政策制定者與分析家很少注意暴露多樣性的問題，縱使其是意見市場意涵中的核心概念。但到底什麼是「暴露多樣性」的意義？McQuail（1992）則提供一個有用的解釋。解釋出「暴露多樣性」乃「接收」內容的多樣性而非「發送」，前者是指「閱聽眾實際選擇的收視內容，與實際發送的內容是完全不同的世界」（p.157），因此暴露多樣性的核心概念即在於「接收」行為的多樣性。有關於暴露多樣性的研究經常會問下列的問題：閱聽眾暴露於多少不同的媒體來源？閱聽眾是否讓自己暴露於不同的社會與政治觀念？他們是否接觸不同類型與形式的節目？以及，最重要的，是哪些因素影響閱聽眾之多樣性暴露的行為與程度？諸如上述的各項有關的「接收」行為的問題，比起「發送」內容多樣性的研究，通常較少獲得政策制定者、分析家與傳播學界的關注（McQuail, 1992, pp158-159）。

乍看之下，似乎無法看出暴露多樣性的問題研究與政策有何關聯。亦有人認為暴露多樣性完全超出政策制定者的關切範圍。Baseman和Owen（1982）則強調閱聽眾之內容暴露行為，是超出多樣性政策與多樣性評估的分析界限：

> 評估編輯觀念多樣性到達家戶的目的，是指消費者所能夠選擇不同觀點的數目，而非消費者所做選擇的實際分布狀況。只要是各種新聞、觀念，以及資訊來源選項很多，消費者選擇的集中度是反映他們偏好的同質性，而非消息來源的過度集中。（p.43）

　　同樣的，Entman和Wildman（1992）認為，多樣性政策關切者是無法關照到閱聽眾之媒體消費行為，反而必須專注於如何將頻道間多樣性極大化之程度。

　　若將多樣性原理的概念源頭──「意見市場」之意涵考慮進去，則暴露多樣性與傳播政策的相關性會比較明確。特別是，「意見市場」所隱藏的前提假設是，只要提供多樣內容選擇給閱聽眾，他們的媒體消費就會多樣化。而如此接觸多樣化意見、來源與觀點的行為，即可實現所謂在充分告知下的明智決策，此即是一種有效自我治理（self-governance）的民主主張（參見Meiklejohn, 1948／1972; Napoli, 1997d; Sunstein, 1993）。由此觀點可見，「意見市場」的論點並無法滿足僅止於內容多樣性的供給。而所謂暴露（接觸）行為多樣性也必須同時發生。因此意見市場另一隱含的假設是：「個人必須透過理性評估過程，公平合理地衡慮所有的意見」（Ingber,1984, p.15）。根據Entman與Wildman（1992），所謂「市場」的意涵即「能近用到所有意見的場域，在那兒所有的意見也都能被公平理智的考量」。總之，凡與意見市場相關的社會目標要能具體實現，公民甚至必須能利用所有來自「多元與對立來源」的訊息，才能符合。

　　如果政策制定者欲實踐「意見市場」所意涵的目標，則勢必關切閱聽眾接觸多樣資訊產品與來源的程度。因此，閱聽眾訊息暴露行為應該納入傳統多樣性政策架構之考量，也必須在多樣性之評估研究中得到更多的關注。如此才能在深入瞭解閱聽眾對於媒體所提供之多樣內容的反應之後，再做成多樣性政策。經濟相關之政策制定者往往因要達成所需的目標，而不對貨品與服務制定價格。但他們會設計政策來影響價格與改變消費習慣。同理，這些決策皆是在充分理解消費者與業者因應相

關改變而做成的。相似的道理，雖然傳播制定者不能——也不應——形成直接影響消費習慣的政策，但就政策責任所在，他們可以制定政策來提倡來源與內容多樣性（Sunstein, 1993）。傳播政策制定者若無法深入理解閱聽眾對於媒體內容改變的反應，猶如經濟政策制定者不知消費者對於價格改變之反應是一樣的。

評估暴露多樣性

前節主張暴露多樣性是「意見市場」義理的基本架構。暴露多樣性政策最終是希望能藉多樣性來強化政策，增加閱聽眾暴露於多樣消費來源與意見的環境之下。因此，能否測量一個媒體系統之自由、近用與多樣程度，成為在電子媒體環境下評估暴露多樣性的重要工作。姑且不論其責任是在於政策者或是閱聽者。誠如Sunstein（1993）所述，「若藉審視一個系統是否能針對公共事務產生既廣且深的關注，以及該系統是否能將公眾暴露於適當多元觀點之中，來評量一個自由意義的系統，並非完全不可能，也並非是烏托邦式的目標」（p.22）。

但困難在於吾人如何進行實證評量並追蹤多樣暴露行為？儘管這種評量與來源或內容多樣性測量不太一樣，但已有一些方法來測量暴露多樣性，也可用於監測暴露多樣性以及主要因素的調查。仔細而言，概念方法的焦點在於水平暴露多樣性或是垂直暴露多樣性。此二項概念取自於Entman和Wildman（1992）之研究，但該研究是在討論個別頻道（垂直多樣）以及跨所有頻道（水平多樣）兩種情況下，對內容多樣性的評估。就暴露行為而言，水平暴露多樣性是指在所有可獲得的內容選項之間，閱聽眾的分布情況，而垂直暴露多樣性則是個別閱聽眾消費內容的多樣行為（Napoli, 1997b）。

水平暴露多樣性可視為閱聽眾區隔的概念，是指將「閱聽

大眾區分成許多較小的分眾」（Webster & Phalen, 1997, p.39）。
因此，水平暴露多樣性的問題是關注在某一時點下，閱聽眾在
所有內容選擇中的分布狀況。由此分析觀點來看，內容多樣性
（即節目形式與表現）是研究重點。只是分析焦點仍在各種節目
項目之間閱聽眾比例的分布，而非單純的各種節目的比例分布
（這種研究就像內容多樣性評量）。此法相關研究可在Hellman和
Soramaki（1985）在音樂錄音帶市場之多樣性分析研究中發現。
此研究將出現在美國《告示牌》（*Billboard*）雜誌上以及出租排
行榜的各種類型的錄影帶，以多樣性概念化，並計算出每種類
型的市場占有率。如此錄影帶的類型即成為分析的單位，而多
樣性則是以不同類型之錄影帶被消費的程度來加以計算（主要
集中於最常被購買以及租借的部分），而非單純的目前市面有的
類型之多樣性。Rothenbuhler和Dimmick（1982）之熱門音樂產
業多樣性分析也與上述研究類似，該研究是以「各流行音樂排
行榜榜首歌曲之變更率」（p.143），作為測量多樣性的指標。最
後，Napoli（1997b）以電視黃金檔期各節目之收視率作為多樣
性分析的焦點，並審視閱聽眾消費之節目類型與頻道上既有的
節目類型數目之關係（結果顯示兩者有非常強的正向關係）。上
述各項研究中，皆以閱聽大眾的多樣性消費行為作為評量，因
此研究者只得依賴粗略整體閱聽眾行為來測量，而缺乏個別消
費者的消費模式之數據。如Webster和Phalen（1997）所言，有
關於閱聽眾區隔的概念，「其只是媒介使用的整體測量，無法
顯示個別頻道在一段時間內被使用之密集程度」（p.110）。但這
些研究資訊在分析媒體系統與閱聽大眾之間的巨觀分析上仍然
有用。

　　垂直暴露多樣性是指測量個別閱聽人在一段時間內的暴露
模式，而非在所有內容與銷售量上閱聽率的分布狀況。垂直暴

露多樣行為可類比成閱聽人兩極化（audience polarization）的概念。其研究焦點在「將個別閱聽人轉移至不是消費就是逃避某些層次之媒介內容的極端行為上」（Webster & Phalen, 1997, p.10）。欲研究個別閱聽眾之內容消費多樣性需要累積式之閱聽人行為測量（cumulative audience measures）──即追蹤個別行為──而非整體測量值（Webster, Phalen & Lichty, 2000）。以個別閱聽人為分析層次的研究有Heeter（1985），該研究以有線電視訂戶之頻道收看行為為分析對象。Heeter修正了用以評量節目類型多樣性之Herfindahl-Hirshman方法，並加以建構成有線訂戶頻道暴露程度之集中化指標。此法提供暴露多樣性屬於個人層次的測量方式，而以暴露於不同節目的出處為劃分（以有線頻道為準）。Webster（1986）與Youn（1994）則以類似方法進行研究，分別以節目類型與頻道暴露行為個別使用者的分析層次。Webster（1986）是利用Arbitron日記式資料，追蹤個人接觸廣播電視與有線頻道的程度。而Youn（1994）則使用問卷記錄個人在不同媒介環境下消費節目類型的多樣情形。

我們所知道的暴露多樣性：即是意見市場的理想意涵

目前對於閱聽人媒體消費行為研究以及影響閱聽人消費多樣內容的因素研究相對較少。但僅就目前少數的研究顯示，內容多樣會導致暴露多樣性的減少。結論如果成立，則「意見市場」的理想意涵則在現實中被推翻，而非能經由增加可利用之多樣內容選項的傳播政策來達成（Webster & Phalen, 1994）。

上述負面結論的可能性被許多研究所支持。Webster（1986）發現，專門資訊之有線頻道的使用者（例如音樂、電影、體育以及新聞等），比一般電視觀眾花上十二至十五倍以上的注意力（時間）在這類頻道內容上。此一極化趨勢亦反映在許多近期的研究中。Ramos（1998）之研究顯示，在美國十個最受歡迎的節

目中，非裔美人與白人觀眾的收視重複率已逐漸降低。重要的是，此現象應歸因於有線電視之出現提供大量不同的收視選擇，以及有線電視普及之事實，讓更多全國性電視網路得以發展生存，例如FOX、UPN以及WB這些頻道，皆以更細的人口特性作爲目標收視率的市場區隔。

　　Youn（1994）以有線電視對收視行爲的影響作爲研究軸心，以比較有線電視訂戶與非訂戶的收視行爲。該研究發現，增加節目內容選項會強化以節目類型喜好爲選擇的收視行爲。在有線電視訂戶中，有50%的收視行爲與原先節目類型喜好相符，在非訂戶中只有25%相符。因此，儘管對有線電視訂戶而言，所提供之節目選項多樣性增加，即擴大他們暴露於多樣內容的機會，但他們實際讓自己暴露於多樣性選擇卻明顯降低。

　　Wober（1989）之研究則有更極端的結果。研究顯示，若增加某些較冷門的節目類型，則反而降低閱聽眾收視該類型節目的行爲。此結果較令人困擾的是，會發生上述現象的節目類型，包括新聞、宗教，以及一般資訊性節目等。此現象暗示著政策制定者所提倡之具社會價值的節目類型，往往在多樣性政策實施下，收視機會增加反而遭閱聽眾的忽略。Wober（1989）用「不見效率」以及「沒有需求彈性」等字眼來形容此類節目，因爲此類節目之消費需求（吸引觀眾的能力）無法與供給成正比例增加（pp.103-104）。

　　上述研究的發現對於媒體多樣性的問題以及發現內容多樣性已逐漸減少是同等重要。研究指出，增加電子媒體市場之多樣性可能導致閱聽眾消費節目內容更不具多樣。結果是意見市場原理的理想無法實現，以及許多媒體管制的目標更無法達成。Webster和phalen（1994）指出，「如果增加內容多樣性即意謂著個別閱聽人會接觸更少的多樣性意見表達，則無從理解

如此的結果會有助於意見市場」(p.35)。

結論是,「媒體政策分析家應注意可用率(availability)與使用率並非同義詞」(Ferguson & Perse, 1993, p.43)。因此多樣性政策的分析方向應有重大的修正。事實上對於多樣性研究在暴露面向有更多的實證關注,政策制定者會有許多不明智的決策,以及對於意見市場意涵也無法完全應用。因此政策之評估檢討不只應從內容提供是否多樣性,也許更應從是否能造成多樣性內容消費行為的角度來考量。特別是若從政策觀點出發,如果增加的內容被閱聽眾忽視,則顯得毫無意義(Haddock & Polsby, 1990)。

結論

本章將多樣性原則解構成可實證評量的各項要素,為政策制定者勾勒出各項要件的關係,亦描繪多樣性研究的未來需求,提供有用的數據供政策決策參考。至今多樣性研究仍多屬描述性研究,而不具預測性質。研究者亦投入太少關注於各種多樣性要素的影響因子研究,反而有過多的要素之間的因果關係研究。當然這些要素相關性研究對於許多多樣性政策制定的效力是非常重要的,但如果缺乏支持這些關係存在的證據,則經常削弱這些政策實施的前提,尤其是這些政策實施通常受到法律的監督。

因此,多樣性政策制定需要更多資訊,如經濟性與結構性因素對於來源與內容多樣性的影響,來源與內容的互動關係,以及暴露多樣性之結構性與個別因子的決定因素。上述相關研究可讓政策制定者更深入瞭解媒介環境,以及對於特定政策能

否達成中、長期目標具有一定的證明。

　　當然潛藏於多樣性概念的複雜性，凸顯出任何測量多樣性的方法皆有忽略某些重要觀點之可能性，或過度簡化測量過程。但這些偏差皆可能發生在需要評量的架構式研究中。而這些簡化或省略並不會阻礙這些實證評估結果成為決策者的分析工具。經濟分析廣泛充斥過簡的假設，以致無法正確反映真實世界的行為，但依然無損於其成為整體趨勢與結果的指標性價值。多樣性評估價值可與經濟分析等同視之，即不能完全代表客觀真實，但應可用於複雜事物的簡化表達方式。這些簡化後之代表結果是有用的決策工具，特別是用於比較式或縱向時間數列分析。研究數據可用於相對而非絕對的測量。當然多樣性研究之執行有其方法上的困難。不過，多樣性研究應用於重大政策的潛在效用尚未完全發揮。

第七章　傳播產業之競爭原則（Competition）

在媒體產業的管制中，市場競爭原則已經逐漸凸顯其重要性。如同第五章所述，競爭原則與傳播多樣性原則，皆是良好運作之意見市場（well-functioning marketplace of ideas）的核心要素。所謂的「對立意見來源」（antagonistic sources）的主張（*Associated Press v. United States*, 1945, p.20）是意見市場的核心概念。讓各種意見與想法在「市場競爭」概念下，尋求被大眾接受的機會（*Abrams v. United States*, 1919, p.630）。因此長久以來在電子媒體產業中，非常強調競爭原則的重要性。

在電子媒體的環境中，競爭的優點往往是從經濟學的角度觀之，例如增加效率、提升品質及創新，以及擴大消費者滿意度等（Johnson 1994; Owen & Wildman, 1992）。誠如Fowler與Brenner（1982）在他們極其有名的文章中，勾勒出一種以競爭原理為基礎的方式，來研究電子媒體法規：

> 我們藉促進競爭，去除人為障礙，來增加社會效益，並防止任何單一公司控制價格或消除競爭者。綜言之，即建立一個能讓財貨價格盡可能接近生產成本的環境。（p.4）

為呼應此一觀點，研究發現電子媒介市場中，增加競爭關係會讓媒體對節目內容產製做更大的財務投資與人員之投入（Busterna, 1980, 1988; Lacy & Riffe, 1994; Lacy, Atwater, Qin, & Powers, 1989）。

競爭原則也同樣運用於推動政治性與文化性的活動目標，例如像訊息來源與內容之多樣性（參見第六章），以及本土主義（參見第九章）。在第二章的模型描述出，多樣性原則與競爭原則兩者有明顯重疊的部分，也經常被政策者引用為共通的目標（Cusack, 1984; Oxley, 1993; Thierstein, 1999）。研究者發現競爭市場與節目多樣性之間有正向關係（Levin, 1971; Litman,

1979），以及競爭與增加當地新聞節目之間亦有正向關聯
（Busterna, 1988; Lacy & Riffe, 1994）。因此，就此書所討論的所
有政策原則，競爭可被視爲是成就其他社會性目標的工具之
一。

　　在廣義之意見市場概念下，競爭雖然位居核心原則。但許
多傳播環境中，競爭原則成爲政策制定指導原則也只是近一、
二十年的事。特別是固網與有線電視產業，長期以來一直是處
於管制型的獨占性市場，基於原本就具有自然獨占（natural
monopoly）的特點。在一九七〇及一九八〇年代，這些管制方
式逐漸瓦解，取而代之的則是因新科技以其他方法來提供相同
的服務。也促使重新思考自然獨占觀念的必要性（Bolick, 1984;
Brenner 1990; Fowler, Halprin & Schlichting, 1986; Horwitz, 1989;
Johnson, 1994）。

　　若說是所有的傳播政策制定者直到最近才開始承認競爭原
則的重要性，或許是錯誤的看法。因爲競爭原則早已被傳播政
策制定者視爲指導原則（Smith, 1989），儘管競爭原則一開始並
不如現在起眼。在早期無線廣播管制中，競爭是主要的管制動
機，如將美國國家廣播公司（NBC）分割爲兩家廣播電視網的
「連鎖廣播電視規則」（Chain Broadcasting Rules）即爲一例
（Streeter, 1996），競爭原則在美國最高法院早期對電子媒體的法
案判決有重要地位。最高法院在*FCC v. Sanders Brotbers Radio
Station*（1940）一案中，裁定「無線廣播市場應爲自由競爭市場」
（p.474）。

　　在傳播市場中競爭原則是重要的政策原則指導，其促成了
美國一九九六年電信法案（Telecommunications Act of 1996）的
起草與通過，如同法案中所聲明，其目的是爲「促進競爭和降
低管制，以確保美國電信業的消費者能夠獲得低廉價格與高品

質的服務」（Telecommunications Act of 1996, preamble）。該法案祛除數十年以來各種廣泛商業限制，允許有線電視公司兼營電話事業，電信事業公司兼營影像節目產品事業，以及地方與長途電話公司能夠進入彼此的市場（參見Meyerson, 1996）。當然，至於在一九九六年所通過的電信法案，是否成功地達成競爭市場的目標，仍有許多爭議（Kennard, 1999; Masci, 1999; Swedenburg, 1999）。但實際上，在這法案通過許多年後的今天，做出任何肯定的結論還是太早。

不管這法案產生的實際影響，一九九六年電信法案象徵著美國國會與聯邦傳播委員會（FCC）兩者重大的轉變。先前，在公共利益的概念下，競爭原則比起其他原則，是處於較低的階層，如同Friedrich（1998）所說：

在一九九六年電信法案通過前的環境，競爭原則的正面特性並未被傳播部門（sector）所普遍接受，隨著一九九六年法案的通過後，FCC似乎接受了美國國會的的暗示，認為傳播部門的競爭行為等同公共利益。（p.265）

如同本書所討論的每個基本原則，競爭原則在概念上與應用上有特殊挑戰性。即要定義一個完全競爭電子媒體市場的組成其實是非常困難的，而政策制定過程也常受到爭議。為了使讀者清楚瞭解政策制定的過程，本章將電子媒體市場加以分類，也將焦點放在釐清競爭定義與應用的挑戰，來瞭解政策制定者在面對不同電子媒體市場時，如何促進與評估競爭。已知競爭原則日漸重要，政策制定者與政策分析家瞭解媒體產業有許多特性，而這些特性會讓定義市場與決定市場競爭程度的過程更複雜。

評估媒體市場競爭的過程複雜化的第一個因素是，基本上

媒體產業是受到兩個分割且相關聯的產品市場所操控。如許多媒體產業的分析師所述，媒體公司同時銷售內容給觀眾，另一方面將觀眾銷售給廣告主（Owen & Wildman, 1992; Picard, 1989; Wildman, 1998）。因此，電子媒體的競爭分析需要考量到此雙元市場特性，也要考量到這些市場彼此相互影響的工具。

　　然而，就競爭分析的立場而言，要如何界定產品市場範圍且取得一致的看法，就是更大的挑戰。在決定競爭程度方面，首先政策制定者必須決定何種產品會是其他產品的合理替代品。在媒體政策的條件下，要界定內容與觀眾產品市場之別，上述的過程一直非常模糊且頗具爭議。就內容市場而言，一些分析家對於媒體產品的替代性之議題，提出廣義取向的主張，根據這樣的觀點，電影將被視為有線電視的替代產品，因兩者皆提供給消費者娛樂內容。其他的分析師則將注意力放在每一種媒體的獨特性，而提出較狹隘的取向來定義產品市場，從這類的取向來看，電影和有線電視從傳輸與消費方式來看，使用不同的管道，因此無法置於相同的市場考量。

　　而在定義觀眾市場方面，其核心爭議環繞在是否某個節目或頻道的觀眾能夠有效地被其他節目或頻道的觀眾所替代，即使兩種觀眾群的大小與人口統計資料上是相同一致的。若從廣告主的觀點，任一觀眾皆代表一個獨一無二的銷售機會，基於這點，在分析觀眾產品的替代性時，必然要分析層次至於節目與頻道間所重疊的觀眾群，而非單純探討觀眾群的規模與人口統計資料。

　　這些市場定義複雜性，對媒體市場的競爭評估，具有重要的影響。特別是這些複雜性允許或要求多重替代性評估標準的產生，這些標準能夠產生潛在矛盾或對反的結果。市場定義的選擇對競爭程度的觀察具有決定性的影響。此種詮釋彈性讓競

爭原則仍然是一種曖昧不明且容易改變的原則,以至於在政策
爭論上皆可被多方立場所引用。不管市場最終是否能夠完全競
爭,其結果變成漫長爭論所築成的一段歷史。藉由在不同的電
子媒體市場中評估競爭,以及提供實證方法來評估媒體產品市
場的替代性,本章希望能夠釐清電子媒體市場之競爭原則,並
能增加評估在電子媒體市場競爭程度的正確性。

用電子媒體競爭評估方式來定義市場

　　如同本節所述,相較於其他產業,用電子媒體中之競爭評
估方式來定義市場,具有許多特殊的挑戰。有一些人質疑,利
用傳統方法與分析標準來定義媒體市場是否充分或適用(例如
Wasko, 1984)。基本上,競爭分析首先需要對相關的產品市場與
相關的地理市場做出判斷(FCC, 1998d)。在電子媒體的條件
下,政策制定者必須要考量多重地理區與產品市場。圖7-1說明

產品市場		
地理 市場	內容	閱聽眾
	上游市場　　　　　　下游市場	
地方 市場	買方:無　　　　　　買方:地方閱聽眾	買方:地方廣告主
	賣方:無　　　　　　賣方:地方節目提供者	賣方:地方節目提供者
全國 市場	買方:地方/全國　　　買方:全國閱聽眾 　　　　節目提供者	買方:全國廣告主
	賣方:節目製作者　　　賣方:全國節目提供者	賣方:全國節目提供者

圖7-1　電子媒體市場

這些地理區與產品市場，如圖說明，其中具有兩個主要的地理
市場（地區性與全國性），以及兩個主要的產品市場（內容與觀
眾），這些要素與電子媒體的競爭分析相關聯。而內容市場更進
一步影響到其上游與下游的產業要素。接下來將描述這些市場
的種類。

地理市場

　　地理市場（geographic markets）的定義，其著重在每一種
媒體市場皆可劃分成多重地理區的層次（levels）（見Baseman &
Owen, 1982）。某些媒體只在全國性的市場內競爭。例如，無線
廣播電視網，是在全國性層級內彼此競爭提供內容給觀眾，並
將觀眾收視情況提供給廣告主，這些電視聯播網所提供的節目
具有或接近全國性的範圍，而購買這些電視網時段的廣告主，
其考慮的是廣告能否達到全美國的所有地理區域。同樣的，直
播衛星（DBS）具有相同的性質，其服務主要在於國家層次的
市場，將其訊號足跡遍及全國各角落❶。
　　相反的，對於其他類型的電子媒體產業，如地方電視台、
廣播電台，以及有線電視系統，競爭行為是發生在地區性的層
次。是有一些要素配合形成這些地區性層次的電子媒體市場，
這些要素包括科技、法規與經濟。首先是科技因素，媒體科技
如無線電視與廣播，只能觸及有限的地區性觀眾，由於無線電
視信號的傳送範圍是有限的，因此需要運用網路狀的分支組織
所構成的聯播網，才能達到將訊號散布至全國地區。
　　訊號到達之在地化（localized reach）也是政策決定的結

---

❶ 如第九章所說明，除了其全國性服務外，直播衛星現在也提供較地區化的服
　務。

果。如第九章所述，在電子媒體的長期管制下，在地化原則（localism）是非常重要的，其促使政策制定者建構媒體服務的地方電視台（見第九章）。同樣的，有線電視的特許經營權只由地區政府所授予，並不是在聯邦或國家層級的權限。這些管制的決策促進了地方性電子媒體市場的發展。

最後，經濟要素也扮演促進區域性媒體市場發展的角色。首先，觀眾需要有關地區性議題與涉及地方性事務的節目內容（參見第九章），同時，許多廣告主（例如地方或區域性商業公司）也只需要將其商業訊息散布至地區性觀眾面前（見McClellan, 1999）。此外，全國性的廣告主在生產產品或製作廣告活動時，會考量到地方文化或人口統計上的差異來進行調整。有許多例子顯示，為了針對更多在地化的觀眾與廣告主的需求，促進了在地媒體的發展。

明顯的，在定義與評估地理區市場內電子媒體的競爭有兩種層次需要顧及，因為即使在全國性層次上，無論是無線、有線電視市場，都並不集中，這現象並不能說明地區性層次媒體市場的特性。相同地，存在於地區性市場的高度競爭現況，也不足以說明全國性層次觀眾與內容市場的運作方式。

界定地理區或市場，與界定產品市場，兩者相較，基本上界定地理區市場是較容易且較不具爭議的（不過還是有些例外，參見Thierstein, 1999）。然而，特別值得一提的是網際網路的技術，為地理區域市場的概念增加了一些曖昧不明，如網際網路提供給地方有線電視業者、地方廣播和電視廣播一個機會，能透過網路同步播放給全國或全球的閱聽眾。此發展影響到媒體公司的節目策略、廣告代理商的媒體購買策略，以及此後的相關市場定義，將使吾人拭目以待。

產品市場

　　當然，在稍早所討論的兩種主要地理區域市場必須根據產品線差異來進行進一步的細分。因此，對於媒體產品市場（product markets）而言，須認知到兩種產品或服務未必要完全相同才能在相同的產品市場運作。這點反映在美國最高法院（Supreme Court）定義產品市場的方式上。美國最高法院藉合理的且可互換性之試驗，來測量特定產品或服務與其替代品間的交叉需求彈性（cross-elasticity of demand）❷（見*Brown Shoe Co., Inc. v. United States*, 1962）。應用這項試驗，在過去一段時間裏也產生了一些定義產品市場的原則。第一，一個產品市場可以是一群組或不同的產品或服務，即「在實際交易環境中，該產品或服務概念能有實質意義地被完全納入即可」（*Crown Zellerbach Corp. v. Federal Trade Commission*, 1961, p. 811）。第二，兩種服務可以存在相同的市場內，只要這兩種服務彼此呈現競爭的狀態即可。第三，產品或服務之間的技術或管制差異，並不如消費者的認知與行為來得重要的（見Berresford, 1996）。

　　有一點要說明清楚的是，「合理且可交換性」的測試是高度主觀且有些不夠嚴謹（Berresford, 1996）。而美國司法部（Department of Justice）與聯邦貿易委員會（Federal Trade Commission, FTC）採取另一種研究替代性的方法：水平合併指南（Horizontal Merger Guidelines）。其特別將焦點置於價格上漲對顧客行為所產生的影響。透過這些指導方針，以產品A的所有

---

❷ 需求之交叉彈性（cross-elasticity of demand）指的是顧客對A產品需求受到B產品價格影響的程度。

賣方提高5%的價格，將足以導致大量顧客轉換至產品B，如此能證明產品A的賣方在拉抬價格後，將毫無獲利，以此方式為基準，來決定相同市場某部分中的任兩種產品的合理的可交換性。

當應用這些分析標準到媒體市場時，產生了兩個困難。第一，許多媒體公司在兩種不同產品市場中運作，這些市場如圖7-1所示。首先是所謂的內容市場，該市場具有兩種構成要素：「上游」或「批發」內容市場，以及「下游」或「零售」內容市場。「上游」內容市場是一種由節目播出管道商向節目製作者購買節目所構成的市場。請注意圖7-1所說明，此市場主要為全國性的，絕少地區性成分。該市場由於經濟規模與內在風險（Owen & Wildman, 1992），導致產製媒體內容的一種現象，即地方性內容基本上幾乎清一色是由垂直整合的媒體公司（通常也是內容傳送者）所獨占的情況（例如電視台、廣播電台與有線電視系統）。當地方性的播出管道商向不同的節目製作者手中購買節目，其典型的方式是從操控全國性內容市場的內容製作者（例如聯賣公司、有線電視網）手中購買節目。「下游」內容市場是為節目製作者試圖販賣或分送其內容給予觀眾所構成的市場（FCC, 1998d）。

第二種主要的媒體市場為「觀眾」市場，此市場是媒體公司試圖販賣觀眾的注意力，藉此吸引廣告主，其意謂著將觀眾販賣給廣告商（Wildman, 1998）。如圖7-1所說明，下游內容市場和閱聽人市場同時具有地方性與全國性兩種要素。

其中我們要認清幾個關鍵：媒體公司同時在這些市場中運作，而這些市場間彼此會產生互動。因此，有線電視系統業者企圖吸引訂戶訂購其服務（即販賣內容）。然後再進一步提供多樣性的服務選擇與價格方案（例如基本方案、加值方案、論次

付費等），以及進行多樣性的不同節目來源或頻道的試驗，以盡可能獲取大量觀眾群。同時，有線電視系統在許多頻道中保留部分的廣告時段，再銷售當地廣告主。此種「觀眾」市場以收看個別有線頻道收視群之數量與人口統計資料所組成。

至於像無線電視台的免費廣播服務，則同時在經營「內容」與「觀眾」市場。其中唯一的差別在於，以競爭的方式提供內容給閱聽人而言，無線廣播電視台與聯播網提供免費內容給予觀眾。有別於有線系統或有線電視網之經營模式，無線電視台獲得收入的來源來自於將觀眾收視狀況販賣給廣告主，因此，以無線電視爲例，閱聽人市場的收入完全依賴廣播電視能否成功地在內容市場上吸引觀眾。這點說明了內容與閱聽人市場存在一個關鍵性互動。

第二個重要互動關係的影響，環繞著廣告主對於特定地理區域群體的需求。閱聽人測量技術與方法的提升促進了更精確的劃分地理區域，使得廣告主能夠購買適合的媒體來接觸到對其最有價值的地區性觀眾（Turow, 1997）。這些較有價值的地區性觀眾成爲節目的目標觀眾，正如同節目製作者試圖將這些高價值的觀眾群傳送給廣告主。這種現象顯示出爲何近來充斥著青少年導向電視節目，是因爲廣告主也日漸看重青少年觀眾的商業價值（Elber, 1999）。因此，我們可看出閱聽人市場的供需現象，是會左右內容市場上產品的本質與價值。

不管這些相互關係如何，重要的是我們要辨別閱聽人市場與內容市場是不可互換的。例如，一種逐漸普遍用以評估廣播電視台績效的方法叫「市場力比值」（power ratio），其計算方式是以電台的廣告市場占有比例除以其觀眾市占比而得（參見Ofori, 1999）。「市場力比值」指數在一以上，代表電視台「過度銷售」（overselling）其觀眾（即所賺取的廣告利潤分配超出

其所分配到的閱聽眾）。而市場力比值指數小於一，其代表電視台「低價售出」其觀眾（例如：所賺取的廣告利潤低於其所分配的閱聽眾）。研究指出，市場力比值的方法廣泛地在各電視台流傳，這暗示觀眾群大小與廣告收益並非完全相關（Ofori, 1999）。Bates（1993）進一步提供閱聽眾市場與內容市場之間獨立的證據，他發覺比起先前所測量的閱聽人市場與內容市場的關聯性而言，利用不同的測量方式來測量閱聽人市場與內容市場內的集中度，反而有較強的關聯性。這暗示了這些市場間的控制具有某些程度的獨立性[3]。因此，雖然閱聽眾和內容市場之間存在有非常重要的互動關係，但在評估電子媒體的競爭時，將兩個市場彼此相互獨立，以廣泛的方式來進行細查是有必要的。

內容市場

如同先前所提，內容市場（content markets）基本上能夠被分成「上游」與「下游」兩個構成要素，在上游構成要素中是節目製作者與播送者的關係，下游構成要素則是節目播送者與觀眾的關係。政策制定者該同時兼顧上游、下游的內容市場，意即要顧慮到此兩種市場最終將影響閱聽眾所能接近之訊息來源的範圍（見FCC, 1998d, 1999e）。

眾多知名的事例說明政策制定者試圖將大量競爭帶入到上游市場內。黃金時段近用規則（The Prime Time Access Rule, PTAR）是限制無線電視網在全美五十大城市，在黃金時段電視網聯播的節目只能有三個小時，以此規定來促進節目產製產業的競爭。如財務利益與聯賣規定（Financial Interest and

---

[3] 對照於使用在此，且FCC也使用的術語，Bates（1993）使用「閱聽人市場」來描述這裏所說的下游內容市場。

Syndication Rules, Fin-Syn）（FCC, 1970c），是限定無線電視網所播送節目的所有權，以及限制無線電視網進入節目聯賣市場。儘管政策制定者意圖在上游內容市場刺激競爭（特別是限制三大聯播網參與上游市場），但PTAR與Fin-Syn規定被普遍批評爲毫無成效（參見Besen et al., 1984）。因此，在一九九○年代中期，FCC廢除此兩款法案（FCC, 1993b, 1993e, 1995d）。儘管FCC在上游內容市場所採取的這些積極作爲，但比起下游內容市場，上游內容市場基本上顯示出較少的集中化問題（例如FCC, 1998d, 1999e）。其也顯示出較少定義上的問題，因此，本文此部分所要關注的將是下游內容市場。

　　要評估下游內容市場競爭行爲其困難在於，須牽涉如何決定特定產品市場的範圍。在判定之前，是需要特定媒體產品或服務能否成爲另一種媒體產品或服務合理替代品程度的資訊。雖然，電子媒體中內容市場的參數一直被視爲無用（Levy & Setzer, 1984）。新科技與服務的快速發展更加複雜了分析工作。在過去，不同的媒體技術與服務之差異，造成所提供的內容或服務也具有顯著差異。但今日的媒體這些差異已不明顯了，結合創新技術與媒體聚合，以及排除傳統商業界限的限制，創造出的局勢使得媒體市場不再容易被定義。因此，「對待任一種媒體如同其存在於無菌眞空環境」或許已不再適宜（Bates, 1993, p.4）。

　　因此，政策制定者要經常超越其管理權限，而以較寬廣的眼光來觀察整個產業範圍。例如，已知報紙是經由電視與廣播來獲得新聞與資訊的潛在替代品，政策制定者有時要考量到報紙、電視、廣播三者皆爲內容產品市場的一部分（FCC, 1975b）。同樣的，對內容產品市場廣義的定義也能夠在最高法院對有線電視產業的相關判決中發現（*Cable Holdings of*

Georgia, Inc. v. Home Video, Inc., 1987; *Satellite Television & Associated Resources, Inc. v. Continental Cablevision of Virginia, Inc.,* 1983），然而在這些案例中，法院承認缺乏資料來對這些市場進行定義。也因為媒體市場的複雜性與動態本質，使得定義性資料產生困難，更遑論利用這些資料來指引政策制定者做出決策（Levy & Setzer, 1984）。因此，政策制定者經常盲目地來建構電子媒體下游內容市場。

由屢次修改的「有效競爭」（effective competition）標準，直到最近才被運用在有線電視系統的現象即可看出。由FCC所定的一九八四年的有線電視法案（Cable Communications Policy Act of 1984），允許行政當局只能夠在某些有線電視系統並未達到有效競爭的情況下，才能出面管制費率，該法案授權給FCC來定義「有效競爭」（Cable Communications Policy Act of 1984）的市場。在一九八五年，FCC定義有效競爭為在任何情況下，某一服務範圍，有三家或更多的彼此獨立的無線訊號能夠被觀眾接收即成立（FCC, 1985b）。這三個訊號被認為足以讓有線系統的費率受到約束。在這樣的標準下，許多有線電視的費率完全不受管制（Johnson, 1994）。顯而易見的，有效競爭標準的初步定義，是假設無線電視與有線電視在同一個產品市場，也假設消費者會視三家無線電視台為有線電視合理的替代品。

然而，直到一九九〇年，FCC對此邏輯產生了質疑，因為根據一些分析，若有線的費率以這樣的速度增加，將遠超過通貨膨脹率和超過其所增加的新頻道或服務的速度（Rubinovitz, 1993）[4]。結果在一九九一年，FCC斷定有效競爭存在於以下幾

---

[4] 重點是其他的分析得到相反的結論（Crandall & Furchtgott-Roth, 1996; Owen & Wildman, 1992）。

個標準：(1)如果有六個不重複的無線訊號能夠被接收。(2)另有一家獨立的多頻道影像傳送系統，該系統之訊號能通過既有的業者50％的訂戶家中，其中至少有10％的家庭訂購該系統的服務（FCC, 1991）。這些經過修訂後的標準所反映出的事實為，在一九九〇年代，有線電視系統的競爭市場將開始實現（Barrett, 1995, 1996），以及FCC認為有必要重新再評估，無線電視所提供的服務是否是有線電視合理的替代品。

即使有了這些修訂後的標準，仍約有80％的有線電視訂戶未享有費率管制，因此期待擴大管制費率的壓力依然存在（Johnson, 1994）。結果在一九九二年，美國國會通過「有線電視消費者保護及競爭法」（Cable Television Consumer Protection and Competition Act）。一九九二年所定義的有效競爭存在於下列任三種情況中：(1)只要某特許經營地區至少由兩家獨立的多頻道影像節目傳送者所服務，其提供至少該地區50％家庭訂戶的影像節目，且至少有15％的家庭向較小的節目服務提供者訂購服務。(2)該特許經營地區只有少於30％的家庭訂購有線電視服務。(3)某城市型有線電視系統提供至少50％用戶服務在該特許經營地區（Cable Televistion Consumer Protection and Competition Act of 1992, Section 623(1)(A)(B)(C)）。

在這有效競爭標準的演變階段裏，值得我們注意的是，無線電視完全在計算公式中移除。相反的，上述所謂有線電視30％滲透率，是顯示出無線電視及其他媒體替代有線電視服務的程度。此邏輯認為，若有線電視有較低訂戶數目，即有充分動機降低費率來吸引新的訂戶。

一九九二年的法案展現出有效競爭標準，讓受到費率（rate）管制的有線電視系統的比例到達最高峰（Johnson, 1994）。自從一九九二年法案通過後，政策制定者揚棄費率管制的概念，因

其認爲可替代產品種類大幅增加。一九九六年的電信法案
（Telecommunications Act of 1996）增加了第四個有效競爭測試的
標準，而使有線系統能較容易地避掉費率管制。該電信法中註
明，若當地方電信業者或直播衛星服務也提供影像節目服務，
有線電視系統就能夠自費率管制中除名（Telecommunications Act
of 1996, Section 301(b)(3)）。這標準去除掉前法案之訂定比例門
檻。僅當地電話業者提供的影像服務即足以去除有線電視之費
率管制，因爲可知當地電話業者挾其雄厚財力及完備基礎建
設，即足以對有線電視業者產生威脅。

最後，於一九九九年三月三十一日，FCC在一九九六年電
信法案的「有線電視分級收費規定」（cable programming service
tier, CPST）❺中，去除了所有的費率管制。這項落日條款的前
提假設是，到了一九九九年之前，因爲有線電視系統會面臨其
他替代性多媒體頻道節目傳送服務的競爭，其中最值得注意的
便是直播衛星（DBS），在此競爭市場下費率管制已非必要
（FCC, 1999c）。

有效競爭標準的歷史說明媒體內容市場的動態本質，也表
示出在判斷跨媒體產品替代性的困難。新科技的興起潛在地重
組了媒體市場，使得有效競爭（effective competition）標準也開
始規範無線電視、直播衛星，以及利用電話線提供影像服務的
媒體。科技創新與聚合擴大了任何科技的服務範疇，且促進其
他互補性的傳送技術發展，政策制定者需要採取更寬廣的方法
來界定產品市場。

---

❺CPST（cable programming service tier，有線電視付費節目服務）的定義是
指，除了基本頻道（通常是指地方廣播電視頻道組合）之外，其他的節目組
合以按個別頻道或個別節目爲收費基礎的節目爲主（FCC, 1999c）。

　　例如，在年度影像節目傳輸市場競爭評估中（Annual Assessment of the Status of Competition in Markets for the Delivery of Video Programming），FCC（1998d）認為直播衛星服務、微波多點傳送服務（Microwave Multipoint Distribution Service, MMDS），以及衛星電視共同天線系統（Satellite Master Antenna Television, SMATV），其所提供之多頻道影像服務，會成為有線電視的多頻道視訊競爭者，並藉此達到評估這些媒體集中程度。很明顯的，FCC將這些服務視為有線電視服務合理的替代品。然而，FCC委員Harold Furchtgott-Roth對FCC所認定的多頻道影像節目市場的定義，提出不同的意見，根據Furchtgott-Roth所言，FCC所犯的錯誤為在其定義內，沒有包括無線電視頻道。誠如他所指，產品市場並不是一組可完全替代的產品所組成，而是一組產品或服務的可得性能否影響另一組產品或服務（FCC, 1998d；參見Crandall & Furchtgott-Roth, 1996; King & Marshall, 1997）。Furchtgott-Roth進一步應用其邏輯，認定任何相似的服務皆可從地方電視台、衛星、地方性運動團體、電影院、錄影帶租借、報紙、雜誌、廣播電台中獲得。因此，對於產品市場的定義，他提倡使用比競爭報告（Competition Report）❻更寬廣的定義。

　　但其他媒體市場的分析家支持比Furchtgott-Roth所提倡較為狹義的定義。例如Jones（1997）認為，市場定義應該考量到產品獨一無二的特性。例如在電影院欣賞電影（例如出門、寬螢幕的經驗），這些特性使其在產品市場內，有別於錄影帶租借、有線電視，或無線電視的產品。此外，有線電視與無線電視也

---

❻Furchtgott-Roth在一九九九年之競爭報告中重複這項批評（FCC, 1999c）。

許有理由被分類成不同市場，因為從有線電視頻道中可發現的高度特殊市場區隔之內容。如Jones（1997）所點出的重點，「有……證據暗示，最喜歡訂付費電視的家庭看……愈多的免費電視與租愈多的錄影帶。對這樣的家庭而言，付費電視與免費電視應視為互補的產品而非競爭性的（即可替代性的）產品」（p.13）。

在媒體產品替代性的研究中，對於產品市場的廣義與狹義定義之間的爭論，皆有少量研究來支持其論點。Crandall（1997）提到，第二家有線系統對有線電視費率的影響之研究，該研究顯示，雖第二家有線系統在郊區可以降低費率，但並不影響城市的有線系統費率。從這些發現，Crandall推斷，「有線電視系統市場力在都會地區是較弱甚至根本沒有市場力，或許是因為都會區有較多的可替代品來取代有線電視的基本頻道，其中包含許多錄影帶出租店、地區性體育活動、電影院，以及其他娛樂管道」（p.655）。在Thorpe（1985）的研究也做出與Crandall的研究相似的推斷，他發現前五十大有線電視的市場，其邊際價格—成本比普遍偏低，他將這樣的狀況歸因於「在較大的媒體市場內……面臨數量龐大娛樂來源之競爭」（p.163）。其他研究則特別針對無線電視頻道對有線電視服務價格的影響，其研究發現，有線電視的費率與無線電視台的數量有負向的關係（Owen & Wildman, 1992）。不過，此種研究結果的發現，當達到五個頻道的門檻時，這個效果會消失（Owen & Wildman, 1992）。而Levy和Pitsch（1985）的研究發現，消費者基本上視錄放影機（VCRs）和有線電視服務為彼此具有可替代性，並將有線電視與無線電視也視為相互的替代品。

然而，在狹義的產品市場定義下，Levy和Pitsch（1985）也同樣發現支持的證據，他們發現基本上消費者將VCRs與無線電

視彼此視爲互補物，而不是替代物。最後，Thorpe的研究發現，無線電視信號的質與量並不會影響有線電視經營的邊際價格—成本，此發現暗示它們彼此間缺乏替代性。以上這些結果，暗示了將所有媒體內容的選擇混合成單一的產品市場，是過分簡化了。

　　由於缺乏決定性的結論來認定合適的媒體內容市場範圍，因此在定義市場時最謹慎的方法也許是利用多層次的方法，並利用市場分離式與複合式進行分析。一些多方取向的方式不只能較具實的描述媒體市場的複雜性，且能夠研究多種市場定義間關係的強度（例如Bates, 1993）。對於各種市場定義愈有全面的瞭解，除了能夠幫助整合性取向的發展，且協助政策制定之決策較能在所有市場層次上發揮其效用。

觀衆市場

　　正如在內容市場內評估競爭，要依賴大量媒體產品間之可替代性（substitutability）程度的判定。評估閱聽人市場（audience markets）也需要依賴閱聽人之間可替代性程度的判定。而且，就如內容市場，在分析閱聽人市場可替代性的判定時，也存在著許多內在獨特性的挑戰。主要問題是，不管是報紙讀者與無線電視觀衆彼此間具有合理的替代性，或某一個電視節目或頻道的觀衆與另一個的電視節目或頻道的觀衆彼此具有合理的替代性。不幸地，如同先前內容市場的許多案例，研究結果只能提供決策制定時，非常少量的指導性原則（Seldon & Jung, 1993）。

　　過去少數的研究發現，不同媒體彼此間的替代性。例如Ferguson（1993）發現，市場中無線電視台數量的增加致使日報的廣告量下降。Smith（1995）發現，基本上廣告主認爲各類型的印刷品與無線廣播媒體彼此間具有替代性，且這種對於替代

性的認知會隨著廣告主知識程度而增加。相反的，Seldon和Jung（1993）發現印刷媒體和無線媒體間具有負向（negative）交叉價格彈性，這意謂著兩者間存在著互補的關係。然而，Busterna（1987）發現，日報廣告與其他八種媒體間不具交叉需求彈性。

這些閱聽人產品間替代性的檢視，與其所給予政策制定者的指引，可能並不能充分獲得閱聽人市場的獨特屬性。Wildman（1988）認為，這或許是以過分簡化的方法來分析相似閱聽人團體，並探討其彼此間的替代性，正如同政策制定者與政策分析家長期在閱聽人市場所進行的競爭評估。Wildman主張節目觀眾的替代性的研究，不能單以兩節目提供相似的觀眾規模與地理區特性來解釋，還需要考量兩種不同節目之間或兩個將閱聽眾販賣給廣告主的媒體內容提供者，彼此之間實際上閱聽眾成員重疊程度。

瞭解這差異的主要關鍵在於認知到，從廣告主的觀點，任何一個收視眾皆是未來的顧客，因而一個廣告主沒有必要將兩個相似的收視眾視為彼此具有替代性。廣告主認為，「任何一個收視者代表一個獨立的利潤來源，對廣告主皆有價值，此點與廣告主能夠買到其他的觀眾是一個獨立的條件」（Wildman, 1998, p.587）。因此「從廣告主的觀點，兩個或一群人口統計變數完全一致的收視者，彼此間並不具經濟上的替代性，因為當廣告主接觸到一個收視者，並不減少廣告主接觸其他收視者的價值」（p.587）。

此觀點暗示出一個關鍵，在一個競爭者尚未飽和的共同閱聽眾市場上，媒體公司無法販賣相同閱聽成員的接觸權。因此，根據Wildman（1998）所言：

用廣告主購買收視者的接觸權的方式，是唯一具一致性的

方式來定義市場，即視販賣觀眾的收視權為廣告產出市場之競爭，而媒體公司彼此競爭以獲得觀眾收視節目的市場，可視為是市場投入端的競爭（Wildman, 1998, pp.587-588）。

針對相同的閱聽眾，評量任兩個節目或兩家節目供應者之替代性已成為例行活動。兩個節目之閱聽眾愈重疊，就廣告主對於替代性的觀點而言，表示這些節目與節目供應者之間的競爭愈激烈。

此論述認為，FCC委員Furchtgott-Roth所支持的觀點，在內容市場的條件下，過於簡化閱聽人的市場本質。的確，對閱聽眾而言，選擇不同媒體也許就是合理的替代，然而此種替代性只代表市場上的投入端的活動（即下游內容市場）。在輸出部分（閱聽人市場），若視有線電視、無線電視、直播衛星服務具有合理的替代性，則受限於這些媒體所提供相同閱聽眾之近用（access）程度。如此一來，根據這樣的事實，對於三分之一的美國電視用戶而言，有線電視並不具相對的替代性，有三分之一的電視觀眾市場，有線電視並非無線電視的競爭者（Wildman, 1998）。相同的，此事實也代表只有一部分的閱聽眾，同時為直播衛星與有線電視的訂戶，此意謂著只有在一小部分的閱聽人市場上不同媒體產生直接的競爭行為。

從政策制定者的立場而言，此修改過之競爭觀點意謂「將有線電視之觀眾與無線電視的觀眾（或廣告利潤）混合在一起，以進行單一全國性廣告市場之集中度判定是一項錯誤」（Wildman, 1998, p.589）。因為其假設有線電視與直播衛星服務在相互競爭以提供廣告主接觸這些並未訂購該服務的電視收視者，且低估了這些媒體服務相互競爭以提供廣告主接觸這些已

訂購該服務的收視者的競爭程度。

例如，FCC近年決議重新修改有線電視所有權限制的計算方式。直到一九九九年十月，有線電視系統業者被其限制訂戶只能占全國有線電視用戶的30%的範圍。在一九九九年十月，FCC決定將直播衛星服務與多頻道影像節目業者（multichannel video programming distributors, MVPDs）也計算在這30%之內，而不僅限於有線電視用戶（FCC, 1999d）。因此，我們現在所看到的規定，有線電視的經營將僅被允許在有線電視、直播衛星，與其他MVPDs所有用戶的30%的範圍內（現今相當於36.7%的有線電視用戶）。所有水平市場所有權的計算如下：

$$水平市場所有權占有率 = \frac{某公司MVPD之訂戶數}{全國MVPD總訂戶數}$$

關鍵是將直播衛星系統計算在此競爭公式內，FCC明顯地假定了這些節目服務能夠彼此替代。從收視者的立場，或許是真的。然而，從廣告主的立場，這些系統無法完全彼此替代，因為其不能提供廣告主對同一群收視者接觸的權利。事實上，尤其是在大多數的直播衛星用戶取消了有線電視服務後，此兩個市場只存在少許產品替代性。

最後，政策制定者與政策分析家在操作政策時，也許採用不正確且簡化的觀點來看待閱聽人市場內的產品替代性。從廣告主的觀點，任一閱聽眾意謂著個別且獨特的潛在的購買者，並沒有一個閱聽成員能夠完全替代另一個閱聽成員。此閱聽人市場獨特的觀點並未完全與閱聽人市場的競爭評估相結合。

媒體市場的競爭評估

當在傳播法規中競爭原則愈加顯著，則有關於競爭媒體市場定義上的爭論，就變得愈來愈白熱化。有關定義上的問題討論，根據先前對於媒體市場的界定，毫無疑問造成了對認定現今媒體市場之競爭事實的不同見解與曖昧。更重要的是，一些競爭的分析中並不清楚自己所研究之地理區與產品市場類型之分別。此外，媒體市場現處於兩股對立趨勢的陣痛期。其中一個趨勢中，有確切證據顯示媒體財團有逐漸成長、擴張的趨勢（Alger, 1998; Bagdikian, 1997）。然而，在此同時，媒體整體市場以令人難以置信的速度全面持續成長[7]。其結果將造成單一公司擴張速度，比市場參與者增加的速度還快，進而在其所控制的市場上更加壯大（Noam, 1999）。

競爭之測量（Competition Measures）

能定義出適切的產品與地理性市場僅是評估媒體競爭的第一步。第二步則牽涉到適合的集中度測量方式的選擇與執行（Baseman & Owen, 1982）。電子媒體競爭的研究已使用了許多不同的「競爭─集中化」指標（competition- concentration indices）。在討論其研究發現之前，先探討這些指標尤其重要。

最簡單測量媒體競爭的方法就是計算所有媒體來源與通路的數量。因此，當一個市場內有八家電視台時，其競爭程度遠

---

[7] 根據Noam（1999）從一九七九到一九九三年的研究，整體媒體市場一年的成長率約21%。

大於市場內只有兩家電視台的狀態。此類方法主要的缺點在於忽略了整個產業內營收分配比例的問題（見Lacy & Vermeer, 1995）。一個由兩個媒體通路所組成的市場，從營收分配比例來看，當每家電視台各掌握了50％的營收情況，競爭將會更加激烈。與此相比，當市場存在了八家電視台，而其中一家電視台掌握了約90％營收，而剩下的10％則由其他七家電視台分割，其競爭狀況相對較弱。儘管有此缺點，這種由市場所有參與者所計算出來的指數，卻經常被運用在媒體競爭評估（Busterna, 1980, 1988; Lacy et al., 1988），而研究者大都無法獲得充分且精確的各項營收資料。

競爭評估經常試圖說明市場上公司之間的營收流動。一個較普遍的方法爲估算前四大（top-four）或前八大（top-eight）比例（見 Baseman & Owen, 1982）。這種測量方式計算特定市場內，最高營收的四家或八家公司占所有營收的比例。這類的測量方式也是普遍應用在媒體競爭測量的分析方式（例如Albarran & Dimmick, 1996; Compaine, 1999），儘管這類測量方式並未計算市場上所有參與的公司。

與前幾大公司（top-firm）的測量方式相反，Herfindahl-Hirschman指數（Herfindahl-Hirschman index, HHI）的計算方式爲：特定市場內所有公司之個別市場占有率的平方和。HHI計算了市場上所有公司市場占有率的平方總合而來（Department of Justice and Federal Trade Commission, 1992）。基本上，HHI指數小於一千表示市場較不集中，HHI指數介於一千到一千八百代表適當集中的市場，HHI指數大於一千八百則代表集中化的市場。基於以下幾點，使得HHI指數對於市場競爭的判斷優於前四大或前八大的測量方式。第一，如之前所提到的，HHI指數計算了市場上的所有參與者，而不只是前四個或八個。第二，要計算市

場上處於優勢地位的一或兩家公司，HHI是較佳的方式。其原因在，假如前一兩家公司控制了60%的市場，則後兩家公司（即第三和四）聯合控制了另外5%的市場，此市場狀況用前四大指標所測量出的指數為六十五，但如果這四家公司各控制了市場上的16.25%，經由這樣的計算方式，一樣可以得出前四大指標的指數為六十五。面對這樣的局面，此計算方式讓兩種完全不同的市場狀況，卻測量出完全相同的市場集中度。相反的，利用HHI指數來測量，這兩種狀況，則在第一個集中度使用HHI指數所獲得的測量，將明顯大於HHI使用在第二種狀況。雖然HHI指數基本上優於前幾大公司（top-firm）的測量方式，但這兩種測量方式間具有很強的關聯性。當HHI指數為一千時，與前四大公司測量出的50%指數相符，而當HHI指數為一千八百時，則其與前四大公司測量出的70%相符（見Baseman & Owen, 1982）。

競爭評估：多重技術——多樣的結果

在電子媒體市場中測量競爭性與集中度，產生許多不同的方法，來因應許多不同的市場類型，且由於這些市場存在著某些含混不清的變數。這些市場變數的定義對於研究的發現有明顯影響。政策的論述在電子媒體市場內，針對不同的競爭層次常常充滿矛盾對立的主張。這種定義上的彈性特質破壞了以競爭原則當作分析工具時的使用效度。因為，當政策有爭論時，利益關係人反可利用此定義彈性支持他們的政策立場。對於產品市場的範圍界定缺乏共識，使執行分析的人可依自己所想要的結果而做不同的範圍界定。不同市場定義範圍能夠引發不同的結果將，在以下說明。

許多媒體競爭的分析選擇了所謂的「巨觀層次」（macro-level）的分析取向。這些分析蒐集了所有媒體產業之各項營收

資料，來進行總計與測量存在於此較廣義層次內的媒體產業集
中度。這種方法採取包含所有地理區與產品市場差異，卻提供
出整個媒體系統的巨觀寫照。例如Albarran和Dimmick（1996）
進行跨產業的集中度計算（利用前四大與前八大測量）。此指數
計算是跨十四個傳播產業，來總計各項營收與營收比。此研究
發現，在一九九五年，前四大媒體公司所得的營收總計占整體
市場營收的25％，而前八大媒體公司總計占40％。其結果指出
一九九五年市場上的跨媒體集中是低度的。Compaine（1999）
在更近期所做的研究，使用了相似的研究方式，其研究計算一
九九七年媒體產業的HHI指數為二百六十八。根據這樣的研究發
現，Compaine推斷，「若將其視為單一產業來看，其研究結果
則可能大致同意是媒體產業之間的競爭比以往更激烈」（p.17）。

　　如此廣義的方法，雖以資訊與反省式的方式來探討科技促
使媒體聚合的事實，而並不特別關注個別產品與地理區市場的
存在，或先前討論的產品與地理區市場內替代性的議題。這些
評估方式反而成立一種潛在的假設，假設在當今媒體市場中，
產品與地理區市場概念的差異具有極少關聯性。

　　但研究調查卻發現，不同市場類型在不同競爭層次顯現出
明顯的差異。例如，FCC近來對多頻道影像節目傳送市場的競爭
分析，發現在上游內容市場結構處於低度集中，而下游結構則
處於高度集中的狀態（FCC, 1999e）。Bates（1993）對地方電視
台競爭評估的研究，利用五個不同的市場定義，以計算下游內
容與閱聽人市場，以及另一種方式說明，就廣告主與閱聽眾而
言，有線電視是否是無線電視台的合理替代品。他發現，將有
線電視從地方電視內容市場所測得的集中度指數計算中排除，
HHI的平均為2581.8，此集中程度超過可接受的集中度水準，然
而，當有線電視被視為合理的替代品而被包含計算在內，此指

數下降至1258.9（Bates, 1993）。同樣的，有線電視從地方電視閱聽人市場所測量的集中度指數中排除，HHI的平均爲4069.1，而當有線電視被包含在內，則指數下降至2820.8。在這個例子上，雖然當市場包含有線電視時，使得集中指數大幅下降，但其結果仍然表示出電視閱聽人市場呈現高度集中的狀態（Bates, 1993）。由此可見閱聽人市場與內容市場競爭程度，對於特定市場定義的選用仍有相當關聯。

　　先前所討論的聚合層次的研究承認，對產品市場研究運用較狹義的定義時，集中程度愈顯著。例如Albarran和Dimmick（1996）使用前四大的測量方式❽，其注意到研究的媒體產業中的十四個部門，有四個呈現高度集中。相同地，Compaine（1999）利用HHI指數在無線電視產業進行研究，其所測量出的HHI指數爲一千三百到一千五百的範圍。對照其發現無線電視產業的集中度與媒體產業所合計之集中度點明顯對立。

　　另外，要注意的是，這些研究將合計媒體市場細分成的產品市場時，其並未研究地方市場與全國性市場的不同狀態，當然，這些地理區項目是以塊狀合併的方式區分。然而，當媒體市場被細分爲各地理區時，重要的差異再度產生。基本上，比起全國層次的媒體市場，地方媒體市場顯示出較高度的集中度（Noam, 1999）。在一九九九年對多頻道影像節目傳送市場所做的分析，FCC發現地方節目傳送市場集中度較高，此項發現對照FCC在全國層次的多頻道影像節目傳送市場所進行的分析，其顯示出較不集中的狀態（其HHI指數從一九九八的1096下降至923）

---

❽這四個部分顯示出充分的競爭爲報紙、書籍出版、雜誌、"miscellaneous communications" industry（Albarran & Dimmick, 1996）。這些結果基本上暗示，電子媒體內部「產業內集中化」程度遠高於印刷媒體。

（FCC, 1999e, Appendix C）。明顯地，電子媒體的競爭狀態與市場定義有關。因此，「案例中經常存在的爭議，如同看待一杯水可解釋為半滿或半空，端看某人如何定義」（Compaine, 1997, p.14）。

當然，在這個科技與管制匯流的時代，將媒體市場細分的方式皆有人質疑。如同Compaine（1999）所主張，「針對特定市場（集中化）的趨勢令人心煩……隨著舊媒體界線持續不斷的模糊，其改變後的數位本質使得產品市場內的差異已變得毫無意義」（p.9）。然而，本章說明許多要素，來減輕某些絕對論取向的偏頗。第一，地方和全國媒體市場之間的差異需要持續不斷的去重視，而不論技術如何發展，就閱聽人與廣告主對地方市場需求的傾向（見先前討論），以及持續的在地化將為政策原則的中心指南（見第九章）。第二，一小部分的研究對於某地區性媒體與閱聽眾產品的可替代性研究有所貢獻，但其爭議仍然存在（見先前討論），因此現在拋棄使用較狹窄的產業定義來評估競爭性是言之過早的。在政策制定者未獲得所謂可替代品的資料之前，這些資料是指對於閱聽人與廣告主而言，不同的媒體產品與服務之合理的替代性。電子媒體的競爭評估仍然必須首重多種產品市場的評估。

結論

如本章所述，許多因素使得以管制競爭為動機的政策在執行與評估時，變得非常複雜。第一，媒體公司在許多彼此具有相互關係的地理區與產品市場中相互競爭。如果競爭分析要正確的呈現媒體市場的真實特性，先對這些市場之間的差異進行

瞭解。第二，由於市場動態的本質、閱聽人產品的獨特觀點，以及缺乏相關媒體使用模式的資訊，使得界定市場的範圍特別困難。如增加對閱聽人動態行為的考量，則能夠降低閱聽人與內容市場定義上的曖昧。如同Berresford（1996）所注意到，在產品市場的定義方面，「消費者的實際行為，基本上是最能夠供作證明的證據」（p.274）。

回顧對於內容市場定義的爭論，先前的討論顯示，在媒體環境中，以舊有的工具來進行定義，並不能提供充分的定義市場範圍。或許這些傳統的方法其優勢在於以最直接方法應用在媒體使用過程，以補其他方法的不足。例如，跨媒體產品的可替代性能夠經由測量，來瞭解個人花在每一個媒體的時間，以及當增加或減少一個或多個媒體使用時間，對其他媒體使用增減狀況的影響。一些以時間為基礎的分析方法，開始提供一些方向，如網路或電視是否可視為同一個產品市場。在此特別的例子而言，網際網路的功能顯露出對電視收看行為的替代性與互補性兩種特性。對於某些閱聽眾類型，網際網路使用的增加致使電視收看的減少，然而，對其他類型的閱聽眾而言，網際網路的使用與電視的收看是同時並行的（見Burke ICE Research, 1999; Nielsen Media Research, 1999）。已知一些媒體對內容使用開始收費而其他媒體則不用；另一方面是觀眾的注意力，對於廣告主而言是一項值得購買的商品。此種具爭議性的產品替代性議題，如使用歷時性（time spent）為研究變數，也許此方法可以成為另一種輔助性分析工具，能幫助研究者對媒體產品替代性的爭議獲得較深層的瞭解。

其他更激進的方法牽涉到將「使用與滿足」的觀點納入替代性的分析。「使用與滿足」研究用來判斷不同類型的媒體使用對特定需求的滿足（見Blumler & Katz, 1974）。Albarran和

Dimmick（1993）所進行的研究指出，當每個人所描述的需求被不同的媒體科技滿足後，其結果能夠提供不同媒體競爭觀眾收視時間與資源程度，並暸解不同媒體產品滿足相似需求程度，以作爲未來定義媒體市場的分析工具。

轉回下一個閱聽人市場的議題，不同節目或媒體科技對閱聽人之替代程度的問題，是需要對個別閱聽人行爲的研究進行分析。這種研究方法在閱聽市場的競爭分析並不常用。如Wildman（1998）所主張，任一個別的閱聽人象徵一個獨一無二的銷售機會，而閱聽人市場的競爭是節目與節目服務之間個別閱聽人重疊的程度所產生的結果，因而要決定這些節目與節目服務之間的競爭程度，只能夠透過個別閱聽人收視行爲的動態，以及計算一些由測量節目與節目服務間重疊的閱聽眾的結構的資料來確定。閱聽眾低度重疊的節目（例如，其觀眾不是其他節目的觀眾）能夠對它們的閱聽眾收取額外費用，因爲這些節目必然在特定閱聽眾中呈現出獨占的狀況。電視節目製作者之廣告主銷售策略開始嘗試利用閱聽人的「獨特性」（Consoli, 1999），暗示了這獨特性的確具有商業價值[9]。

最終，在內容與閱聽人市場方面，要有效地解釋傳播產業競爭環境的獨特性，需要增加實證研究在閱聽人的行爲模式上，尤其是在媒體消費，節目的接觸，以及媒體科技的使用。這些關注閱聽人研究的增加，會爲內容與閱聽人市場的產品替代性提供一個較清楚的圖像，從而引領研究者去除含混不清的

---

[9] Consoli（1999）描述，當 *Star Trek: Voyager* 影集興起，派拉蒙（United Paramount Network, UPN）力圖說服潛在的廣告主，其節目 *Star Trek: Voyager* 系列的觀眾有別於其他在星期三晚上九點收看電視節目的觀眾，具有高度的獨特性。

部分，以瞭解實際媒體市場的競爭是如何構成的。如此，競爭原則的功能將能成爲政策制定者一種有效的分析工具。

第八章　普及服務
（Universal Service）

　　普及服務在二十世紀中，被形容為「資訊政策的基礎」（Schement, 1995, p.477），同時也被認為是「電信政策中最被廣泛論及的規範之一」（Mueller, 1993, p.352）。然而，就像很多在本章將會討論到的政策措施一樣，普及服務政策最常被批評的問題是——缺乏一個精確的定義（Aufderheide, 1987; Berendt, 1995; Lock, 1999; Rapp, 1996）。根據Pressler和Schieffer（1988）指出：「也許沒有任何其他的政策管制目標，會像普及服務政策一樣，在還沒有建立明確定義之下，做如此廣泛的討論」（p.368）。在一九九六年的電信法案（the Telecommunications Act of 1996）通過後，普及服務的意義變得更加明確，美國國會首次對普及服務原則做出一個十分明確的結論（詳情見本章後節論述）。對國會所定義之有關普及服務的闡述，有些學者仍有疑問（例如Foley, 1998），但電信法案中有關普及服務的指導原則及FCC目前正在努力執行的面向，乃提供了本章（普及服務）主要背景資料及現況介紹。

　　對普及服務的傳統觀點乃聚焦在是否能把語音電話（通常指的是最基本電話服務，"plain old telephone service" or POTS）讓最多的市民來便利使用，而不論其居所之地理位置或經濟能力的差異（Dordick, 1990; Mueller, 1993; Noam, 1997）。因此，普及服務原則很典型的主張是，「每個家庭中皆有電話服務」，以及針對那些低收入與高服務成本的消費眾實施補貼政策。雖然，傳統普及服務的觀點著重的是語音電話服務的普及性，但在現今的傳播環境中，普及服務政策使命所著重的觀點開始慢慢轉變至交通、健康照料及教育問題上（Sawhney, 1991），同時也是其他傳播科技，如廣播及無線電視系統在規範上所重視的問題（Dordick, 1991），以及應用在有線電視的部分的管制上（Post, 1995）。例如，廣播與電視執照的發送，乃著重在不論社

區的規模，要讓每個社區都有至少一家以的上廣播電視台。而此分析單位乃不同於傳統的電話服務的分析單位（社區vs.家庭），但是基本原則是相同的。應要體認的重點是，儘管在普及服務的專門術語中指的就是語音電話服務（telephony），普及服務的核心觀念已不再僅止於語音電話服務的面向，此部分也是本章的重點。

　　在近幾年中，以超越語音電話服務的條件下，來探討普及服務，已逐漸受到重視，因為電信科技的進步，迫使傳播決策者開始要去探究，到底擴張性普及服務概念與使命還應包括哪些服務項目（例如FCC, 1997a; Hudson, 1994; National Telecommunications and Information Administration, 1998, 1999; Post, 1995; Telecommunication Act of 1996）。因此，傳統普及服務政策因為傳播科技的提升、多元化與整合而有所擴大。

　　不論所探討之特定科技與服務項目，在普及傳播服務的基本原則仍相當一致的。政策決策者所著重的普及服務面向是，提供給所有居民快速、有效及便利的資訊交換空間。如Sawhney（1995）所指：「上述主張的道德基礎是，在電信服務演變至今已非常重要，一個人若沒有了這些服務，即不算具備日常所必需的生活工具」（p.208）——普及服務的原理也同樣適用在其他服務目的中心概念，例如義務教育、電力供應及醫療照顧上。

　　參與資訊交換不僅僅是一種永續的權利，同時也是一項增加社會及經濟利益的活動（Kirkham, 1998; Sawhney, 1995）。因為普及服務所產生社會性利益的具體描述，可參考Schement（1995）所言：

　　　普及服務核心意義的來源，須回溯至政治系統的本質面向
　　　來看。所有美國人都有一樣的權利可以去接近使用傳播管

道，因為民主體制下的居民需要有傳播的能力，為的是讓他們本身能獲得足夠的資訊以做出理性的政治選擇。同時，傳播能力乃深植於民主體制下，傳播的平等接近權並不止合乎邏輯，並且絕對適用在任何一個自由、開放的社會中。（p.484）

在上面這段摘要中，其清楚明確的反映出平等近用（equal access）的價值，其與憲法第一修正案的權利（the First Amendment）（見第三章）及意見市場原則（the marketplace of ideas）（見第五章）等的概念是緊密關聯的（Dordick, 1991; Sawhney, 1995）。

長久以來，普及服務原則被視為能將個人連結至其所居處的社群中，並且能讓市民快速、有效的去近用有關健康、安全以及各種緊急突發狀況的服務（Graham, Cornford & Simon, 1996; Sawhney, 1995）。此外，電話的價值在下述的這些活動中日益重要，例如購物、健康資訊的蒐尋，及社會或政治資訊的蒐集（例如訪問調查）（Aufderheide, 1987; Graham et al., 1996）。而網際網路增強了電話在上述各方面的功能（Hammond, 1997; Hudson, 1994; Napoli, in pressb），因此許多人也認為普及服務之使命變得更加廣泛（Hammond, 1996, 1997; Hudson, 1994; Lavey, 1990; Schement, 1995）。Berendt（1995）曾指出：「普及服務是資訊社會的基礎」（p.42）。在上述這種情境下，普及服務的概念形成更廣泛的政策問題，如「資訊鴻溝」（information gap）的問題，以及逐漸增加的「資訊富人」（information rich）與「資訊窮人」（information poor）之間的落差（例如Hammond, 1997; Hudson, 1994; Lapointe, 1999; National Telecommunications and Information Administration, 1998, 1999;

United States Department of Commerce, 1993）。

　　在狹義的經濟學條件下，提到普及服務的利益，往往就聯想到所謂的「網絡外部性」（network externalities）（Graham et al., 1996; Mueller, 1993; Noam, 1994, 1997）。網路外部性概念乃意指，使用某樣產品或技術的益處，係來自於因使用者身處於一個大網路之結果（Katz & Shapiro, 1986）。例如，網絡外部性的概念就像是個人電腦（PC）使用者對上麥金塔（即蘋果電腦Mac）電腦使用者。個人電腦使用者之最大的普及優勢是，有較多的軟體選擇、有較多的機會去分享其他使用者的軟體資訊，及在零件與服務管道上有較高的便利——上述這些利益與電腦本身利益不同。在語音電話服務環境中，能達到一百萬人的網路價值，遠比只能達到一千人的網路價值來得高。的確，語音電話服務是一個獨特的狀態，在這種情境下，產品的全部利益取決於網路的外部性❶。家中電話若無法與他人連結，試問其價值何在？

　　在此條件下，已經身為網路一分子的個人利益，將會因更多人加入其網路連結而得以增加（FCC, 1997a; Mueller, 1993）❷。此邏輯讓龐雜的補助計畫得到一個合理的說法，因為政府的補助可以吸引到並保有原來無法支付電話服務的用戶。在這樣的狀況下吸引投資者，並維持投資者對電話服務產業的投入，設法做到普及服務。這些用戶或許是低收入戶，也許是位居偏遠地帶的居民，要服務這些用戶需要付出極高的成本，也因此

---

❶ 由於網路之外部性效應（network externalities）對於傳播科技傳布所面臨的特別挑戰之討論，參見Rohlfs（1974）與Allen（1988）。

❷ 有一些學者曾質疑是否由於普及服務政策造成網路外部性效應（參見Barnett & Kaserman, 1998）。

他們享用服務所需要消耗的費用比平均的消費者還高出很多。補貼那些消費用戶（低收入及位居偏遠地帶的居民）來使用電話，好處不僅只是給了低收入及位居偏遠地帶的居民，事實上，這個電話網路的價值也分享給所有的用戶（FCC, 1997a; Noam, 1994）。

綜言之，比起何謂普及服務之定義來說，普及服務的好處是較獲得各方共識的，那是因為普及服務原則是一個極具動態性的概念，其概念必須包括技術的、經濟的以及管制的改變（Blackman, 1995; Lock, 1999; Milne, 1998; Tyler, Letwin & Roe, 1995）。然而，我們必須承認，普及服務原則在傳播政策制定的過程中，常常會被拿來利用為口號工具，而非能真正落實（Lock, 1999; Sawhney, 1995）。如本章節所述，上述現象原本應分開討論有關普及服務原則之各種要素，卻被人為地蓄意混淆所致。

上述的趨勢以及一些問題及限制，都會造成普及服務政策制定的困難，本章將普及服務的原則區分至三個基本要素中：(1)普及服務政策使命（imperative）；(2)普及服務相關服務項目；(3)達成普及服務的工具（手段）。

關於第一個要素，一般普及服務的使命，是在到底有哪些「服務項目」需要被「普及」（universal）的問題。如早先所討論過的，普及服務使命通常被定義為一個特定之電信產品或服務的廣泛即得性（availability）與財務之可負擔性（affordability）。然而，在本章接下來的資料顯示並非如此。早在一九六〇年代之前，在電信傳播條件下的普及服務是指，電信網路之間相互連結的行為，而非指電信網的普遍性（Mueller, 1993）。因此，與普及服務原則相關之政策發展乃受時間變遷而有所不同。此外，受到近年的政策決策方向與科學技術的變遷，為因

應而對普及服務的概念詮釋做了一些調整。

　　普及服務的第二個要素乃在界定普及服務中所涉及的一些特定的服務項目。即是，政策決策者該提供哪些特定的服務？第二個要素在界定出第一個要素，即普及服務應該應用於哪些服務項目。通常，若只從「重新定義」普及服務的概念來看，討論普及服務使命之服務範圍已被框限在調整及擴充服務的本質而已。

　　第三個要素指的是達成普遍化的「工具」。普及服務政策制定須包括普及服務的使命及工具兩面向（Mueller, 1993, 1997a）。在近幾十年來，普及服務政策多採用複雜補貼計畫及管制的獨占電信服務提供者兩種方式。然而，在現今所有的傳播產業的面向上講究的是競爭（見第七章），而導致重新思考普及服務究竟是應該如何達成。因此，政策決定者承擔設計出另一種普及服務的工具之重任，以達成同樣的目的（普遍化）。

　　本章主要在討論上述三個要素，其定義將會隨著時間改變而有不同的發展，以及這些改變對於市民、政策制訂者及政策分析者的影響。將普及服務原則區分至此三個不同要素中，會對未來普及服務的討論與分析，提供一更清楚的核心概念。

普及服務原則的三個要素

　　圖8-1大致勾勒出普及服務原則的三個基本要素，這些要素的意義會隨時間而有不同之發展。如本節所指，普及服務的三個基本要素在最近都做了一些定義上的調整。尤其在「服務項目」及「工具」兩個要素上，再次修正的範圍都相當廣泛。在政策「使命」的要素上，重大的修正早在三十年前就已開始。

而近幾年所修正的普及服務概念，則有較少實質性的調整或對普及服務定義的再擴充。

　圖8-1呈現三個要素之間的關聯性，若改變普及服務原則中的任何一個要素，都會連到其他的要素，例如，有關服務本質的改變則必須重新定義「普及性」（universality）的量測標準。通常，如果普及服務原則中服務項目包含網路接近使用與其他的資訊服務項目，光測量撥接電話（dialtone）之普及率（傳統的普及服務測量尺，Albery, 1995）是不夠的。當普及服務的範圍有所改變時，則達成普及服務的手段工具也會隨之改變（如擴大普及服務的來源基金）。同樣的，達成普及服務工具的改變也會影響到普及服務所包含的範圍，或是重新思考普及服務的層次來符合普及性的量測標準。

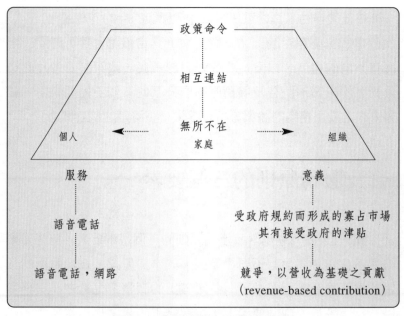

圖8-1　普及服務原則的要素

在討論個別要素之前需要先知道，這三個組成要素是如何含括在一九九六年的電信法案中，第一個例子是，國會提供了普及服務原則確切的闡述。在該法案中，國會將普及服務原則定義如下：

1. 品質與費率：應在公平的、合理的及財務可負擔的費用基礎上，提供高品質的便利服務。
2. 高階服務項目的近用：所有地區都應被包括在提供高階的電信與資訊服務範圍內。
3. 鄉村與高成本地區的近用：國內所有地區之消費者，包含低收入、鄉村、偏遠，及高成本地區的居民，都應能享有電信及資訊服務，包括高階的電信與資訊服務，且應與在都市中所享有的服務項目相同，費用亦應比照都市的費率。
4. 平等且無歧視的貢獻：所有電信服務的提供者，皆應對維護普及服務，並提升普及服務項目上，做出平等且無偏見的貢獻。
5. 特定且穩定的支援機制：應有特定的、穩定的且足夠的聯邦及各州機制去保護及提升普及服務。
6. 學校、健康醫療（health care）機構及圖書館中，皆有高階的電信服務系統的設備：在初級及中級學校及教室、醫療服務提供者及圖書館皆能提供高階的服務。
7. 其他附加原則：凡符合法案中對於公共利益、方便及必需三原則的維護，聯合會議（the Joint Board）與委員會皆可依適時與必要性來決定（Telecommunications Act of 1996, Section 254(b)）❸。

其中，第一、三及六條乃是針對普及服務政策使命的本

質，其著重的是以價格與技術來促進接近使用，不會因收入、地區、個人及團體等因素而有差異；第二條則是針對普及服務之政策使命所包括的服務項目，因其著重在將高階服務納入普及服務的項目定義中；第四及五條則是針對普及服務會使用的工具，因其焦點著重在普及服務基金的貢獻及機制。在一九九六年的電信法案中對於普及服務定義的闡述，是明顯地偏離傳統上對普及服務原則中各項要素的解釋，也因此才有了較清楚的輪廓。

普及服務的政策使命

不像其他兩個要素——即普及服務項目及達成普及服務的工具——政策使命的意涵在過去數年僅有小幅改變，真正重大的改變是發生在三十年前。此節要說明的是，普及服務使命在電訊方面最初指的是將原本是相互競爭，且互不相連的電話網路，整合為一個統一的電話系統。但一直到一九七〇年代，當今普及服務的概念——即讓每個人享受到便利且負擔得起的服務——才出現並取代先前的定義。

普及服務即互連（interconnection）

普及服務這個專有名詞第一次出現乃是由美國電話電報公司（AT&T）的總裁Theodore Vail在一九〇七年所提出，當時其意指的是非常不同於吾人對於普及服務的認知，即家家有電話

---

❸FCC在接受聯邦州際聯合委員會（Federal-State Joint Board）之推薦，最後將「競爭中立」（competitive neutrality）原則列入名單。所謂競爭中立之定義如下：「普及服務與支援機制應是競爭中立。在此背景下，競爭中立是指普及服務之支援機制及相關規定，即不能做只利於或不利於某一個服務的提供者，也不可不公平地偏好或討厭某一個技術。」（FCC, 1997a, p.8801）

（Dordick, 1990）❹，有關電話產業的發展歷史將有助於吾人瞭解這個部分。在一八九三到一八九四年，Alexander Graham Bell 的基本電話專利權已經終止，獨立的設備製造商及交換服務提供者被允許進入由貝爾公司（Bell）壟斷十八年的電訊服務市場（Mueller, 1993）。到了一九〇〇年，有超過兩千家獨立的電話公司與貝爾系統競爭（Dordick, 1990），到了一九〇七年，這些競爭公司控制了全國超過50%的電話市場（Mueller, 1993）。

　　然而，在這些激烈競爭中，貝爾系統公司與其他的系統業者之間仍拒絕任何連結，即使是在相同市場地區的競爭系統之間亦是如此（Mueller, 1993, 1997a）；這種現象造成某些家戶或是企業體，為能在一個城市或區域中與所有的電話用戶聯絡，而被迫需要安裝兩支電話才行。Mueller（1997a）指出，在一九〇二到一九一二年之間，全美有一半以上人口超過五千人的城市兩家（含）以上電話公司的競爭。高用量的用戶（例如大公司、銀行、火車站與旅館）通常都有雙重的電話服務；而雙重電話服務的低用戶指的是那些用量較少的零售商店，而住家用戶絕少是雙重的電話服務使用者（Mueller, 1997a）。

　　因獨立的電話公司進入市場而競爭壓力增加所致，美國電話電報公司的總裁Theodore Vail是第一個闡明普及服務原則的人；其在美國電話電報公司之一九一〇年年度報告中提出一個詳細的解說：「電話系統應該是要做到普及化、相互依存的及相互傳輸的狀況，提供電話系統的訂戶與其他電話公司的訂戶一個相互溝通的機會」（轉引自Dordick, 1991, p.114）。由此概念壯大成Vail的名言，「單一系統業者、一種政策管制與普及化服

---

❹關於這項議題的詳細討論，參見Mueller（1993, 1997a）。

務」（轉引自Dordick, 1991, p.115）。Vail之願景是由一家公司所控制的一個互連網路，並使之建構成一個受到管制的獨占企業，最後這個觀點得到企業體、公眾及管制者的支持（Mueller, 1993）。很明顯的，就一個電話訂戶而言，是非常需要因網路互連所產生之外部性效應，此乃與電話用戶數的大量增加有關。而就高用量的使用者而言，網路互連可以去除使用雙重電話服務所增加之額外成本。因此，到了一九一四年電話產業者合併的速度加快（Mueller, 1993）。

在這邊的關鍵點是，普及服務的概念不是在回應政策制定者或美國電話電報公司提供每個家庭電話服務的期望，而是期望能達成讓彼此競爭又不相連的網路之間的互連目標。然而由Theodore Vail所提出的普及服務的概念，並非意指全國性服務的普遍化（ubiquity），更精確的說法是一種「統一的服務提供」（unified service），也是通常由行政單位及國家管制者提出的概念，來消除因競爭而產生的分裂現象（Mueller, 1997b）。

普及服務是一種遍及性（ubiquity）服務

普及服務之政策使命較近代的定義是——不論收入或是地理區域，提供所有市民便利即得的服務——是比一般的假設更近期的發展。然而，對於該政策使命的概念起源於何時仍有辯爭。許多人認為在一九三四年的傳播法案中，提供普及服務原則合理的闡述（如Benton Foundation, 1998b; Cate, 1994; Dordick & Fife, 1991; Gandara, 1998; Hadden & Lenert, 1995; Lapointe, 1999; Williams & Hadden, 1993）。在該傳播法規之前言即陳述目的為：「要盡可能使全美國人民以合理費用，便利使用到既迅速又有效率的全國性或全世界的無線電傳播服務」（Communications Act of 1934, preamble）。很明顯的，確切的「普及服務」名詞並未出現在一九三四年法規條文中。然而，儘

管在法規中並沒有明文出現普及服務使命，但是有些人仍主張，該法規的前言已提供FCC足夠的權威來發展普及服務計畫（如Dordick, 1991; Lapointe, 1999）。如Gandara（1998）主張，「愈模糊與不直接的法條內容，提供愈自由的管制權力」（p.110）。

　　然而，由於一九三四年的傳播法案中並未出現普及服務一詞，因此有人主張，一九三四年的傳播法案並非當代電訊傳播管制中普及服務概念的起源（Gasman, 1998; Mueller, 1997b）。Mueller指出，該法規之目的是在創造新的聯邦管制代理機構（即FCC），是在統合現行的聯邦傳播法規，而非改變現行的法規。Mueller同時指出，一九三四年傳播法規在制定當時，並未在任何一份報告中發現有關普及服務或是電話滲透率程度的相關論述❺。因此，似乎傳播法案的起草人並非關注在能否提供每一個家庭電話服務的議題上。

　　Mueller（1993）將當代普及服務政策使命的概念溯及至一九七〇年代，當時美國電話電報公司正企圖打消管制者將電話產業開放給競爭者的念頭。同時，美國電話電報公司主張若將管制獨占結構廢除，家家有電話服務的遍及化理念將受到威脅。在此時「普及服務」一詞的概念再次出現，這次概念之所以改變，因其著重的是電話網路服務的遍及性，而非競爭網路之間的互連。根據Mueller（1993）指出，因應一九七〇年代的反托拉斯條款的出現，普及服務原則變成是一種「美國電話電

---

❺Mueller（1993）認為，該傳播法案之序文只不過是即興之作。「充足的設施與合理的改變」這項說詞在當時是任何管制性委員會的部分使命。而所謂的「快速、有效率，提供全國性的有線與無線服務」，更只是一種空泛的宣示罷了（p.354, note 14）。

報公司與獨占保衛者反撲的口號」（p.367）。因此，除了提供對
普及服務使命一種新的解釋，美國電話電報公司將該新的解釋
融入了一種獨特的手段，以達成其管制性的獨占性市場結構
（Mueller, 1993）。結果造成「普及服務政策乃指政策管制者操控
費率來做近用補貼」（Mueller, 1997c, p.658）。事實上，在普及
服務原則的要素中，政策使命與政策工具是兩個不同的概念。
此即為傳統上未受任何質疑的模糊化政策詞語。在這個案例中
呈現的是，普及服務政策使命最初的解釋與後來之重新定義，
這兩個口號概念皆以要建立及維護管制性獨占結構為名而來。

最近的調整

　　雖然普及服務政策使命的重大改變，是發生在幾十年前。
但有些微小轉變，幅度雖不大卻極具意義，這些調整變化乃是
因應最近才發生的也是亟待解決的問題。今日，由於科技與政
策的優先順序，帶給普及服務的政策做出兩個重要的修正。兩
項皆涉及對於傳統普及服務政策使命以家戶為分析單位的轉
變。

　　第一，一九九六年的電信法案中，國會擴大普及服務的使
命原先只在家戶上。在這個法案中，每個家庭都能享受到普及
服務，其服務範圍已擴張到組織的層次。尤其是初級與中級學
校、醫療照顧提供者，與圖書館，都適用電信法規有關普及服
務的使命（Telecommunications Act of 1996）[6]。這些機構都受
到普及服務基金所帶來的利益，而這些好處原先只給家戶。藉
由確認出也應得到普及服務的支持單位，國會已著手對普及服
務原則小規模但非常重要的調整，普及服務的範圍將從傳統的

---

[6]有關於普及服務原則，參見Mason（1997）。

家庭普及率轉變到對組織的普及率（Albery, 1995）。

　　第二個在普及服務使命上的調整尚未發生，但已箭在弦上。有趣的是，這種可能的調整方向是與前述之組織機構擴張完全相反。尤其是，基礎設施的快速發展及提供消費者服務需求這兩方面，已有人建議是否將普及服務政策所提供服務的對象從家庭轉變為個人。Milne（1998）提出，普及服務政策的五個階段之最後一個階段將著重在提供服務給個人，她認為由於基礎設施的發展，電話普及服務已普遍出現在每個家庭中。Milne指出，「光是每個家庭中都有電話服務已不敷家中每個成員的需求」（p.779）。

　　無線科技的即有性與可負擔性的增加，促成進一步思考是否普及服務政策的範圍從家庭層面轉移到個人層面（McGarty, 1997）。Mueller（1997b）主張，「普及服務概念若仍著重在將有線通訊導入至每個家庭中……是毫無意義的」（p.656）。不同的電訊基礎設施不斷增設。在這樣的條件下，有些國家開始思考以「人人有手機」的理想（Milne, 1998, p.779），作為普及服務未來達成的目標。雖然電信法規已朝向組織擴張的方向，但普及服務政策的範圍轉變至個人層次，也對評量普及服務是否成功的分析單位造成改變[7]。

　　同時，個人傳播科技的發展，與著重在學校、圖書館及醫療照顧提供者之政策，乃促使普及服務使命的擴張朝相反的方向。這種同時著重在微觀（個人）與鉅觀（組織）的普及服務政策使命，反映出更具抱負的傳播政策使命。

----

[7] 有關於新的普及服務績效測量草案，請參考Hudson（1994）。

普及服務項目

　　傳播政策制定者現在所面對最大的挑戰是，決定出在普及服務政策使命中服務所包括的範圍。傳統上，普及服務政策所共識的範圍只在提供語音電話服務。然而，由於網際網路及新式的影音服務的發展，以及資訊產品與服務在美國日漸重要，普及服務政策制定者要再次思考哪些服務是要美國人民能普遍便利取得的，以及普及服務政策制定因應高度動態環境而能回應科技與經濟的變遷。此節勾勒出傳播政策制定者已開始擴張普及服務政策的服務範圍，並且也將普及服務政策思考擴大到「數位落差」（digital divide）的面向上（National Telecommunication and Information Administration, 1998），即所謂的「資訊富人」與「資訊窮人」之差距，在近幾年來，這已是擴大普及服務原則的議題中更為重要的（參見Benton Foundation, 1998a; National Telecommunications and Information Administration, 1998, 1999）。

普及服務與一九九六年的電信法規

　　一九九六年的電信法案中，國會已體認由於傳播科技提升速度，在普及服務原則中，需要一個能與時俱變之普及服務定義。國會在電信法案中指出，「在電信服務中之普及服務概念須視為是一種演進式的層次」（Telecommunications Act of 1996, Section 254）。再進一步，國會指示FCC將定期地評估服務的類型，「並須考量電信與資訊技術和服務的進展」（Telecommunications Act of 1996, Section 254）。

　　為了能決定出哪些特定的服務內容應包括在普及服務政策中，國會指示FCC成立一個結合聯邦與各州的委員會（Federal-State Joint Board），且由其來決定普及服務基金應支援哪些服務

內容。同時這個委員會也會提供建議給FCC做評估，而FCC會依其建議內容將之實現。國會更進一步指示，FCC與聯合委員會在做決策時，應考慮下列幾個因素：(1)該服務是否為「教育、公共健康與公共安全」所必需的；(2)該服務是否「透過消費者市場選擇之操作」，已經是大多數居民所享有的服務內容；(3)該服務是否已經是公共電信網路所承載的服務內容；(4)該服務內容是否服膺於「公共利益、便利性與必要性」這三個項目（Telecommunications Act of 1996, Section 254）。在電信法案中也規定聯合委員會可建議聯邦普及服務機制做服務政策之調整修正，並規定委員會可成立更多的服務項目以支援學校、圖書館及醫療照顧提供者的機制（Telecommunications Act of 1996, Section 254）。

　　為了回應國會的指示，成立了聯邦州際委員會（the Federal-State Joint Board）[8]，於一九九七年提供建議給FCC，這個聯合委員會定義出普及服務機制應該要支援以下的服務項目：(1)單一方的服務（single-party service）；(2)公眾電話網路的語音服務；(3)按鍵式（touch-tone）與接撥式（dual tone）的電話服務（或其他相同功能服務）；(4)緊急事件、接線生，與長途電話轉接服務；(5)電話查詢及費用設限（FCC, 1997a）。而FCC僅將上述建議做些微修改即採用了（FCC, 1997a）。

　　從上述的服務項目名單中，聯合委員會並未擴張太多普及服務原則中有關傳統電話服務的定義，也未將更高階的資訊服

---

[8] 聯邦─州際委員會有下列成員名單：FCC委員Reed Hundt、Susan Ness和Rachelle Chong; 州際委員Julia Johnson（佛羅里達）、Kenneth McClure（密蘇里）、Laska Schoenfelder（南達科達）和Sharon Nelson（華盛頓），以及消費者代表密蘇里公共會議辦事處的Martha Hogerty。

務納入，諸如網路近用權（Lapointe, 1999）。至於未將網路近用權納入普及服務政策的決策，FCC與聯合委員會都受到在電信法規文字的影響，以及他們評估將網際網路納入服務項目之必要性。委員會的結論是，雖然網際網路有教育與公共衛生的功能，但並非關鍵性的服務，該區分標準是國會依據一九九六年電信法案，第254(c)(1)(A)文（FCC, 1997a, p.8823）。此外，就法案條文內容來看，就網際網路傳輸的部分〔即由當地交換機房連接至網路服務提供者（ISP）〕是經由語音電話（voice grade）之公眾交換網路（public switched network），這一段是包括在普及服務的計畫中。但在網路近用之資訊服務的部分（如ISP的訂戶費用），這個部分是並不受到法案之Section 254(c)(1)所補助。在這個章節，將普及服務視為「不斷演變層次的電訊服務」（Telecommunications Act of 1996）。因此網路上使用資訊服務的部分被判定歸為「資訊服務」（FCC, 1997a）。根據電信法規，電信服務與資訊服務是不同的，其差別在純粹傳輸（電信傳播）與可經由電信傳播來產生、獲取、處理，與傳送資訊的能力是不同的。而電信法規中有關普及服務的面向都著重在電信服務項目，至於網路上所用資訊服務則被排除在普及服務項目之外。

雖然FCC的政策中並未將家戶層次之網路近用服務列入普及服務政策的目標，但法案例外地將學校、圖書館及醫療照顧提供者列入普及服務項目。委員會並引述在電信法案中第二五四節(h)中的條文，該條文賦予委員會更大的職掌去制定相關政策，以推動在組織性的網路普及近用（該服務過去被視為家戶層次的核心服務）。在電信法規的這個章節中，國會指示學校、圖書館及醫療照顧組織都將會得到普及服務資助，以獲得「特別」及「額外」的服務，並能近用「更高階的電信與資訊服務」

〔Telecommunications Act of 1996, Section 254(c)1), (c)(3), (h)(2)(A)〕。從提供給學校、圖書館及醫療照顧提供者三方面的服務面向來看，國會以擴大解釋條文將這些網路近用列入普及服務（FCC, 1997a）。因此，FCC採用的政策條文（凡所使用之電信服務、網路的近用，及內部的學校與圖書館連結，皆約有20％至90％的折扣），使用來自於電信服務提供者所提供普及服務基金，而對資訊服務提供者（如ISPs）給予補貼，因資訊服務提供者未被要求提撥普及服務基金（FCC, 1997a; Oxman, 1999）。但重點是，有關網路之近用並未在家庭層次上達成普及服務的目標，然而其卻是組織機構的層次上所採用之新普及服務政策。

很明顯的，FCC將網路近用的部分納入普及服務原則，其主要在於電信服務與資訊服務之間的差別，以及所衍生出之應用層面的差別。在電信服務及資訊服務之間的差異一直在政策圈內受到熱烈爭議（Esbin, 1998; FCC, 1997a, 1998b; Foley, 1998），相關問題包括FCC是否適當地解釋電信法案中的第二五四節條文內容，遂而將資訊服務提供者也納入普及服務的範疇中❾。可預期的是，電信法案中的文字運用仍留下許多曖昧不明的詮釋空間（Foley, 1998）。這項爭辯十分重要，尤其在FCC解釋電信法案條文時更是如此，因為一家公司是電信服務提供者或者是資訊服務提供者，決定了其是否能獲得或需要提撥普及服務基金。在一九九八年的《國會報告》中指出，在委員會確認電信服務與資訊服務乃完全互斥的，也就是說，資訊服務提

---

❾ 即使是國會議員也駁斥FCC對於該法案條文之詮釋方式，因FCC意欲將網路資訊服務納入普及服務所支援之合格服務項目內（參見Foley, 1998）。

供者，例如網路服務提供者，是不需要提撥給普及服務基金的
單位（FCC, 1998b）。

電信及資訊服務提供者之間的差別，與其在普及服務政策
中的應用面向的爭論，為何如此引人注目，其原因是其牽連到
「普及」服務將會被如何定義。特別是任何由電信服務擴充到資
訊服務的面向上，都導致將政策的範圍由管道擴充到內容面
向。電信及資訊服務提供者基本上是利用同一個基礎設施。他
們主要的差別乃在於資訊服務提供者是很明確的內容提供者。
然而，可以說是由於網路的興起而導致內容業者與系統業者之
間的模糊（Oxman, 1999; Williams & Hadden, 1993）。結果是，
如Williams和Hadden所主張，普及服務政策必須同時顧及連結面
及內容面的議題。

很多評論家、公共利益團體、政策分析師及學者都主張，
在支援家庭層次上擴充普及服務的定義，但其擴充的腳步仍不
及反應資訊取得、處理與交換服務在美國社會、政治及經濟面
向的重要性（如Benton Foundation, 1998a, 1998b; Hammond,
1996, 1997; Lapointe, 1999）。因此，評論家及其擁護者多半提倡
將普及服務的範圍擴充到提供給每個家庭線上資訊服務（如
Anderson, Bikson, Law & Mitchell, 1995）。國家電信與資訊局
（National Telecommunications and Information Administration）
的報告中描述了，普及服務政策及線上資源近用之間的關聯
（1998）：

> 在美國電信政策中有關普及服務的概念，傳統上乃是意指
> 全體美國人民都能享有負擔得起的電話服務。但隨著美國
> 逐漸變成資訊社會形態，普及服務的概念也就隨之擴張到
> 包含資訊服務的近用。現今，大部分的商業、傳播與研究

都發生在網路上，因此電腦與網路的使用已和傳統電話服務同等重要。（p.1）

在這些爭論中的意涵是，傳統上以促進電話服務之普遍性來達成之社會目標，現在無法僅藉由提供電話的近用來滿足了。爲了實踐普及服務政策之理論，即最基本的網路連線、資訊使用，與意見交換等功能，必須擴張這些政策範圍至更高階的傳播工具的使用。Schement（1995）指出，「雖然電話網路加速資訊社會的擴張，但僅憑電話仍無法實現資訊社會的理想」（p.484）。上述清楚的表示出，普及服務政策需要再做調整以因應美國社會中不斷變化的經濟基礎。

由於資訊社會已逐漸成形（見Salvaggio, 1989），對於普及服務原則中服務項目的擴大，通常在強調以普及服務政策來縮小高與低社經地位的差距，或城與鄉之間的「資訊鴻溝」（information gap）（如Cate, 1994; Hammond, 1996; Lavey, 1990）。傳播政策十分關注資訊鴻溝帶來的問題，因此，普及服務政策也開始注意並回應資訊鴻溝所帶來的問題。

研究的數據顯示，在使用資訊科技與服務上，因種族及經濟狀況不同，差距開始增加。尤其資訊科技與服務在社會、政治及經濟生活上愈重要，這種分歧現象會變得愈加劇烈。例如，美國家庭中電腦分布不均的狀況被視爲是引發資訊鴻溝出現的潛在原因；尤其在近幾年來，資訊鴻溝更是嚴重，因數據機與網際網路的發展，促使擁有電腦者在資訊取得及交換上更加便利。由國家電信與資訊局（1998）所做的研究指出，在高所得、低收入的家庭之間，與白人、黑人及西班牙家庭之間的電腦擁有率的差距加大。特別是，這些研究指出，個人電腦（PC）擁有率在年家庭所得一萬至一萬四千美元層級與年家庭所

得在五萬至七萬五千美元層級之間的差異，在一九九四到一九九七年之間從38％升為48％。個人電腦擁有率的差距在白人及黑人家庭之間在一九九四到一九九八年，從17％上升到23％。在同一時期，白人與西班牙家庭之間的差距也從15％擢升為21％（NTIA, 1999）。這些研究在家庭上網比例也發現類似的模式（NTIA, 1998, 1999）。這些研究結果對於在社會、經濟與政治上的影響是，可提供將資訊服務納入普及服務政策範圍的擁護者一些立論基礎。

其他人則是主張，現在是否應將網路近用納入普及服務要支援的項目，還言之過早（West, 1996）。這些主張在於，欲達成此政策目標之科技與財務上巨大障礙（例如電腦傳布不均的問題），其建議是繼續把焦點放在語音電話般的服務上（例如Beachboard, McClure & Bertot, 1997）。Compaine與Weinraub（1997）回顧了該主張相關的立論，如下：(1)該科技（即網路）未必是普及傳布的最佳工具（p.28），且普及服務政策也可能因技術淘汰過速而遭綁死；(2)普及服務政策若著重在最低層的使用者，即有礙電信網絡發展；(3)全面普及網路的近用未必是市民最優先的需要，所以不需要在這個項目上做過度財務投入。以上這些論點反映出政策制定者現在關心的議題，若透過管制政策是會限制新傳播科技的發展，也是網際網路時代下最大的關注（見Napoli, 1998c; Oxman, 1999）。

超越對資訊鴻溝現象的關切，普及服務與網路近用兩者之間有相當複雜的關聯，在普及服務的推行上，FCC在一九九八年《國會報告》中指出：

> 普及服務及新興的網路服務乃是相互加強的。資訊服務的持續發展及茁壯乃是依靠普及服務的維護及促進。因為國

家內的電信網路讓全民相連，吾人將資訊服務擴大了潛在使用者的基礎。同時，以網路為基礎的資訊服務也刺激我國在電信網路上的使用，也可增加國家的普及服務基金來源（FCC, 1998b, p.11503）。

電信網路的擴張增強了線上資訊服務的經濟利益，線上資訊服務功能也成爲電信提供者的收入來源之一（透過增加線上網路服務的使用），也是普及服務政策基金來源。因此，即使普及服務的範圍未擴大到網路服務，傳統的普及服務計畫與線上資訊服務發展仍有其密切相關性。

上述所有的考量將決定哪些傳播服務須由普及服務支援的問題複雜化。如先前提過的，國會提供了一個制定決策的準則。這些準則如下：(1)該服務是否爲「教育、公共健康與公共安全」所必需的；(2)該服務是否「透過消費者市場選擇之操作」，已經是大多數居民所享有的服務內容；(3)該服務是否已經是公共電信網路所承載的服務內容；(4)該服務內容是否服膺於「公共利益、便利性與必要性」這三個條件（Telecommunications Act of 1996, Section 254）。在採用上述四項準則上，FCC與聯合委員會認爲國會所制定的準則皆應考量，但未必需要全部符合（FCC, 1997a）[⑩]。事實上，這些標準僅是普及服務分析上最基本的參考標準。Xavier（1997）提出另一種觀點準則，讓政策制訂者在決定普及服務政策時有所依據。Xavier提出政策決定的七個步驟：

[⑩] 根據委員會（FCC）之法律語言，特別是「考量」（consider）這個字之使用，是可以讓委員會與聯合委員會（Joint Board）不必要求服務必須符合所有的四項標準（FCC, 1997a, p.8809）。

1.考慮這項普及服務對社會是否有實質重要性。

2.估計這項服務的市場滲透率。

3.評估這項服務為什麼不能由市場提供的本質及範圍與原因。

4.考量若是在沒有政府介入的情況下，對無法近用這些服務的人在社會或經濟所造成之不利影響。

5.估計政府介入所須花費的成本。

6.評估透過普及服務機制之介入成本，與其他方式之介入成本比較。

7.創建出超過這些介入成本的利益。（p.833）

上述這些標準超越國會報告中的準則。上述標準代表更精確的準則，也描繪出普及服務的原則下擴展服務範圍所應考量的面向。然而，在運用這些準則於評量網路線上服務是否符合普及服務原則之困難在於，評判其對每個市民而言，是否具有具體價值與功能，還是只是一種熱潮與幻想（Napoli, 1998c）。在新傳播科技發展階段中，這種誇張的幻想時有所見，因為產業界人士常企圖去營造有利的市場條件、政策及媒體環境，好讓公眾及政策制訂者都能張開雙臂來擁抱新科技所可能帶來的社會及經濟利益（Napoli, 1997c; Pool, 1983a, 1983b）。因此，網路實際的長期價值及重要性，在充滿樂觀主義與熱潮中是難以去客觀評估的。網路接近使用權是否應納入普及服務政策架構，現階段仍難以回答。

提供普及服務的工具

無庸置疑，普及服務原則最複雜的因素在於達成普及服務的工具；在此複雜的狀況下，這章節僅能就近來普及服務所使

用之政策工具上的轉變，做一浮面的討論。和服務內容項目一樣，普及服務政策之工具要素在一九九六年的電信法規中也做了相當程度的修改。這項修改其乃因電信環境有所改變而促成，即由原本受政府規範保護的獨占市場轉變成競爭市場。因此，這個由獨占變成競爭的轉變是對普及服務政策工具完全重新的評估。

傳統普及服務基金機制

　　傳統上，FCC對普及服務之推展，乃是透過由FCC所描述的「州政府與邦聯政府層級上一項公開但不明顯的補助機制」（FCC, 1998b, p.11504）。普及服務補貼是從一九六〇年代中期開始，當時州政府及聯邦政府的管制者皆致力於維持較低的市內電話費率（Mueller, 1997b）。在這套複雜的補貼系統中[11]，當地電話系統業者藉由向長途電話業者收取費用，與向某些州內電話業者與使用者收取高於成本的價格，以讓當地電話公司能維持當地之基本電話服務到最低的收費。這個系統的優點在於讓那些偏遠或高鋪設費用地區的居民也可使用基本的當地電話服務（FCC, 1998b）。

　　支援偏遠地帶及低收入戶的補貼來源有三：長途電話費率、商業性質使用者，及都市地區使用者。這三個補貼來源只有長途電話費用受聯邦政府管制，而商業對住宅的補貼及都市對偏遠地區的補貼，則是由各州政府來管（FCC, 1997a）。由商業用戶所取得之補貼，乃是基於「由服務價值來定價」（value of service pricing）的概念。這種定價原則在於，凡電話服務對其來講較重要的人須支付較多的費用。因此，商業用戶通常較需

---

[11] 所謂不明顯的補貼方式是指公司以高於成本來取得原料，並用低於成本來定價（見FCC, 1997a, p.8784, footnote 15）。

要當地電話服務，所以商業用戶比住宅用戶支付較高之當地電話服務費率。由都市用戶所取得之補貼是採費率平均（rate averaging）原則，費率平均是指向所有消費者收取一樣的費率，而不管提供不同的電話服務用戶有不同的成本。但就電話服務成本而言，提供都市用戶使用的成本通常比偏遠用戶來得低，其乃因都市人口密度較高。因此，電話公司開始計算消費者的平均電話費用時，都市電話使用者支付的金額通常都比服務的實際成本高出許多，而偏遠地帶的電話使用者所負的費用則是比其真實所需的成本爲低（見West, 1996）。最後，長途電話費率通常也遠高於成本，因此長途電話費用的收入多被挪用成提供對本地電話費率的補貼。

在此不明確的補貼機制下，FCC建立了一個更明確的支援機制，如生活線與搭上線（Lifeline與Link Up)計畫。生活線計畫提供合於條件的低收入戶在使用當地電話服務時，給予費率折扣，該計畫的經費來源是由州際長途電話使用者繳交費用中抽取。搭上線計畫則著重在彌補安裝電話服務時所花的費用（如安裝接線費）。某些合於條件的低收入戶可收到政府部分補貼，以抵銷其在安裝電話服務的花費（Dordick & Fife, 1991）。

這套複雜的普及服務基金制度普遍認爲是成功的，因爲這項計畫，全國電話滲透率已達到94％（Schement, Pressman & Povich, 1995）。然而，某些特定的基金來源取得方法與策略則備受批評（Albery, 1995; Dinc, Kingsley, Stough & Yilmaz, 1998; Graham et al., 1996），某些研究者質疑，長途電話對當地電話之間的交叉補貼與電話訂戶之間的合理性（Kaserman, Mayo & Flynn, 1990）。其他學者則主張，普及服務政策是用在錯誤的使用者身上。例如，Schement（1995）的研究指出，在美國居住都市內的居民，相較於鄉村地區的居民而言，反而較少擁有電

話服務，以及那些典型沒有電話服務的家庭多屬於那些較年輕者，而非年長者。最後，研究者提出證據並建議，傳統的普及服務政策著重在較低廉的接取費率，這是被誤導的。因為會讓使用者被迫斷線的因素是使用費，而非接取費（Mueller & Schement, 1996)。

　　通常，普及服務津貼會被描述成「一個複雜的系統，即使對專家而言也一樣難以理解」（Noam, 1997, p.958）。然而，這個階段的重點是，普及服務政策的基金來源主要是由在某些服務與消費者項目收取遠高於成本的費用來資助，也因為從管制者開始採用Theodore Vail所謂的普及服務以來，整個電話產業就是由一種受管制型的獨占市場結構所掌控。

普及服務基金與一九九六年的電信法案

　　一九九六年的電信法案乃正式啓動普及服務政策機制的轉變。諷刺的是，電信法案加強聯邦層級在普及服務政策執行的責任（見之前討論），但在同時也削弱了傳統的普及服務政策的工具。因為傳統的普及服務基金是依賴在管制型的獨占市場結構下所得到的利潤差異，電信法案所引進的競爭概念（見第七章），將會吃掉傳統普及服務基金的來源。競爭者可進入那些定價遠高於成本的市場，並削價競爭（Kirkham, 1998）❶❷。如FCC（1997a）指出，傳統的普及服務基金系統是：

> 在競爭的環境下，其現行的模式是不能生存的，複雜的補貼制度僅能在受管制的獨占環境下生存，因為某些消費者（如都市型的商業用戶）可以在當地交換與長途交換服務上被超額收取費用，而這些營收盈餘可用來做交叉補貼。在

----

❶❷這項策略通常是指所謂的「吸脂」（cream-skimming）策略。

一九九六年電信法規通過後，國會在所有電話市場中提供
了競爭條件。在這樣的競爭市場中，任何一個系統業者企
圖向某一群消費者高額收費，該群消費者都會被競爭者奪
走。讓競爭者進入這個用最低成本即可獲得最高收益的市
場，顯示出今日之不明確的補貼制度——高額近用費用、
向商業用戶高價索費以及費率平均原則——將備受攻擊。
新的競爭者可鎖定某些獲利較高的服務，而不須背負既有
業者之交叉補貼的費率包袱（pp.8786-8787）。

因此，一九九六年的電信法規指示FCC去設立一個新的維
持普及服務基金的方法。法規要求每家長途電話系統業者必須
「在一個公平且無差別待遇的基礎上，對由FCC所建立之保護及
促進普及服務爲目的，而成立一個特定、穩定與充分的機制」，
即提撥基金制（Telecommunications Act of 1996, Section
254(d)）。在這項決議中，委員會視電信系統業者爲一般共同載
具（FCC, 1997a），及定義出電信服務應包含的服務範圍：

> 行動電話服務與呼叫器服務；行動廣播服務；轉接服務；
> 個人傳播服務（PCS）；長途電話服務；特殊近用；廣域電
> 話服務（WATS）；免付費電話服務；撥打900的服務
> （900 services）；MTS；私人專線；電報；電傳；視訊服
> 務；衛星服務；轉售服務。（FCC, 1997, p.9175）

任何電話系統公司在跨州與共同載具的基礎上，提供上述
的服務項目，皆須提撥經費給普及服務基金。實際提撥經費的
比例，依每個電信系統業者在終端使用者方面的營收爲準
（FCC, 1997a）[13]。這項對經費提撥者之界定擴大遠超過在一九
九六年電信法案之前的界定，同時也對提撥經費的比例方式重

新架構。在一九九六電信法案之前，只有州際長途電話業者
（IXCs）須提撥盈餘給普及服務基金，且提撥金額是依直接向州
際長途電話業者訂購的訂戶數目為準（FCC, 1998b）。總結，補
貼機制從隱晦不明的狀況，走向由所有的電信業者皆對普及服
務基金提供明確的提撥制度，FCC同時希望能持續讓其政策使命
擴大，以符合一九九七年之普及服務使命（FCC, 1997a），且適
應於由獨占轉為競爭狀態的電信環境。

　　然而，一個競爭的電信市場是否能維持早期受管制的獨占
狀況下的電話普及率，一直備受質疑（如Hammond, 1996）。儘
管至今，在有些案例上，競爭與普及服務仍被看作是「相互衝
突的目標」（West, 1996, p.161）。該主張明顯的是支持政策使命
與工具（特別是指受管制的獨占狀況）兩者要素是緊密交錯的
觀點。這些人喚起早期美國電話電報公司的案例，即電話服務
的普及，須與政府管制獨占市場與不明確的補貼制度並存。要
清楚地瞭解競爭與普及服務之間的目標關係，仍有待政策分析
者的實證研究調查。

　　最近，在這主題下的研究，仍不能清楚指出競爭是有助於
普及服務還是有害於普及服務的目標（Barros & Seabra, 1999）。
然而，由Mueller（1993, 1997a）所做的歷史研究中發現，在沒
有互連的電話服務公司之間的競爭，乃有助於達成傳統普及服
務的政策使命，因其會促使電話公司盡快鋪設好網路系統，以
提供較佳的網路外部性效應給潛在消費者。Mueller的發現，推
翻了美國電話之高普及率，是由於管制獨占政策的說法，並且

----

[13]FCC的決定在這部分有一些偏離聯合委員會的建議。該建議是要求普及服務之
基金提撥基準比例，應以提供電信服務者的總收入為基礎（FCC, 1998b）。

其認爲電信法規中的第二五四節是該親競爭（procompetitive）與去管制（deregulatory）法案的特例（Mueller, 1997b; Prieger, 1998）。然而，社會、經濟及政治的環境乃促成了電信環境的生態改變的說法也受到質疑。因此，早期在電信環境下的競爭發展，仍必須去針對競爭與普及服務之間互動做一番徹底的分析。

結論

本章將普及服務分成三個部分來探討，並顯示對這三個組成要素（個人、家庭與組織）所進行之修正與擴大，回應在傳播科技與管制環境中的改變。本書所探討的所有原則中，普及服務的內涵即抗拒著精確且穩定的定義。因爲普及服務本身即是一個動態的概念（特別在服務的項目上），如果再追求以此爲根基的政治與經濟目標，那普及服務的三個組成要素就十分適合用來分析這種動態的概念。

就像本書中討論的政策原則，普及服務一詞在政策過程被修辭所操弄，這些操弄都是利用該原則之政策使命與工具來達到目的。希望傳統的普及服務政策意義的切割，可爲未來服務政策的分析討論帶來更清楚的方式。最後，**圖8-1**顯示需要同時考慮三個不同卻相互影響的要素，才能將普及服務重新定義或界定清楚。在這樣精確的概念下，將可減少定義模糊與不一致所帶來的批評。

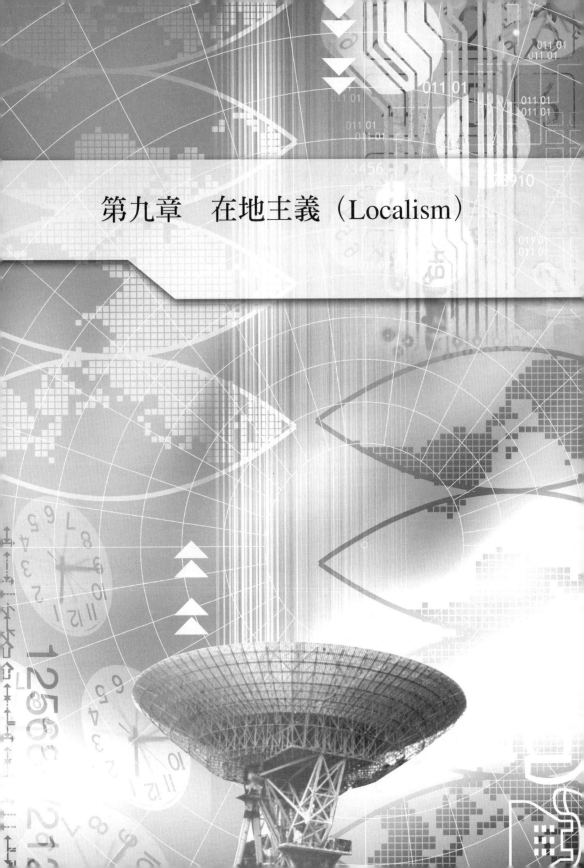

第九章　在地主義 (Localism)

在地主義（localism）長久以來在傳播政策制定上，被視為中心指導原則之一。在地主義被形容為「FCC的標準價值」（touchstone value of the FCC）（Duggan, 1991b, p.18），並且自一九二七年的無線電廣播法（Radio Act of 1927）之後，也是廣播管制法規的基本原則（FCC, 1998f, p.4; 亦參見Duggan, 1992）。在這項法案中，美國國會聲明：

> 對於執照申請和更新的考量上，凡在這個範圍有相同的需求者，即發照當局（聯邦無線電廣播委員會）（the Federal Radio Commission）應該對於執照之分配，包括了無線頻譜的波段、營運時限，以及營運權限，給予不同州和社群間公平、有效以及公正的對待。（Radio Act of 1972, Section 9）

從上述這段文字，以及在一九三四年傳播法案（Communications Act of 1934，取代一九二七年無線電廣播法）中類似的文字，浮現出一項持續的政策使命——即關於設計出以在地（local）取向的傳播服務——至今仍維持顯著的地位。

儘管在傳播法規中有一段所謂只針對廣播（broadcast-specific）的文字，但在地主義原則早已是其他傳播科技法規中的重點。在地主義對於FCC政策當局對有線電視的管制的核心原則（參見*Carter Mountain Transmission Corporation v. Federal Communications Commission*, 1963），在地主義在直播衛星（Direct Broadcast Satellite）（FCC, 1998g）、微波多點分配服務（Microwave Multipoint Distribution Services, MMDS）（FCC, 1993f），以及個人通訊服務（Personal Communication Services, PCS）（FCC, 1993d）❶的政策上也是核心議題。

不論其應用的深度和廣度，對於在地主義的相關性與其意涵的爭議，在傳播政策的領域中已經是老生常談（例如

FCC,1986a）❷。但關於在地主義重要性的根本問題是，其並無
法律地位。如FCC指出，「在地」或「在地主義」兩個名詞都沒
有在一九三四年的傳播法案出現過（FCC, 1983）。儘管如此，
法院在某種程度上，支持FCC的假設，即在地主義是一個值得去
推動的政策目標（參見*Jackson Broadcasting & Television
Corporation v. Federal Communications Commission*, 1960; *Jupiter
Associates, Inc. v. Federal Communications Commission*, 1969;
*Pasadena Broadcasting Company v. Federal Communications
Commission*, 1977）。

　　近年對在地主義之未來辯論得更加激烈。尤其當科技發展
已經威脅到在地主義原則的傳統邏輯時，就提高在地主義當作
傳播法規指導原則的可能性而言，在地主義原則已需要徹底重
組或到完全拋棄的地步（參見FCC, 1998g）。理想上，在本章中
所呈現的在地主義原則之角色和功能分析，將會提供未來這類
型討論一些方向。

　　從事這項分析時，本章首先檢視傳播政策制定的內外環
境，這種定位方式是為了讓後續的分析能獲得合理的解讀。接
著本章會評量在地主義政策的背景，來檢視政策制定者如何定
義在地主義。正如這項討論所說明的，政策制定者在定義什麼
是構成在地節目內容上已經失敗，也造成對於在地主義政策制
定的不明確、不確定，以及矛盾的氣氛。基於在地主義理論，

------

❶ 在個人通訊服務的案例中，在地主義的原則引起了在執照分配上，贊成建立地
　區或是在地計畫（與全國性計畫的對立）的爭議（FCC, 1993d, pp.7731-
　7732）。
❷ 在這個案例下，委員會尋求一種解釋，那就是在「在地廣播服務和『在地主義』
　概念的議題是否在傳播政策目標的議題上，重要到足以侵害有線電視業者之
　第一修正案的權利」（FCC, 1986a, p.4）。

此章主張擴大對於在地節目內容的定義以及政策分析範圍。

這項對在地節目定義的擴張,因著媒體環境持續改變而變得非常重要,甚至需要政策制定者重新定義在地主義原則。如同本章最後一部分所說明的,在地主義原則對於「空間」(spatial)的概念,也許不足以反應在地主義政策的理論。相反地,爲了讓在地主義維持可實行且實用的指導原則,也許是需要定出更「社會性」的概念。

在章尾,這項分析是企圖減輕傳統上圍繞在在地主義原則的不明確性,並且提供應如何修訂與加強在地主義的建議,以作爲政策制定者以及政策分析的指標。

在地主義的理論基礎

不論在歷史或制度的情境中,在地主義的精神從未消止。更確切的說,傳統的在地主義被視爲能達成廣泛社會性目標的工具。可惜該廣義的目標並沒有藉由傳播政策制定者而被明確定義(參見Collins, 1980; Horwitz, 1989)。因此,爲確認在傳播政策上對於在地主義原則使用之特定理由,以超越傳播產業環境來檢視是有其必要。如本節所述,在地主義長久以來兼具政治和文化的相關性,並且在吾人社會制度的設計和運作上,是非常重要的元素。將傳播政策置於廣義的制度情境中,有助於在大部分在地主義的政策核心上,說明其政治以及文化的目標。

在地主義政策的政治理論基礎

從政治立場來看,美國傳統上在地主義是政府所控制在傳

輸分配管道上一個重要的價值（Briffault, 1988, 1990）。Collins
（1980）主張「美國人民對於均布政治權力的普遍期望，是促進
給予在地組織一種權力的託付」（p.569）。的確，在地主義在政
治制度的設計和運作上，是許多早期的民主主義理論家，如John
Stuart Mill和G.D.H. Cole的核心教義（Pateman, 1970）。政治權
力的在地化被視為能促進市民之間的政治參與和教育活動
（Frug, 1980）。基於這樣的觀點，「在在地層次上經由參與，個
人能『學習民主』」（Pateman, 1970, p.31）。然而，這樣的參與及
教育的相輔相成，唯經由去中心化的單位（decentralized
units），降低決策的規模和權力的實質轉換，才得以達成（Frug,
1980）。因此，「在國家層次之代議制度是民主不充分的表現」
（Pateman, 1970, p.42）。

　　政府組織的在地化被認為在個人以及社會層次上能提供福
祉，「政治參與被視為能夠經由推動在地化，而增強參與者的
生活以及政策的福利」（Briffault, 1990, p.394）。尤其是，在政治
權力上在地主義分布得愈廣，則被視為在個人以及社會層次
上，能夠促進個人賦權以及增加政治知識，進而增進社區意識
與參與感——最終且更好——的決策，更貼近市民的眞實價值
及興趣（Frug, 1980）。

　　在吾人媒體組織中有非常顯著的政治面向（Napoli,
1997a），使在地原則在法規的領域中有一定的分量並不令人訝
異。Cook（1998）提供吾人對於媒體功能的範圍最深入的討
論，認為媒體在政治組織中與其他組織是鼎足而立的，包括了
政府當局、選民，以及特殊的利益團體。根據Cook所言，新聞
媒體形成一種組織，其直接與政府產生相繫且相互關係。政策
制定者長久以來已體認到傳播產業獨特的政治權力，並且這項
體認也已讓產業知道該如何因應政府的管制（McChesney, 1993,

Napoli; 1998a）。因此，由於媒體被視為是一個重要的政治組織，在地主義的功能在傳播政策的目標中，就變成傳統的民主理論目標，即要加強政治參與促進更明智的政治決策（例如Barlow, 1988）。在地主義透過與民主過程的連結，在地主義原則的功能與先前討論過的許多政策原則是類似的。

可惜在FCC的政策論述中，討論在地主義政策之政治功能並不多見。舉例來說，一九八五年時，美國哥倫比亞特區之上訴法院（the United States Court of Appeals for the District of Columbia Circuit），議定FCC試圖強加於有線電視業者之必載（must-carry）的義務，其並無法充分證明在地主義原則（是推動必載規則的核心動機）符合重要的或是有實質的政府利益（*Quincy Cable TV, Inc. v. Federal Communications Commission,* 1985）。並不是說法院否定在地主義是政府重大利益，只是FCC尚未有較多的論證。即使FCC隨後（被Qunicy的決定所驅使）特別致力於認定在地主義的價值，這項原則明確的傳統政治理論基礎仍付之闕如（FCC, 1986c）。

然而，FCC在重新評估「遠距訊號輸入與聯合節目排他規則」（the distant singal importation and syndicated program exclusivity, SYNDEX）是否該保留一案，倒是提供對在地主義之政治價值一個意義模糊的說明。這些規則限制有線電視系統載播遠距訊號，也限制有線電視系統在當地市場輸入並播送已經由當地廣播電視台所播送之聯合購買（syndicated）節目。該規則試圖以維護在地主義的名義，去保障在地廣播業者的財務收入（FCC, 1979）。根據國會所述：

> 吾人對在地主義上的關切……也許可歸類為對外部性效應（externalities）的關切——也就是說，在地新聞和公共事務

節目的真實價值，並沒有反映在收視者的人數上，或是收視者所認定的價值上。但在地節目的價值是將吾人的社會視為整體，尤其發揮在民主制度的功能上。（1979, p.1023）

將「吾人之民主制度」的功能與在地新聞和公共事務的節目聯結，FCC有效的將在地主義當作一個傳播政策目標，而進入廣大的政治情境（參見Cox & Johnson, 1968）。

在地主義政策的文化理論基礎

對於以在地為導向之社會制度設計和運作，也有滿足文化方面的功能。尤其，在特別的社群之中以在地主義為焦點之制度設計與運作，被視為對獨特的文化價值以及傳統的保存來說是非常重要的。在美國，文化多樣性是被全面且高度珍視（參見Briffault, 1988; Frug, 1980）。「大眾社會」這一個常用的擴張性術語，常常被視為是對於在地社群或較小的地理區域獨特文化的一項威脅（Bernard, 1973; Donner, 1998; Neuman, 1991）。令人擔心的結果是，當它們涉及標準化之經濟交易以及專家技術之非個人化系統時，發生與在地關係一種「除根」（disembedding）現象（參見Giddens, 1990, 1991）。Donner（1998）舉例來說：

國定假日取代了社區節慶；專業的醫療取代了民俗的治療……國際計算時間的標準取代了本土計算季節的方式……以及個人的興趣和自願性的團體取代了血親關係之團體與活動。一般說來，人類活動當發生在去除當地背景的情境下，或是以非當地之標準與知識來決定時，人類活動會變得失去文化根源。（p.61）

上述關切已經超越制度性組織，例如政府和學校，而成為核心的動機因素（Briffault, 1988）。

這些關切已經轉換成對於媒體組織的管制措施。媒體組織長久以來被視為對文化和價值有潛在的影響力。研究指出，收看電視的活動可縮減存在於區域之間文化多元性（Morgan, 1986）。因此，傳播政策的制定要以保存和促進在地文化的視野，來建構媒體系統。卡內基委員會（The Carnegie Commission）（1967）成功地促請美國國會設立在地取向的公共電視台，並且做了以下特別的聲明：

> 美國在其地理上之多元、種族之多元，以及廣泛利益之多元。美國社會自豪於他們的開放性以及多元性，藉由移民的浪潮和社會思想的流通而不斷地豐富。我們多樣化的地區，多樣化的宗教與種族團體，多樣化的需求以及社會智識興趣，是美國傳統命脈。電視應該更全面的服務大眾以及建構美國社會群集之不同分眾。這些皆是關心在地利益事務的人們。（p.14）

在上述文字裏，吾人看到媒體觀眾的兩種不同結構。第一個是傳統的閱聽大眾，在規模上是以全國為範圍，有共享興趣和關切。第二種是在地觀眾（當然也有許多），在構成上被視為是同質性較高（道德或宗教亦同），而且有著獨特的興趣，有別於大眾節目所服務的對象。提供針對在地的文化興趣的節目被卡內基委員會（1967）視為是公共電視的基本功能（參見Mulcahy & Widoff, 1988）。

FCC也在他們的在地主義政策上強調在地文化的保存及推動，雖然相較於在地主義的政治理論基礎，似乎對於在地主義之文化理論基礎較清楚且廣泛的說明並不常見。委員會對於在

地主義的文化理論基礎最明確的說明，是來自於前委員Cox和
Johnson（1968），他們廣泛的指出，「最終，我們關心在地和都
市認同的廣播系統，可能會被只在意全國性的大眾傳播系統所
破壞」（p.8）。

　　總括而言，社會制度設計和運作中，在地主義的原則對於
政治和文化關切是與吾人電子傳播系統的結構、功能，與管制
有密切關聯。研究指出：在地化媒體的運用與社區關係的加強
（Emig, 1995）、對於社區的正向態度、對社區責任的強度
（Jeffres, Dobos & Sweeney, 1987），以及與在地政治議題的知識
層次間有明顯的相關性（Lucas & Possner, 1975）。這些發現主
張，維護與推動自我表達工具之在地化，的確能促進廣泛性政
治和文化目標的達成。將在地主義置於廣博的政治和文化情境
中，讓在地主義成為傳播領域中一項堅實的規範基礎。

在地主義原則的實踐

　　如此書所討論之眾多基本原則一樣，在地主義的原則一直
被其在定義上的矛盾與不明確所困擾。在這樣的情況下，主要
的矛盾及意義不明確在於如何界定在地節目的組成要素。在某
些事證下，在地主義的實施目標被操作成主要在探討節目的來
源（the point of origin）；然而，在另外的情形下，已經運用一
個更嚴謹的標準來檢視節目內容的本質。在第二個方案中，在
地節目的概念運作是以考慮該節目是否滿足在地的興趣及關
心。確實，上述兩個標準也許常具一致性，而美國國會也經常
假設兩者之間的因果關係，即發起於在地的節目理應是在地人
所感興趣的節目（Berkowitz, 1984; Collins, 1980）。然而，美國

國會在這個假設上並非前後一致，而且有關於這個議題的實證紀錄也是零零星星的。

在地節目的起源點（Point of Origin）

在多數基本層次上，在地節目常以該製作節目的地理起點來被定義。因此，在地社群裏所產生和呈現的任何節目，皆被視為有助於實現在地主義的理想。所以，許多FCC的政策集中在促進或是要求在地節目的產製。政策制定者以間接的方式去進行這項目標，例如透過設計廣播執照分配過程。自從廣播執照分配開始，聯邦廣播委員會（Federal Radio Commission, FRC）（也就是之後的FCC）在致力於推動在地廣播上，只發出少數幾家高功率地區電台執照，反而發出許多低功率電台執照，該典型電台的訊號僅能傳送幾英里的範圍（Noll et al., 1973）。

隨著一九四〇年代電視的出現，FCC在執照分配過程中對於在地化的責任之要求變得更加明顯。在頻譜的分配上，FCC的焦點在於盡可能確保愈多的城市至少有一個在地電視頻道為基本要求（FCC, 1952）。頻譜分配的優先目標是，不論市場規模是否足夠支持一個電視台，即便是最小的社區，都能分配到一個電視執照。這個頻譜分配計畫意謂著，能支持較多電視台生存主要的電視市場，反而只能得到較少的電視頻譜（由於是為排除訊號干擾情況）（Horwitz, 1989）。此外，為了防止訊號干擾到城市周邊的社區，也限制電視台的傳送功率（Noll et al., 1973）。以此人為的頻譜分配計畫，因將全國性電視台的數目限制為三個，而備受批判（參見FCC Network Inquiry Special Staff, 1980; Horwitz, 1989; Noll et al., 1973; Thomas & Litman, 1991）。當多數主要的電視市場只有三個VHF的廣播電視台時，新增的電視網勢必與較低功率與較易被干擾的UHF廣播電台結盟，這

個情況讓電視網處於顯著的競爭劣勢❸。然而，關鍵在於，由一開始廣播執照分配在先，對電視服務的執照分配也是以確保觀眾接收在地社群所產製節目的方式來建構❹。

如現在已廢除的電視節目指導方針，在某些情況下，效果反而較直接。這些規則確認任何電視執照的更換申請，若證實在地節目之播出有少於5％的總時數，將要接受複審（FCC, 1976）。該指導原則在一九八四年基於實證分析的結果而排除，因為這個節目製作指導方針只增加了大約2％的在地節目，況且絕大多數的地區性在地節目早已遠超過5％的最低標準（FCC, 1984, Appendix C）。在這個例子上，在地的節目被定義為：

> 任何電視台節目的產生或產製，或是該電視台負責大部分的產製，有50％的時間是用實況現場播送。對先錄製、存檔、再稍後播出的節目，也應該被歸類為在地性的……所有的非電視網和非聯合性的新聞節目也可被歸類為在地的節目。（FCC, 1984, p.171）

明顯地，這只是純然基於地理概念所定義的在地節目，在委員會決定減少遠距訊號的輸入和廣泛的聯合規則中（SYN-DEX），亦可見類似的定義（FCC, 1979. 1980b）。此決定中，委員會進行一項針對去除廣播電台在地節目產製要求法規之潛在

---

❸ 有線電視的擴散在附加網絡的發展上，有助於減少足夠的「UHF妨礙」（參見 Thomas & Litman, 1991）。

❹ 在應用於廣播和電視廣播業者的一連串廣播規則（The Chain Broadcasting Rules）中（FCC, 1941, 1946），呈現另一種早期對於保證節目的本土來源的努力。這些規則在緊密連結的節目決定上致力於減少網路控制，就網路相互連結的關係而強加限制（參見*National Broadcasting Company, Inc, v. United States*, 1943）。

效果實證分析。結果指出，該管制條款的廢除對於預期廣播電台的收入會減少與有線電視普及率會增加的效果上，幾乎沒有影響（一個禮拜大約七到十五分鐘）（FCC, 1979, 1980b）。以地域概念爲基礎的定義掌控近期的決策。舉例來說，爲了在地節目之政策，特例開放有線電視與微波多點傳送服務（cable-MMDS, microwave multipoint distribution service）交叉經營權❺，委員會將在地節目定義爲「任何節目的產製是在有線電視經營者的特許範圍之內或附近，且並非是在特許範圍內之廣播電視台所播送的節目」（FCC, 1993f, p.92, footnote 95）。承襲著委員會的概念，這種以地理概念爲基礎定義，在由學術和公共利益團體所主持之在地主義政策分析中，已經是司空見慣（例如McKean & Stone, 1992; Napoli, in press-c; "What's local about local broadcasting," 1998）❻。

超越節目產製起源點的概念

FCC在定義在地節目上，並非總只是考慮節目產製起源點。在某些情況下，FCC對於在地節目的構成要件上採取較嚴謹的定義，該定義同時考慮到在地節目製作者所提供的節目本質。在此概念操作下，在地主義原則只有當節目顧及到在地社

❺MMDS常指的是「無線纜線」。這個限制禁止有線電視業者，在有線電視業者的系統服務內，特權區域的一部分中保有一個MMDS的執照。這項例外指出了，一個有線電視業者能夠對於有線的頭端，使用MMDS頻道去提供本土產製的節目（FCC, 1993f）。委員會聲明：「這樣的例外，藉由促進對於本土來源節目的額外輸出，而推動增強本土主義存在已久的目標。」(p. 92)

❻McKean和Stone（1992）的研究發現，去管制化正導致電視台呈現本土新聞節目數量的下降。The Media Access Project and Benton Foundation的研究（「關於本土廣播中什麼是本土的？」, 1998）發現，電視台節目中少於0.5%正致力於本土公共事務，此結果由Napoli的一項研究確認（in press-c）。

區的獨特需求和興趣時才能被實現。

　　在委員會對於節目在地產製要求的評估中，對有線電視業者曾採用較嚴格的定義。這些要求規定，擁有三千五百或超過三千五百個訂戶的有線電視系統，不得播送任何廣播電視台的訊號，除非該有線電視系統同時也是廣播電視台，而且提供在地節目產製的設施與設備（FCC, 1969b）。在評價這些要求時，委員會主張這項在地節目的產製要求，是可以刺激更多有利於在地利益節目的產生，並且有利於較小的社區（FCC, 1969b）。

　　委員會稍後重新考量這些管制規則的效果，質疑是否節目在地產製的要求即是達成這個目標的適當手段（FCC, 1974a）。委員會最後達成結論指出，「節目在地產製的強制性要求並非強化表達在地心聲節目（local expression programming）的最有效工具」（FCC, 1974c, p.1104）❼。為了支持這個結論，委員會注意到了強制性的在地所產製節目只獲得一小部分觀眾收視，針對這種現象委員會認為，是這類節目並不能有效的服務在地利益和關切的間接證據。此間接手段的有效性似乎受到質疑。用收視率上的表現視同是對在地利益和關切的電視服務，似乎是在認定全國性廣播電視網的節目，才是在服務在地利益和關心上最為有效的，因為一般而言，全國性廣播電視網的節目最

---

❼ 委員會最終推斷，在推動本土節目較有效的意義上，需要所有系統服務三千五百位或是更多的訂閱者，對於本土的產製和以同軸播送的節目呈現有可獲得的裝備，並且允許這種節目本土非經營者的產製和呈現（FCC, 1974c）。委員會也持續提供對於有線垂直所有權致力於本土或地區節目的頻道限制的免除（FCC, 1993e）。這些限制聲明，有線系統也許只貢獻它們活性化的頻道的40％，在可歸因於興趣的節目服務舉止上（為了增加多樣性）。然而，這些限制只適用於民族的節目服務。對於本土節目的發展，在本土主義的重要認可以及鼓勵電纜系統的努力上，本土和地區節目的服務則被免除（參見FCC, 1993e, 1995c）。

能夠吸引到最廣大的觀眾。明顯地，這個結論在對於強調在地主義政策的合理性上是背道而馳的。在任何情況下，由委員會的決定可看出，在地產製的節目並非等同於能夠服務在地利益和關心的節目。

如今廢除對有線系統之節目在地產製的管制要求已經超過十個年頭，FCC對於節目產製來源，與電台和廣播電視之「主攝影棚設置和節目產製規則」（Main Studio and Program Origination Rules）之間的關係，提出相似的質疑（FCC, 1986b）。該規則要每一個調幅AM、調頻FM電台，以及廣播電視台，在原申請核發執照的主要地區設立攝影棚或錄音間，因此有超過50％的AM、FM或電視台的非廣播網節目是來自於該電台的主要攝影棚或錄音間，或是來自於坐落在主要社區的偏僻點（FCC, 1986b）。委員會再一次質疑兩者手段與目的之間的關聯，主張「我們沒有發現對主攝影棚設置地點的要求與對該社區的服務提供的因果關係，強烈到足以保留該項設置的要求」（FCC, 1986b, p.537）。委員會質疑在該社區中設置主攝影棚或錄音間，是否可確實增加電視台和社區居民之間的互動，以及由於節目產製和傳送技術提升，絕大部分的節目是否仍需要主攝影棚或錄音間的設立[8]。在這些假設基礎上，主攝影棚設置規則被鬆綁（現在的主要攝影棚或錄音間的設立位置，只須在該電台的「主要社區範圍」即可），並且50％節目在地產製的要求亦被廢除（FCC, 1985b, 1987, 1988b）。

委員會再一次採用以內容為基礎（content-based）的在地主

---

[8] 委員會提到，「現在主要廣播電視公司的節目產生，只有在最科技的效用上；舉例來說……在AM廣播的例子裏，主要廣播電視公司的開始，大都由在偏僻的位置上早期唱片的錄音帶所組成」（FCC, 1986b, p.537）。

義定義，來重新檢視廣播執照申請人資格審查之確認（ascer-
tainment）政策。這項政策要求廣播業者經由對一般大眾與社區
領導者調查和諮詢，來找出社區問題和關切，並深入參與社
區。委員會承認「審查再確定（ascertainment）從來不是目的。
反而，它只是一個能協助回應社區的需求和問題的節目之工具」
（FCC, 1981, p.993）。在一九八一年，FCC廢除對於廣播電台業
者的審查管制要求，結論是市場競爭即是促使提供在地利益和
關切節目之最有效的手段（FCC, 1981）。一九八四年，委員會
也廢除對於廣播電視業者的管制要求，委員會的結論是懷疑這些
規則真正能成就在地化節目的目的（FCC, 1984）。委員會進一步
的認為，對社區關心的再確定（ascertainment）無法保證該種節
目就能回應這些關切。相反地，自由競爭市場的力量被認為對於
維護與促進在地議題和關切的節目，是較有效以及有影響的手
段」（FCC, 1984）。然而，認為再確定（ascertainment）政策是
無效的政策，或是認為自由市場力才是有效的決策，兩者皆沒有
對服務在地利益或節目產製現況之關切，做任何系統化的評估。

　　就如委員會，法院也採用對於在地主義以內容為基礎的審
查方式。由於委員會符合這個標準，導致對於廣播執照申請整
合優先權的計畫終止。在這個政策下，FCC對於參加競爭的廣播
執照申請者，凡計畫居住在所申請執照的社區，而且全職投入
電視台管理者給予優先權。實施這個優先權政策的假設，就是
凡涉入電視台管理的擁有者會顯示出對於在地社區的關心與需
求有較大的敏感度，而這個敏感性將會表現在節目內容裏
（*Bechtel v. Federal Communications Commission*, 1993）。然而，
哥倫比亞特區之上訴法院（the Court of Appeals for the District of
Columbia Circuit）推翻這項政策，結論是「委員會並沒有累積
相當的證據顯示，這項政策能達成委員會所指出的利益」

（p.880）。因此，並沒有所有權人所在的地理位置和節目內容之間關聯的證據，優先權的整合，基本上被視爲毫無基礎的。

來自於最高法院另一個以內容爲基礎標準的類似要求，即必載規定（must-carry rules）。必載規則起初是由於委員會關心有線電視對於免費、無線傳輸廣播電視所產生的威脅而設計，防止減少觀眾可獲得之在地節目的數量（參見FCC, 1986a, 1994）。委員會長久以來認爲，有線電視作爲社群自我表達的一個有效地方媒體管道而言，一直缺乏能力與誠意（FCC, 1979）。有線電視的成長代表無線廣播電視的衰退，但就在地主義觀點而言，有線電視也並非是無線廣播電視稱職的替代品。

當必載規則最後送交最高法院裁定時，最高法院法官意見雖分歧但最後贊同此規定。然而，法官O'Connor並不同意此點，他認爲這個決策的基本分析並沒有顧慮到此政策對於在地節目供應上效果是如何（*Turner Broadcasting v. Federal Communications Commission*, 1997）。的確，有關於必載政策的爭論，不論是FCC或是美國國會，都沒有研究在地無線廣播的內容之基本假設，該基本假設是與提供的在地導向節目的有線電視截然不同的（Kim, 1998a）[9]。

討論

明確而言，就何謂在地節目組成要素，在地主義的政策制定已面臨到概念模糊的問題。操作上模稜兩可，阻礙政策制定的一致與完整，而政策評估的標準也不停的更換。更重要的

---

[9] 值得注意的是，本土主義的原則在多數最近必載議題的表現，對於數位電視訊號的適當乘載需求中，已經顯著地將其作爲因素計入。FCC認爲爲了支持本土主義原則，優先權應該給予靠近業者原則頭端在地理上的電視台（FCC, 1998c）。

是，之前討論的兩個操作概念中（節目產製來源和內容導向），只有一個應用於委員會的政策分析。回想起先前在地節目的指導方針和SYNDEX規則兩者的廢除，是應用在地節目中以地理條件為基礎（geography-based）的定義分析所做的決策（見之前的討論）。在先前討論的每一個情況中，當使用較嚴謹之在地節目定義作為指導的分析標準時，皆並非用來做有系統的比較政策分析。的確，這些案例上，每一個皆無實證證據作為決策指導。對於所討論過的整合優先權（integration）、必載（must-carry）、節目產製來源（program origination），以及再確定（ascertainment）政策等的決策紀錄指出，在這些政策形成過程中，皆沒有要求（或至少被使用）關於該政策和政策預期結果之間強而有力的證據。對於要廢除某項政策時，也沒有強而有力的證據來推翻假設。總之，沒有證據足以允許這些政策的排除。

　　這些實證上的空白給予另類的邏輯方式和預測評斷方法迴旋空間，因此造成政策結論完全基於決策者的信仰和意識形態。這個情況是由於在地主義的概念不明確與不一致所造成的，該現象長久以來充斥於FCC在地主義政策制定上。在地節目若缺乏一個穩定的定義，那麼此現象將會持續。

　　從討論中所引發的核心問題，應該是在地主義是否以超越地理概念定義來加以擴張？或是此定義方式已超出太遠？回答這些問題需要強調在地主義政策理論基礎。在某些程度上，在地主義之文化與政治理論基礎指出，在地節目的定義應該深入節目內容的真實本質中。光是在地產製節目也許不夠充分，因為即便是在地產製的節目，也可能並非是利用或訴諸在地社群的文化價值或信仰。相似的，從政治的觀點來看，在地產製的節目並不一定使用在地政治的議題和關心。事實上，後者是極

少數能以超越地理觀點的研究而發現的（參見Adams, 1978,
1980; Slattery, Hakanen & Doremus, 1996）。這些研究不只檢視在
地產製的節目總量，也檢視這些在地產製的節目中有關在地議
題和關心的數量（因此基本上視在地主義爲兩層結構），研究發
現即使是在地產製的新聞，也在處理大量社區之外的議題。除
此之外，迎合特殊社群的文化、政治利益或關心的節目，卻是
在社區的地理界限之外被產製。此現象確實是可能的，即「遠
方產製也能適用在地利益」（Duggan, 1991a, p.11）。委員會確認
在他們的諸多決定中，要鬆綁對廣播電台主要廣播電視公司和
節目的來源規則。在這樣的情況下，明顯地，在地的廣播服務
並不全然依賴節目的來源而達成。

　　因此，對於運作在地主義原則而言，必須以內容爲導向。
然而，這並不是說地理的面向應該被放棄。當吾人認爲控制去
中心化的理論基礎對於在地主義原則來說是核心機制時，那麼
就以起源點的方式對於在地節目產製有其價值。在地主義試圖
促進對於觀衆所接收到節目之決策的去中心化，不論節目編排
人最終選擇的特殊內容決定爲何。這樣的激勵因素只是在結構
上及採取完全的內容中立的態度。內容中立對於憲法第一修正
案的潛在難題是特別重要，採取過於內容特定（content specific）
手段來定義在地節目與實施在地政策，會形成困難[10]。然而，在
評估中若沒有採取內容面向，政策制定者無法全然反映出強調
在地主義政策的理論基礎。

---

[10] 以內容爲方向的政策常常避免第一修正案被強加的「結構的」規定所糾纏，其
對立於「行爲的」規定（見第六章）。

在新媒體環境中重新定義在地主義

　　正如先前討論指出，政策制定者需要去擴大在地主義的操作定義（如在地節目的組成要素），這個章節在較廣的概念層次上提出了類似的擴張。在地主義原則的傳統概念，被歸類為「空間」導向的（Stavitsky, 1994））。也就是在地主義政策是以空間參數（spatial parameters）來界定，如城市、縣，或是地區等概念。因此，執照的發放分配是平均地分布在各地理區域之內，且所謂之在地節目是以其產製與滿足特殊地理區域來加以定義（見之前的討論）。

　　然而，此項在地主義原則之地理層次概念，已被打破空間界限的新傳播科技所挑戰。尤其是衛星和網路科技，迫使在地主義原則被重新檢視，並且引發是否在地主義原則的傳統概念仍具任何持續效益。這些新科技在全國性或世界性的觸及能力引發某些人的疑問，「在未來全球化社區裏，是否仍需在地主義」（Sohn & Schwartzman, 1994, p.384）？另一些人則質疑傳統的空間概念是否應該被放棄，而傾向與地理概念脫鉤（Calhoun, 1980; Jones, 1995，見以下討論）。

　　政策制定者在回應這些新科技的出現，已投入相當多的關注於在地主義的未來（例如FCC, 1998g）。在諸多事證上，政策制定者已經感受到這些新科技對於在地主義原則有著極大的威脅（例如Duggan, 1992, 1993; Quello, 1992; Sikes, 1991），許多產業也正面臨同樣的處境（參見FCC, 1995a）。國家廣播人協會（The National Association of Broadcasters）甚至主張（儘管並不成功），在一九三四年傳播法案的內容中，禁止FCC將廣播服務

執照發放給沒有與個別社群緊密結合的人（參見*National Association of Broadcasters v. Federal Communications Commission*, 1984）。

　　然而，委員會仍認為，在地主義的原則在新媒體環境中有潛力去持續發展，甚至於是繁榮（例如Marshall, 1991），但是，有必要先在概念上改變（例如Tristani, 1998）。就衛星傳輸廣播服務而言，因其訊號的涵蓋面（footprint）是屬全國性的，前FCC委員Ervin S. Duggan（1991a）摘要出法規制定者所面臨在分析上的挑戰如下：

> 在數位廣播的新世界裏，當吾人擁有衛星傳輸科技時，在地主義會有什麼樣的意義？……吾人正處於需要擴大在地主義意義甚或改變在地主義意義的時點上。此時擴大在地主義的定義正是可以被接受的時機，或甚至有必要的時候。（p.11）

　　如Duggan所述，訊號有涵蓋全國能力的傳播科技之出現，並不意味著在地主義原則的結束，而是其概念進化到下個階段。

　　委員會最近重新解釋在地主義意義的行動大都是由國會所促成的。國會長年關心在地主義，並在一九九二年的有線電視法中（Cable Act of 1992）指示FCC，認為「透過直播衛星服務的建立，為在地主義原則提供一個機會，也為這個科技或是其他科技服務的法規發展提供一個管制方法」（一九九二年的有線電視競爭和消費者保護法）（Cable Television Consumer Protection and Competition Act of 1992, Section 335(a)）。然而，根據委員會所提，國會並無提供任何關於如何在直播衛星服務的條件下去定義在地主義的指導方針（FCC, 1998g）。

在實行這個命令時，委員會在一九九三年的結論是，直播衛星科技對於傳統的在地廣播服務並不合適，除非在地主義被定義在較廣的區域層次，而非在個別社區的層次上（FCC, 1993a）。在委員會所記錄的當時，直播衛星供應者仍缺乏對個別社區（市場規模相當於典型的廣播電視市場）提供個別化服務的頻道容量（FCC, 1998g）。在較廣的區域層次上，委員會則在考量直播衛星供應者產製地區性節目的可能性，或是從每一個地區裏選擇性的播送廣播頻道的可能性（FCC, 1998g）。後者的可能性在一九八八年的衛星家庭收視法（Satellite Home Viewer Act of 1988）中被禁止，該法禁止衛星訊號播送者（satellite carrier）提供訂戶能經由傳統電視（VHF）天線所收到電視網的訊號（參見FCC, 1998g）。

因此，這同時也是適用對有線電視早期的管制情況（Cowles, 1989），FCC認為直播衛星對於在地主義原則無所助益。然而，衛星點波束（spot-beam）技術發展促進「由當地進入當地」（local-into-local）的傳送方式，該方法可將在地的電視訊號在在地市場中廣播。進一步來說，國會最近衛星家庭收視促進法（Satellite Home Viewer Improvement Act, 1999）的通過，讓直播衛星供應者能傳送當地廣播訊號給當地的訂戶。

然而，此案例的關鍵點在於，它說明雖然FCC認可在地主義的概念並不須與節目服務的產製起源點（地理概念）掛鉤，但它仍並沒有超越基本「空間」的概念。對於直播衛星而言，委員會所考量的兩種概念仍是在地理概念中考量社區的組成。

在地主義和社區

社區的概念在傳播政策中對於在地主義原則的再概念化，可說是最重要的。在地主義政策是指「在地社群」或是針對

「社群關切」的服務。舉例來說,在傳播法案(由一九九六年的電信法案所修訂)裏決定廣播電視公司必載身分的標準,這個法案指示FCC對於在地主義的價值,須考慮到以下這些因素:

1. 是否該電視台或是坐落在相同區域的其他電視台的訊號,有由有線電視系統或是社區裏的其他有線系統播送。

2. 是否該電視台或是其他的在地服務的訊號有涵蓋該社區。

3. 該社區的任何合法電視台,是否有藉由當地有線系統的播送,能夠提供對於社區關心議題的新聞,或是對於社區提供運動以及其他感興趣事件的播送(carriage)及報導涵蓋(coverage)。

4. 在該社區中,有線系統或其他系統服務的區域內,有線和非有線電視用戶之觀看形態的證據。(Communications Act of 1934, Section 534(h)(1)(C)(ii))

明顯地,在地主義的原則是和社區的概念緊密連結在一起。並不令人意外的是,這些社群的參數概念常常變成爭論必載規則的矛盾(例如FCC, 1997c; *WLNY-TV, WRNN-TV & Paxson New York License v. Federal Communications Commission*, 1998)。因此,社區意義的確切說明對於在地主義原則的概念來說是基本的。可惜這樣的討論很少在傳播政策的場域中被發現。

學界長久以來致力於為社區下定義以及/或是確認社區概念的關鍵要素(Beniger, 1987; Bernard, 1973; Calhoun, 1980; Emig, 1995)。如Calhoun所述,傳統社群是就「地理區或行政界限裏的人口」(p.106)來概念化。因此,在傳播法規中對於社區概念的傳統方式,與對於在地主義政策的傳統方式之間的連接應再清楚一點。然而,學者長久以來對這種社區的概念不表認同,主張應以共享的文化和社會網絡的方式來替代,也就是一

種「將焦點遠離空間」的方式（Jones, 1995, p.24）。沿此脈絡，Calhoun（1980）主張，社區的概念「讓吾人能穿透這些簡單的特徵，如城市、村落、鄉鎮以及國家，去看到社會關係的變項」（p.107）。此一研究社區的方式是以共享議題、共同興趣，以及共享價值來取代地域的唯一價值（參見McCain & Lowe, 1990）。

　　社區的「社會性」概念（相較於「空間」概念）在傳播領域中，並無應用於在地主義政策上（參見Stavitsky, 1994），但其出現在跨越傳統的地理概念上，並在傳播科技上促進社區社會概念的發展。當Dillman（1985）提出，「在資訊時代中，這種不以在地性（locality）為社會互動之新結構的發展，是值得欣慰……因為這些地理上無界限的互動，或許日後會變成個體行為的主要影響」（p.8）。

　　在這個議題上的發展，似乎以幾種方式摧毀了傳統對社區的空間概念。第一，衛星和網路科技將傳播者從許多科技和經濟的障礙中解放，而能接觸到全國或全球觀眾。這些科技實現了McLuhan著名的地球村理念的可能性，在其中所有人都變成全球文化中的一部分，而個別地區或文化的差異變得較不清楚也較不重要（McLuhan & Powers, 1992）。即使最近的法規允許直播衛星提供者播送在地的訊號（一九九九年的衛星家庭收視促進法），但是並沒有完全改變直播衛星身為全國性媒體的地位。在地廣播訊號的播送協商，由於科技的限制和經濟的誘因，可能只有在大市場中才得以被傳送[11]，使得廣大之全國各地的在地

---

[11] FCC（1999e）。亦見Albiniak（2000）在直播衛星提供者指出，他們只有在前三十名的市場中，才可能提供本土的電視台。最近的資料顯示，EchoStar和DirectTV分別在美國二百一十一個電視市場中的二十八和二十二位，資助了本土的廣播電視台（Higgins, 2000）。

廣播台無法利用直播衛星的服務。最終，直播衛星服務經濟上的可行性，基本上仍然放在全國性節目的供應上。

隨著網路能到達全國或是全球的觀眾的能力增加，在網路世界裏，讓微小的、高度特殊社群的發展能獨立於任何地理關係中（Jones, 1995; Mukerji & Simon, 1998; Rheingold, 1993; Shapiro, 1999）。這些社群是建構在共享之政治、文化，或是專業利益的基礎上。這些發展指出，現今在地主義政策的概念，可能仍停留在舊時之社群的觀點上。

科技創新和傳統政策思維碰撞的結果，由國會在規範網路淫穢物品的努力得到良好的說明。在一九九八年末，國會通過了兒童線上保護法（Child Online Protection Act）。這條法案將故意製造來傷害未成年人的任何傳播行為視為犯罪行為，任何會潛在傷害未成年人的傳播資料，必須透過需要信用卡卡號，或是需要成年人身分確認等其他方式，來限制對這種資料的接近使用。在資料中部分定義認為，是否「有傷害於未成年」該包括「只要一般人以現今的社群標準即發現，若該資料之整體是為針對未成年來設計去吸引或是迎合成年人的淫亂興趣者」（Child Online Protection Act, 1998, Section 231(e)(6)(a)）。

確實，由於網路的出現，促使重新定義社群之意義，也讓應用這些標準上，第一次出現嚴重的困難（參見Huelster, 1995; Zanghi, 1995）。在傳統憲法第一條修正案中，所謂的社區標準是從一個較嚴謹的空間觀點來看（參見*Miller v. California*, 1973）。網路作為能夠增進社群的社會概念，允許人們不論所在之地理位置，皆能共享文化或是政治興趣，而在線上聚集與互動，網路在這方面皆已眾所周知（參見Jones, 1995; Rheingold, 1993）。社區概念之重組引發了一個問題，那就是「社區標準」的理念在網路規範的環境，如何能夠或是應該如何執行。只有

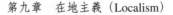

「空間」的概念是否就足夠或適當？Huelster（1995）問道，「在全球電子服務的情境中，是什麼組成了『在地社群』？」（pp.866-867）在反對兒童線上保護法支持強制令的判決中，第三巡迴上訴法院（the Court of Apeals for the Third Circuit）特別關切在網路世界是如何混淆了傳統的「社區標準」概念。法院提示，除非能在網路上限制內容所傳送的地理範圍，否則任何以地理範圍為基礎的「社區標準」皆必然會違反第一修正案（*ACLU v. Reno*, 2000）。

此外，雖說僅在美國國土範圍內應用「社區標準」的這個概念就已具挑戰性（然有些人會說「社區標準」的這個概念已經無效），而現在「社區標準」概念則是應用在已全球化觀眾的科技上（Zanghi, 1995）。首要的問題在於，個別的社區已喪失權力也沒有工具去維護自己的社會標準，來反抗源自於社群以外的傳播行為。對於美國政府來說，有什麼辦法去懲罰一個在瑞典提供——免費且不受限——色情猥褻資訊的人？

這些發展顯示社群的空間概念與在地主義的空間概念，在新媒體環境中不再是充分條件。但是其仍然有重要性嗎？若回到在地主義政策理論基礎，這個答案是肯定的。然而，首先去體認「全球化」或是「國族化」（nationalization）的發生，並不必然須犧牲「在地化」。Donner（1998）指出，即使「根除」（disembedding）的過程已經發生，也經常伴隨有維護在地領域的活動，以及有在地價值之政治組織與產業的建立和保存。因此，全球化過程的需求對於在地主義的傳統概念來說，不必視為是矛盾的。

第二，應該強調的是，傳播科技在某些觀點上是對立於在地主義的空間概念，但如今傳播科技對於在地主義政策已經發展成重要的促進因素。正如先前提及的，直播衛星即是在某種

程度上沿著這條軌跡而發展。有線電視被FCC長久以來視為對在地主義的威脅（Cowles, 1989）。然而，在一九九三年，有線電視被當時FCC的委員Ervin Duggan（1993）讚揚是有助於在地主義的傳播科技。根據Duggan（1993）所說，有線電視在一開始只是提供接收廣播服務的社區天線，之後成為全國性節目最基本的提供者，有線電視正進入發展的第三階段——「其在地產製節目在質與量上皆逼近關鍵大眾量（critical mass）的階段」（p.5）。其他漸進發展的證據包括：(1)個別的有線電視系統每年平均播送四百五十小時的在地節目的證據；(2)這個產業平均每年花兩億五千萬美元在在地節目產製上；(3)有線電視業者和廣播業者之間結盟的發展，來產製在地新聞節目（Duggan, 1993）。此有線電視的例子顯示，即使新科技在這時點的出現，只是破壞了在地主義傳統空間概念，但它們也許最後會在不同的方向上進化。

這兩點論證了在地主義概念中的空間面向也許會持續。然而，它們沒有提出是否應該持續。唯吾人推動將在地主義政策置入較廣的政治和文化情境中，對於在地主義概念空間面向之定義才能持續需求。正如本章最初所提，吾人媒體制度的在地傾向是應平行於吾人其他政治和文化制度的在地取向。因為媒體制度傾向於與這些其他的政治和文化制度產生互動與反應。因此，只要在地主義在吾人其他社會制度中，仍持續以空間的概念來表達，那麼在地主義的空間概念在媒體政策中就必然存在。如果傳播系統要保有它對政治和文化功能之影響，那麼就必然與其他制度保持平行的關係。只要政府治理形式仍以地理的界限來組織，對於吾人傳播系統能有效的服務，能為提高公民知識與促進政治參與的政治功能，其組成要素中必須維持與政府制度一致的地理界限。從文化觀點來看，只要個體以共享

的文化背景、興趣以及價值，持續在特定的地理區域內聚集，那麼地理概念仍會是在地主義政策的構想和應用上的一個動機（參見Sohn & Schwartzman, 1994）。

　　然而，如果在地主義必須完全反映其所賴以爲基礎的理論，那麼政策制定者所採取之在地主義方式，必須藉由社會性的概念來增補。新科技促進了某些形式之政治和文化交流和組織，而這些交流和組織原先是需要地理接近性。如果在地主義仍要成爲促進此一交流與組織的機制，那麼它必須反映這些活絡且不斷增加多樣性的科技工具。

結論

　　就某些人所主張，與其完全揚棄在地主義原則，倒不如將其做些修正與現代化，以反映新傳播科技的發展，並能讓其理論基礎充分發揮。這項修正不用拋棄傳統的地理概念與操作，所需要的是超越傳統的界定。因此，在地主義能否實際運用，端看政策制定者如何擴大「社區」意涵以適應新傳播科技。這種概念上的擴大必須在傳統社會學的分析更加扎實，將分析投入於「社區」的意涵，與研究科技在社區建立、維持及改變所扮演的角色上。同時，此擴大後的概念，就評量的角度而言，也必須反映在地節目定義的變遷上。本章開始的討論即說明，要超越地理概念來界定在地節目與節目本質是非常重要的。在地主義不必然以地理概念來詮釋，反而以文化、價值與政治上共享的觀念來詮釋更爲適當。在此條件下，完全以節目產製起始地點爲評量的方式已經不重要，考量更應以特定內容（content-specific）爲基礎，勿以地理範圍來看待在地利益與關切。

最後，本章所揭示之在地主義原則概念與操作，希望能降低政策的不穩定性，進而能在政策之設計與分析上成為有用的工具。

第十章 與過程連結的原則：傳播政策制定的動力

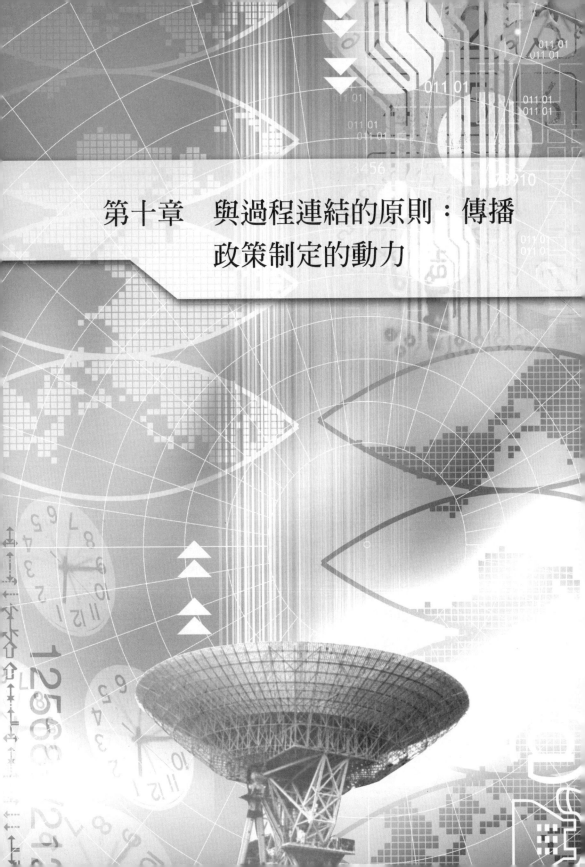

在傳播政策的基本原則中，一個重複出現討論的主題就是
這些原則沒有被充分的定義，而且常常只被用作評斷政策行動
的修辭口號，多過於用作評估政策決策的分析工具。本章及下
章重點在於解釋隱藏在這些模式背後的原因。因此，本書雖然
大都專注一些具永續價值之傳播政策規範原則，但這些章節說
明了，基本原則和在這政策過程中所參與的組織團體本質是一
樣的，皆是必須在動態的情境以及政策制定過程中，來考量這
些政策原則和政策結果。Krugman和Reid（1980）指出，「瞭解
管制如何被建構之過程，和瞭解特定的管制措施本身是一樣重
要」（p.311）。本章的焦點在政策制定過程的動態關係，以及多
重利益相關者涉入過程的情況。十一章則特別聚焦在政策過程
的 關 鍵 組 織 團 體 ， 美 國 聯 邦 傳 播 委 員 會 （Federal
Communications Committee, FCC），以及在委員會之內限制傳播
基本原則發揮功能之結構性和分析性因素。

本章的主題是，傳播政策的決策是政治過程的產物，其中
牽連了多重利益的利益關係人，每一個都有潛藏的衝突利益，
以及對他們而言都有不同的影響手段工具來試圖左右政策結果
（參見Krasnow et al., 1982; Napoli, 1998b; Olufs, 1999）。在某些
情況中，這些利益主要是經濟性的，但在其他情況下則又是政
治性的，也有某些情況下，它們是被上述兩個因素共同刺激所
致。為了概述這些參與者之間的互動關係，本章利用了一個經
濟性的理論架構，其焦點在「當事人」（principals）和「代理人」
（agents）之間的關係，以及所謂的「監控」（monitoring）的重
要性，即這些代理人能否反映其委託當事人之最佳利益程度。
正如本章所述，在傳播政策制定的組織性動態中，存在有多重
的當事人－代理人（principal-agent）關係。以多重當事人－代
理人的情境來概念化傳播政策制定的過程，就多重利益競爭的

現象，對於瞭解這個過程來說是特別有用的。

　　事實上，傳播政策制定的過程，基本上是一個由多重當事人和代理人組合的政治過程，在先前的章節曾概述過，其強加了許多重要的限制在傳播基本原則的發揮。政策過程的動態本質，加上FCC內部某些結構性和分析方法上的限制（見第十一章），兩者合起來造成政策原則在評斷政策決策更像是口號，而非達成決策及評估其效用的分析工具。造成決策是一群多重利益衝突利害關係團體所投入的產物，以及核心管制機構極易受利益關係人影響的環境，大都是因為管制機構無力建構出能引導和評斷決策的分析紀錄，核心政策原則不斷的陷入模糊政策結果的危險境地中。事實上，這些結果主要常常反映出參與這項過程之利益關係人的政治、經濟，或是意識形態的利益，或是上述各種利益的總合。但這並不是說，基本原則就像是個大容量的花瓶罷了。的確，先前章節說到這並非實際的情形。更確切的說，本章及下章發展的重點，在於傳播政策制定的組織性動態，此特性已被形構，並支持著基本原則目前的使用方式。

傳播政策制定的過程：當事人－代理人的觀點

　　傳播政策的結果不是任何單一機構的產物。雖然FCC和國會被視為是傳播政策制定的中心機構，但事實上政策的結果通常是一群參與者共同的產物（參見Krasnow et al., 1982; Olufs, 1999）。要去概述這些參與者，以及他們之間存在的關係，一個有用的方式就是去概念化政策決策，其實就是多重「當事人」

和「代理人」互動的結果（Alchian & Demsetz, 1972; Levine & Forrence, 1990; Weingast, 1989）。

當事人－代理人的觀點，雖然已被應用至政策制定的情境上，但主要是從公司內部的情境中來檢視個體行為發展（例如 Kalt & Zupan, 1990; Levine & Forrence, 1990）。在組織情境中，當事人（或委託人）是那些雇用其他人為其利益（如管理、所有權）工作的個體。代理人是那些被雇用為當事者利益工作的個體（如員工）。基本問題在於，當事人－代理人的觀點是指，代理人如何極大化其行為以符合當事人的期望，而非指代理人的自利行為〔即所謂的「逃避」行為（shirking）〕。自利行為可以有多種形式，它包括了純粹只追求物質上的私利，或是代理人所相信的結果（在這個案例上指的如政策）。就非物質的原因來說（如個人價值、政治的意識形態），這些比起當事人的目標是更加適當的。

自利行為〔通常被稱為「懈怠」行為（slack）〕發生的機會，可經由當事者的監控（即監督行為）來縮減。然而，監控並非是一個不花錢的活動。它需要時間、精力，以及資源的花費。此監控的成本，決定了當事人是否能夠完美地監控代理者的行為程度。只要在利益強度能保證代理人不會從事自利行為的範圍下，監控的成本依據特定的組織或決策的情境而有所不同。而某些情況下，必須負擔較高的監控成本，為了減少代理人懈怠的機會，當事者需要較高的花費。因此，當事人的監控成本愈高，表示代理人懈怠的可能性是較高的。

就當事人和代理人間的互動而論，為概念化傳播政策制定的環境，闡明組織動態，和某些利益關係人在這過程中所產生的影響的程度是一樣的。圖10-1概述在傳播政策制定的過程中當事人－代理人的關係。這個模式將利益關係人分為四個部

分：私營機構（部門）、司法的、政治的，以及官僚的。在這個模式裏，每一個箭頭連結著兩個機構，代表著一個當事人監督著一個代理人。對於這種關係的存在有一點近似監督者－部屬關係。另外，當事人須兼具監控以及影響代理人行為的工具，或是對代理人錯誤行為實施制裁。

　　如圖10-1所示，主要傳播政策制定機構是國會、FCC，以及白宮，每一個機構都有能力和權力去提出政策。每一個政策制定機構都受公眾、受管制產業（regulated industry），以及法院所監督。國會和白宮輪流監控以試圖影響FCC的行為。這六個參與者長久以來在傳播政策制定的文獻中，被視為政策制定過程的主要利益關係人（參見Krasnow et al., 1982），並且許多研究均致力於研究他們之間的關係（Cooper, 1996; Kim, 1992b; Nord,

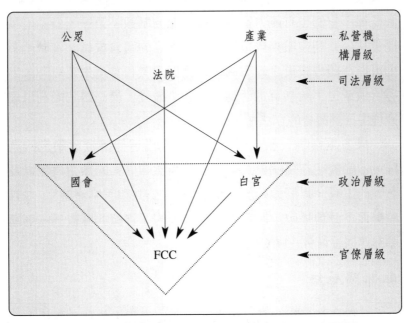

圖10-1　傳播政策制定過程的當事人和代理人關係

1978; Seel, 1997; Tucker & Safelle, 1982)。「利益關係人分析法」（Dutton, 1992, p.66）聚焦在利益團體相互影響以及他們展現影響力的工具上，用該分析解釋政策的結果（亦可見Olufs, 1999）。在這裏呈現的模式是對於Krasnow等人（1982）模式的認定及重新定焦，該模式利用相同的參與者，但是聚焦在特定的當事人－代理人關係上。因此，它透過簡單說明影響政策結果，及其利益關係人之間動態呈現了不同細微的圖像。

從這個模式中應該可清楚知道，政治的利益關係人在這個過程中，同時兼具當事人和代理人的功能。舉例來說，國會有義務去監督FCC的行為，而且，如果該政策制定行為偏離國會的利益或偏好，國會有權力對委員會實施制裁。同時，國會本身也是一個重要的傳播政策制定機構，有能力制定法律。而國會的政策制定行為，則輪流地受一些當事人（公眾或管制產業）的監視，它們也有能力實施各種形態的制裁。第一，公眾可以罷免其公共利益服務成績令人不甚滿意的國會成員。管制產業則可以在國會成員之政策制定行為與產業利益產生矛盾時，另尋管道或是不給其競選活動的捐助。最後，最高法院能夠以違憲理由推翻國會的立法。

以多重當事人和代理人的互動來描述傳播政策制定的過程，本節說明在這個模式中每一個利益關係人的類型角色以及影響的工具，以箭頭始於「私部門」（公共和管制產業），並且順勢而下到傳播政策制定中，至最後的「官僚」層級——美國聯邦傳播委員會（FCC）。

私部門層級

私營機構層級包括了參與政策制定過程中的利益關係人，其並非政府人員，特別的是，他們是公共以及受管制的產業。

這些利益關係人在政策制定的過程中被認為會採取運作。的確，吾人承認傳播管制體系之發展，用來服務產業利益和公共利益。學者已經提供令人信服的證據顯示，管制系統之產生（至少部分）是聽從產業團體的指示，以及被其利益所形塑（Hazlett, 1990; McChesney, 1993; Rosen, 1980; Shipan, 1997; Streeter, 1996）。當然，產業和公共利益彼此之間並非永遠充滿矛盾（Napoli, 1998b; 這項爭議的極端說明，參見Fowler & Brenner, 1982）。然而，如下所述，就他們在傳播政策過程的參與而言，這兩個利益關係團體之間有實質上的差異。

公眾

「公眾」這個詞廣泛地被使用，在這裏指的是一般公眾和公共利益團體──這些團體在傳播政策制定的過程中被稱作「公共利益」〔如兒童電視的行動團體（Action for Children's Television）、黑人媒體聯盟（the Black Media Coalition）〕。應該注意的是，這種公共利益團體的偏好是否真能準確的反映公眾的偏好仍被質疑（參見McQuail, 1992; Schubert, 1960）。但是，這些團體大致而言是在政策制定過程中，聲稱自己為代理人，試圖將公眾最佳利益變成為政策結果，而此說法是比較可靠的。的確，是更明確的說法，吾人可將公共利益團體視為是為一般不願花費成本的公眾成員，去執行一項代理監控的功能。

公眾是政策制定機構的政治和官僚層級的當事人（委託人）。存在於公眾和國會及白宮兩者之間的（當事人－代理人關係）是相當明顯的。在我們的民主體系之下，公眾有責任去監督選舉代表。如果這些代表無法充分反映公眾的需求和利益，則可以被罷免。因此，和總統一樣，吾人可以將國會的成員想作是代理人，而公眾是他們的當事人（參見Kalt & Zupan, 1990）。同樣地，雖然公眾對於FCC沒有任何的選舉權，但其影

響可間接地經由國會，以當事人的身分來監督FCC（見後文所述）。另外，公眾有能力藉由提出正式或非正式的評論，來參與FCC的決策過程。因此，在傳播政策議題上，公眾的監控政策強度可以直接被委員會感受得到。

在這些當事人－代理人關係之中，其核心議題是監督。也就是說，公眾能有效的監控這些代理人的行爲到什麼程度？而能確保這些代理人的行爲能反映公眾的最佳利益，而非代理人最佳利益（假定這兩者並非一致的）。關於這項議題有兩個主體。一方面，有愈來愈多的證據顯示出，在制定政策時，政策制定者對於公眾的意見分布是極度敏感的（參如Page & Shapiro, 1983, 1992）。然而，也有大量的文獻證明在美國公民之政治參與、利益，和知識的程度其實很低（參見Delli Carpini & Keeter, 1997）。這些發現認爲要嚴厲監控政策制定機構，對於許多公民來說實在太耗成本，而結果是，選出的國會代表會非常鬆懈，因而讓他們忽略公共利益，而去追求私利（這部分事實上和其他當事人的目標是一致的，如產業或特定的利益團體）（參如Kalt & Zupan, 1990; Levine & Forrence, 1990）。

當吾人將這兩種類型放到傳播政策制定的情境中，或許對於後者的文獻是較相關的。理論上，傳播政策的決定在某些程度上，應該反映公眾的政治偏好（Cass, 1981; McQuail, 1992）。正如第四章提到的，在聯邦無線電廣播委員會的第一年裏，委員Henry Bellows聲明：「我們唯一能做的，就是你們告訴我們你們想做的事」（引自Baughman, 1985, p.4），這句話反映出期待公眾的投入來指導委員會政策行爲的程度。然而，傳播事務似乎對於一般公眾而言，代表較不迫切的政策領域（與墮胎、槍枝管制相比之下）（Baughman, 1985; Olufs, 1999; Ulloth, 1979）。調查資料顯示，超過44％的受訪者不知道FCC的主要目

的爲何（Kim, 1992a）❶。由於這種漠不關心的態度，身爲政策制定當事人對公眾監控的行爲，在此範圍裏的傾向較低。針對一九九六年電信法起草和隨後法案通過的分析指出，公眾在國會範圍的活動，表現出極少的興趣（Olufs, 1999; Snider & Page, 1997）。在FCC方面，McGregor（1986）和Napoli（1997b）已經說明了，大多數委員會的決策牽涉技術或程序議題，對一般公眾來說，對此興趣缺缺。另一方面，一些非技術性的問題，如兒童電視的問題，則產生大量的公眾評論（McGregor, 1986）。然而，這方面議題類型只占委員會極小部分的政策產出（Napoli, 1997b）。就結果來說，FCC之決策是在公眾高度監控下的比例相當低的。

雖然一般公眾並沒有持續對傳播政策制定代理人從事密集監控，但公共利益團體常被視爲代理監控者。許多研究已經發現，公共利益團體在FCC決策或是政策決定上發揮了強大的影響力，尤其是關於少數族群的媒體所有權以及兒童節目的編排上（Fife, 1984; Grundfest, 1976; Nord, 1978; Slavin & Pendleton, 1983）。當然，這些團體在監督傳播政策制定過程的能力上也面臨限制，主要是受限於人事和財源。舉例來說，Kim（1995）在直播衛星政策構想分析上，得到的結論是公眾的參與是「既虛弱又無力」，絕大部分的原因是由於公民團體缺乏財政資源（p.59）。

然而，是否公眾絕少採用密集監控的情形能使得政策制定機構有所回應，則是另一回事。當事人必須不只能監督代理人，也必須具有對代理者錯誤行爲實施制裁的工具。正如先前

---

❶ 這項結果應被限制在從單一州（美國肯塔基州）的居民來參與這項研究的事實來看。

提到的，就政策制定者（白宮、國會）的政治層級關係而言，公眾握有選舉的制裁力量。然而，就與FCC的關係來論，在這個範圍裏公眾是普遍缺乏制裁力量的。公眾對於FCC的任何制裁，必須經由國會之間接作用（如公眾對FCC的政策感到生氣或是挫敗時，會導致國會對其實施制裁）。不同於國會成員或是總統，FCC委員是委派的官員，並非經由選舉。這些被任命者是由參議院認可而產生（參見Graham & Kramer, 1976）。因此，FCC的委員們相對孤立於公眾意見影響之外，因此較不懼怕公眾的制裁，也因而可不回應公眾的公共利益和關心。這個現象在一篇對公營事業管制者的研究中被完整的說明，其發現當管制者是經由選舉產生，而非由委派時，公營事業的年度營餘比例是較低的（Crain & McCormick, 1984）。作者將這項發現歸因於，若一般公眾有較大的制裁力量（在罷免官職的形式下），管制者對於公共利益事務的敏感性較高（Crain & McCormick, 1984）。

　　主要研究FCC的結果認為，委員會在其決策的形成中，很少去注意公眾的投入。Napoli（1998b）發現，公眾意見與FCC的廣播政策制定活動之間並無關聯。另外，根據McGregor（1986）所述，雖然FCC在政策議題上，徵求公共評論這點是令人讚賞的，但在這些評論的處理程序以及安排相關人事負責，做得十分不佳。反映在這個不適當的處理方式上，McGregor發現沒有證據顯示，任何非正式的評論能藉由公眾提交而能直接左右委員會決策。

　　在美國基督教會的傳播事務辦公室 vs. 美國聯邦通訊委員會一案（*Office of Communication of the United Church of Christ v. Federal Communications Commission*, 1966）在華盛頓特區法院的判決上，公眾對於傳播管制的影響力曾被期待能增加。這項判決確立公眾代表人介入廣播執照的權利大於FCC。在這項判決

之前，公民沒有合法的權利參與決策過程。然而，在這個決定之後幾年的研究中指出，公眾介入者很少再出現，而且在決策結果上僅有很小的影響（Linker, 1983; McLauchlan, 1977）。

　　總括而言，公眾身為關鍵的傳播政策制定機構的監督者，卻缺乏組織、激勵，以及資源，而必須承受巨大的監控成本。除此之外，就結構性的問題來看，政策制定的過程並沒有適當而有系統地反映公眾的投入和利益。

產業

　　傳播政策制定過程的第二個主要私部門監控者，就是廣大傳播產業組織，以及會被政策結果所影響的組織。如**圖10-1**所示，管制產業像公眾一樣，同時監控國會、白宮，以及FCC。然而，廣泛被同意的是，和公眾比起來，管制產業決策結果方面有較大的影響力。的確，對於傳播政策制定過程（以及特別是FCC）的批評常在於一個爭論，那就是此過程深受管制產業所影響（Cole & Oettinger, 19778; Olufs, 1999; Quinlan, 1974; Schwartz, 1959）。在當事人－代理人的架構下，產業的利益關係人較能成功的因素可歸因於：第一，也是最重要的部分，即顯然地，管制產業和一般大眾或公共利益團體相比，在傳播政策制定的制度中，是更高度積極的監控者（Crotts & Mead, 1979）。這些產業因其特質，有高度的利益放在傳播政策的結果上，也有更多的資源去監控政策制定的過程。

　　監控的強度也被許多有影響力的工具所支持。舉例來說，管制產業的代表有極多的機會接觸政策制定者，無疑和提供給一般公眾的機會相比，層次較高（Cole & Oettinger, 1978; Snider & Page, 1997）。另外，管制產業在控制與制裁難捉摸的代理人方面，有比選票更多的工具。尤其傳播產業是國會和總統政治活動的主要財務捐助者。傳播利益財團花在PAC的金錢資助上達

一千三百萬美元，主導了一九九四年的選舉結果，並且花了大約兩千萬美元在國會第一百零四次會議所通過的一九九六年電信法上（Olufs, 1999, p.98）。

管制產業是政府服務工作官員卸任後的受聘去處（尤其在FCC方面），其也能製造影響政策的機會。管制過程的分析家常常把焦點放在產業和政府之間的「旋轉門」（revolving door）（Quirk, 1981）。「旋轉門假說」（revolving door hypothesis）指出，出自管制產業的管制委員，比較可能去制定偏向產業的決策（參見Berner, 1976; Lichty, 1962）。根據這個假說，呼應了從管制產業出來的管制者，比起那些沒有產業經驗的管制者來說，會較同情產業利益（典型上稱之為旋轉門假說的「進入」部分）。然而，對於目前的討論更相關的是旋轉門的「出口」部分，該假說認為管制者為了未來可能的雇主，必須被迫做出有利於產業的決策，以圖利於其潛在的雇主（Mitnick, 1980; Noll, Peck & McGowan, 1973）。

承接上述研究路線，Schwartz（1959）敘述了一個例子，那就是FCC的主席George McConnaughey和一位匹茲堡的律師達成一項能進入該法律事務所工作之協議。這名律師為一個匹茲堡電視頻道申請人的法律代表，然而這個案子仍在委員會審查。所有這些事情都發生在McConnaughey仍然是委員會的成員時期，在McConnaughey離開委員會之後還不到一個月，FCC將電視台授予這名律師的當事人。害怕此類事件再度發生，避免「旋轉門」情況影響政策決定，國會在一九七八年通過了道德法案，限制管制委員在離開委員會之前，提供給管制產業服務項目（Ethics in Government Act, 1978）。

然而，先不去憑直覺判斷，旋轉門假說僅在FCC的人事行為文獻裏發現適當的證據支持，Cohen（1986）發現薄弱的統計

證據支持旋轉門假說的「出口」部分，而Gormley（1979）則在「進入」部分發現適當的支持證據，近期以來，Napoli（1998b）也沒有發現關於「進入」部分的證據。

最後，一些傳播政策制定過程的觀察者主張，媒體產業利用對政治人物的描述來主導選民，使得政治人物對於媒體產業的政策偏好也特別敏感。根據Taylor（1997）所述，雖然媒體組織誓言不曾拿新聞報導去交換政策結果，但是政治人物對於負面的媒體報導，可能是因為自己做出反對媒體產業政策決策，政治人物對這種極微小可能性的存在會有所想法。Snider和Page（1997）訪問超過四十個在國會、國家電信與資訊局（NTIA），以及FCC工作的傳播助理，該研究顯示許多受訪參與者表示，在政策制定過程中，他們感覺到電視台「控制選民觀點的獨特技巧」是它們最主要的力量來源，而並非來自金錢或遊說的技巧（p.14）。

發現管制產業和政策制定者之間（當事人－代理人關係）是決定政策結果的核心因素的研究人員主張，政策制定的過程已經被管制產業所「綁架」（captured）。然而，綁架理論會用不同的方式來概念化，其假設始於政策制定機構是公共利益的來源。有一些定義嚴格地限制該概念的條件，即政策制定者是有意識地、自發地制定出偏袒管制產業的決策（Kalt & Zupan, 1990; Levine & Forrence, 1990），同時其他人卻強調，政策制定者在無意識的狀況下被政策綁架的（Mitnick, 1980）。Horwitz（1989）對於綁架理論的存在提出了一個重要觀點，那就是政策制定者必須有計畫地討好管制產業，而忽略公共利益。

一些傳播政策制定的研究主張，政策過程已經被管制產業綁架（如Berner, 1976; Cole & Oettinger, 1978）。Kim（1995）發現，儘管個別公民、公民團體，以及非商業的廣播團體有所努

力，但是產業利益團體卻主宰FCC對於直播衛星的法案制定過程。一九九六年電信法案的通過，被歸爲產業操控立法過程的一個例子（Aufderheide, 1999）。在一項對有線電視管制的歷史分析中，LeDuc（1973）主張，這個政策過程已經被廣播產業綁架，而且FCC基於保護無線電視台經濟市場，而對尚在發展的有線電視產業強加一些嚴厲的管制。

　　LeDuc（1973）的結論強調一個重點，那就是儘管在圖10-1模式中，這個部分被標記爲單一的「產業」。但事實上，這項項目指的是多重的及在這個部門所有的競爭產業，且全都在企圖影響政策結果。因此，從「綁架」的觀點來看，這項議題不只是是否管制產業影響了政策結果，還要看這項結果是在什麼樣的情勢之下產生的（見Napoli, in press-a）。在過去，學者研究產業影響傳播政策多集中在廣播產業上（例如Cohen, 1986; Cole & Oettinger, 1978; Krasnow et al., 1982; LeDuc, 1973; Mahan & Schement, 1984; Ray, 1990）。或許並不令人驚訝，因爲在過去，尤其是從FCC各個委員身上，廣播產業經常受FCC大量的關注與資源（Cole & Oettinger, 1978; McLauchlan, 1977）。而且直到最近，大部分有傳播產業經歷的委員幾乎都是來自廣播產業（參見Flannery, 1995）。然而，在傳播產業政策裏，有線電視的增加、直播衛星的成長、電話產業內部的改變，以及電腦產業的顯著成長，都在辯論傳播「產業」和傳播政策制定者之間關係日益錯綜複雜的所有觀點（參見Seel, 1997）。基本上，對傳播政策結果感興趣的產業利益關係人的數量正在增加，而且或許更重要的是，這些多樣化的利益關係人可能存有相互牴觸的政策偏好。甚至在更狹義的產業部門內，利益衝突仍然可能發生（參見R. J. Williams, 1976）。舉例來說，全國性廣播網和地方電台在政策議題上也經常處於對立兩方，或是這些全國性廣播網

之間在其政策偏好上彼此背道而馳（Napoli, 1997b）。

　　總括而言，管制產業代表一組多元而複雜、並且對傳播政策決策有重大利益的當事人。的確，相較於公眾當事人，他們的監控強度可能較高，而且影響的工具可能會更有效果。然而，在傳播政策制定過程中，有其他層級的當事人也可以影響政策結果。

司法層級

　　司法層級指的是不同的監督法院，而且對傳播政策的結果，也具有潛在的影響。這裏所討論的集中在傳播政策事務的歷史上兩個最重要的司法體制：哥倫比亞特區上訴法院（U.S. Court of Appeals for the District of Columbia Circuit）以及最高法院（U.S. Supreme Court）。一九三四年傳播法案的402(b)這項，指出所有FCC的廣播執照事務的上訴案，必須向哥倫比亞特區上訴法院提出。結果，哥倫比亞特區上訴法院參與一些重大的傳播政策議題。當然，最高法院代表了在傳播政策的爭執上最後的仲裁者，其不僅在政策範圍內扮演核心角色，如所有權的管制以及有線電視的必載規定（must-carry）（見第六章），也是定義憲法第一修正案的主要角色（見第三章）。

　　Krasnow等人（1982）指出，雖然很少傳播政策是需要被法院複審，但是法院在行政或立法的決策上，握有關鍵的「否決權」（veto power）（p.62）。而在法院是否能實際制定傳播政策的看法上有所衝突（參見Krasnow et al., 1982）。在**圖10-1**所呈現的模式中，將法院放在政策制定機構範圍外面的主因是，法院不像那些包含在政策制定三角形的機構，因法院並不具自發性（proactive）的立法機構。也就是說，法院是被限制在只能回應其他機構所制定之政策決定，他們更局限在只能對訴訟當事人

帶到他們權限範圍的政策決定來做出回應。因此，法院對於政策制定機構的監控功能，以及對於政策制定機構之決定的影響，皆受限於被選擇性提交法院審理的少數議題。

這並不是說法院在政策的內涵上不能有實質的影響力。從過去到現在，有些是法院不遺餘力地追求特定政策結果的例子。其中一個著名的例子是，關於FCC和哥倫比亞特區上訴法院之間的冗長爭議，發生在一九七〇年代，是關於FCC在行使廣播電台執照轉換同意權時，是否應該考量節目形式的改變（參見Kahn, 1982; Pennybacker, 1978）。在審查亞特蘭大電台執照的轉換時，委員會拒絕該電台所提出之改變節目形式（從古典音樂到流行歌曲）的計畫列入審查，而認定內容部分非委員會所關切之範圍（Pennybacker, 1978）。但哥倫比亞特區上訴法院並不同意，而認為委員會必須考慮電台所提出之節目內容規劃，以決定是否證照的轉換仍在公共利益之下。已知在一個強調對多數主流團體服務的體系下，代表公共利益的廣播形式多樣性卻無法被保障（*Citizens Committee v. Federal Communications Commission*, 1970）。

FCC因此在其一九七一年《廣播申請人社區問題解疑的指南手冊》（*Primer on Ascertainment of Community Problems by Broadcast Applications*）裏包含了一項指示，要求執照申請人「應檢具當地社區需求與品味，以及現有其他電台之節目類型，以支持改變電台形式的提案」（FCC, 1971, pp.679-680）。然而，FCC在這項政策上並不嚴格執行，導致法院更多的質疑，而與哥倫比亞特區上訴法院更多的衝突（Pennybacker, 1978）。一九七六年，委員會公布和該《指南手冊》定位相反的政策聲明，結論是「市場才是決定廣播娛樂形式的最佳方式」（FCC, 1976, p.863）。一九七九年，哥倫比亞特區上訴法院宣告了委員會的政

策聲明是「毫無用處，而且不具效力」（*WNCN Listeners Guild v. Federal Communications Commission*, 1979, p.858）。這個決定最後還是爲高等法院所推翻（*Federal Communications Commission v. WNCN Listeners Guild*, 1981），其裁定FCC在傳播政策議題上是被賦權去服從。雖然在這個案例中，哥倫比亞特區上訴法院在影響政策的努力並不成功，但這個例子在說明，法院努力影響傳播政策的觀點。

　　和FCC一樣，國會的傳播政策活動也受到司法的監督和檢視。舉例來說，一九九七年，高等法院宣布了一九九六年電信法案的第五項條文（Title V）是違憲的，該法即是著名的傳播端正法案（Communications Decency Act）（*Reno v. ACLU*, 1997）。正如第三章所討論，這項法案的部分，對傳送或展示被視作淫穢、粗鄙，或是明顯侵害性資料的行爲加重其刑罰（一九九六年的通訊標準條例；亦見於第三章）。然而，法院發現這項法案違憲是由於它範圍過廣，且並沒有採用最小限制手段來達成強制性的政府利益。

　　在圖10-1所呈現的所有政府利益關係人中，在這個模式裏，法院有非常獨特的角色。只有法院的功能是完全以當事人的身分監督在政策制定三角形上機構的行爲，而非這些機構的代理人，或是任何其他的利益關係人。這是因爲，雖然法院在這個模式中被其他的利益關係人積極監控著，但這些利益關係人並沒有實質工具來影響決策結果（除了只能爭辯他們的案件），也無法對於任何不滿意的決定，對法院實施制裁。如果當事人－代理人關係要具體存在，當事人必須不只能夠監控代理人，並且當無法接受代理人的行爲時，還能採取對抗的行爲。

　　當然，和FCC一樣，法院的意識形態之組成是受到提名過程的影響，而這個過程常是行政與立法部門衝突的中心。然

而，和FCC或是政治人物的主要不同在於，法官的委任是終生的（而非固定的任期），因此除非退休或死亡，法官之撤職是非常困難的。另一個主要差異是，一旦法官被提名委任後，除了會被案件訴訟人要求辯論外，他們的判決大致上不受任何外部影響。Krasnow等人（1982）形容，「沒有競選基金、沒有投票箱，也沒有豐盛的午餐會去影響聯邦的法官們」（p.66）。

總括而言，在傳播政策制定過程中，法院特有的自主權，卻受限於其對傳播政策決策的數量很少，而抵消其影響力。不過，「司法的審理雖然很少進行，但對於每個行政或立法的行動都會產生威脅的可能性」（Krasnow et al., 1982, p.62）。因此，通常預期中司法部門的反映對於政策的潛在影響，往往大過實質的司法部門的動作。

政治層級

政治層級的傳播政策利益關係人，指的是那些經由公眾選舉過程而獲得職位的利益關係人（國會和白宮）。當然，國會和白宮的組成不只是選舉代表。行政部門裏，只有總統和副總統是唯一被選舉出來的代表。白宮的高層人員是由不同人事所組成，而行政部門的全體職員是被任命的，然而，他們的工作保障和聘任緊緊的和總統的政治命運糾結著。同樣地，對於國會在傳播政策制定的過程中，最有見識且有影響力的貢獻者，就是國會議員的諮詢幕僚。像總統的顧問和幕僚，這些參與者的政策涉入是屬政治性的，因為能否持續在傳播政策制定過程中參與，是維繫國會成員選舉命運的結果。

國會

國會代表了兼具當事人和代理人功能上，第一線的政策制定機構（除了白宮以外）。代表選民的（如公眾和產業）利益來

制定法律，在這個概念上，國會是一個代理人，並且受這些當事人監控，並且可能因爲逃避義務或責任而被他們制裁（如果其懈怠被察覺的話）。正如先前所提，只要覺得國會之服務並不符合他們的最佳利益，公眾可以罷免國會成員。同時，管制產業可以對那些其政策制定行爲和產業利益有所牴觸的國會成員，重新移轉或是收回所捐獻的競選捐助。這些當事人團體任一方的代理人，也可將國會行動帶上法院（第三個監控政策制定機構的當事人）。

　　首先，國會身爲代理人的角色，發現國會只注意——能影響——少數幾個與傳播政策議題密切相關的委員會及其相關小組委員會（Arnold, 1979; Heffron, 1983; Ogul, 1976; Tunstall, 1986）。眾議院（the House of Representatives）和參議院（Senate）都有商業委員會，皆有小組委員會負責至少一部分的傳播政策議題。在參議院裏，有傳播產業的小組委員會（the Subcommittee on Communications），而眾議院則有傳播、消費者保護，以及財政小組委員會（Subcommittee on Communications, Consumer Protection, and Finance）。這些小組委員會通常屬於傳播政策議題中有最大利益的國會成員，因爲國會成員在小組委員會的責任可被視作是一種零和（輸贏）的計算，其中每個成員主動去尋求能夠極大化其政治利益和個人滿足的委員會職務（Hamm, 1983; Weingast, 1989）。傳播立法設計大都發生在這些小組委員會內。因此，法案送交大會時，許多政策利益細節早已被綁牢。

　　身爲政策制定的代理人，國會通常會去回應一個或是多個當事人，而採取行動。舉例來說，當時盼望已久的一九三四年傳播法案之修改，大都來自不同傳播產業的壓力（Olufs, 1999）。一九九二年的有線電視法（The Cable Act of 1992），增

加了對有線電視產業之訂戶費率管制，其通過大都是為了回應來自於一般公眾和公共利益團體強烈壓力，不同這是極少數的情況。公共利益團體也著力於一九九〇年兒童電視法案（the Children's Television Act of 1990）的起草和通過，該法案要求電視台要提供服務兒童教育需求的節目規劃（見Kunkel, 1991, 1998）。

當然，在任何當事人－代理人的關係中，在當事人這部分若不嚴格監控，則容許代理人去從事自利的行為。某些人認為，公眾在傳播政策上的冷漠，使國會制定一九九六年的電信法案內容非常親商（business friendly），以藉此對重要的傳播產業示好（Olufs, 1999）。然而，必須再強調任何代理人「逃避」行為的需求，並不必然也有個人或物質上的動機。在政策制定的情境下，逃避一詞本質上也許有意識形態的意涵（Kalt & Zupan, 1990）。也就是說，政策制定者也許會利用制定政策時，因某些當事人在這部分只有少數利益，而乘機反映自己私人或政治的信仰。因此，更重要的是認定產業的去管制（deregulate）（或是強加管制）政策也許反映出意識形態的信念，比反映出物質或專業利己主義的追求還多（或者一樣多）。

這個例子討論之前所談到，國會身為代理人的角色，即代表在政策制定模式中「私營機構」層級當事人而工作。然而，國會同時也是一個當事人，它是監督FCC行為的主要機構。雖然就技術上而言，FCC是一個「獨立的」管制性代理組織，委員會常被描述為「國會的產物」，因為國會依一九三四年的傳播法案創造FCC，而且傳統上一直不遺餘力地進行監督（Napoli, 1998a）。

國會對FCC監控，最常見的或許是國會經常性的監督聽證會和調查委員會（見Laffont & Tirole, 1990; Napoli, 1998a; Scher,

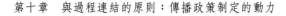

1960; Wilson, 1989)。根據Emery（1971）所述：

> 或許沒有其他的美國聯邦政府代理機構像FCC一樣，受國
> 會長期的調查……自從設立以來，FCC幾乎每年都處於國
> 會調查的威脅下。（p.395）

　　FCC成立的頭七年期間，眾議院和參議院提出了十一個決
議，要正式調查FCC（Emery, 1971）。這種對FCC慣性調查方式
一直持續至今（參見Napoli, 1998a）。在過去幾年，眾議院和參
議院因不同意FCC就一九九六年電信法案的執行，而舉辦過無數
次聽證會（如*Implementation of the Telecommunications Act of
1996*, 1996 *Reform of the Federal Communications Commission*,
1996；亦可見於Schiesel, 1997）。

　　聽證會和調查常被視為是國會要確信委員會會執行特定政
策方向的方法（Devins, 1993; Kim, 1991; Napoli, 1998a）。
Krasnow等人（1982）記載一些文件證明，國會在監督聽證會中
所表達之偏好，被迅速轉化成委員會政策活動的例子。舉例來
說，一九七一年議院傳播小組委員會的主席建議FCC設立一個辦
公室，專門處理兒童電視節目。這項建議很快被當時FCC主席
Dean Burch所採用（Krasnow et al., 1982）。在其分析由國會主持
之FCC的分析時，Napoli（1998a）認為這些分析報告不只用來
監控與作為對FCC績效表達不滿的信號，也是和行政部門之間爭
奪對FCC影響力的武器。

　　當然，任何當事人－代理人關係的監控強度，與利益和監
控的成本有關，若視國會監督FCC的強度為一常數，則又是過度
簡化。還有其他因素可能潛在導致國會監督FCC的強度的變化以
及有效性。舉例來說，政策問題的主題有一定的影響。特別的
是，愈技術性的與複雜的問題，國會監控委員會的效力就愈小

（見Napoli, 1997b, 1998b）。監督複雜的問題通常曠日費時，而且也許會超出國會成員專業的知識能力（Ogul, 1976）。除此之外，國會成員會依可能的政治利益來分配個人資源的投入（Moe, 1984）。同時在較模糊或較高科技的議題上，選民的利益與左右政策決定的能力降低。因此國會成員較無動機參與這一方面的議題（Stigler, 1971）。這點尤其重要，因為FCC絕大部分的決策主權屬於高科技類別（Napoli, 1997b）。

雖然國會利益和監控成本在監控相關於FCC的行為上，也有某些差異，但是明顯的是，國會通常有較好的立場去監控委員會的活動。另外，當委員會的行為過於偏離國會的偏好時，國會具有多樣的制裁力量可以運用。最常看到國會影響管制代理機構的方法是，如對FCC預算的撥款過程，藉著「金錢的力量」作為限制剛愎自用型管制者的行為，並且使其能有效地服從國會的命令（Owen & Braeutigam, 1978）。這項權利主要是屬於國會每個議院裏撥款委員會的小組委員會（Krasnow et al., 1982）。處理FCC撥款的兩個撥款小組委員會是在參議院的「貿易、司法、國家、法官，以及相關代理機構的撥款小組委員會」，和在眾議院之「貿易、司法、國家，以及法官的撥款小組委員會」。

根據Gellhorn（1978）所述，國會的撥款權對FCC會有四個影響：(1)它保證FCC會安排優先順序及服務績效，以獲得國會的同意；(2)它助長代理機構的領導者和國會間非正式的接觸；(3)個別的國會成員握有不相稱比例權威；(4)FCC的領導者體悟到藉由避免爭論性的政策以及謹慎行動，可以減少國會批評。一九八○年代在Reagan主權期間，FCC之預算削減大致被歸因於FCC的去管制計畫。

所謂金錢的力量在預算撥款附加條款（appropriations riders）

的形式上，變得特別直接及有影響力（參見Devins, 1993），尤其是以臨時基金對特別政策之維持、成立，或是修正來作爲交換條件（Krasnow et al., 1982; Reagan, 1987; Rowland, 1982a）。舉例來說，國會第九十八次的會議上，使用的附加條款來阻擋FCC要自由化電視台所有權的計畫。另一個附加條款則命令FCC考慮廢除公平原則的替代方案（Shooshan & Krasnow, 1987）。

一九七一年的立法是國會—FCC關係的特殊重要發展，是將FCC從永久授權的代理機構，轉變成需要每兩年重新授權的單位。根據Shooshan和Krasnow（1987）所述，國會制度的改變是國會企圖創造另一個壓力點，以增強它對FCC決策的控制。

應該強調的是，也許沒有長期直接影響活動的證據。取而代之的是，「控制是發生在預期的反映過程」（Gruber, 1987, p.13）。Reagan（1987）將這些間接方式稱之爲「軟性」監督，而非所謂「硬性」監督（直接控制代理機構的活動）（p.158）。Weingast和Moran（1983）視國會主宰管制代理機構的模式，是讓國會的影響永遠存在，但卻很少顯而易見。明顯的國會活動情況，如調查、聽證，或是立法等增多，這種現象被解釋爲非正式方式的影響正逐漸瓦解（Ogul, 1976）。從這個觀點來看，一九九六年電信法案的通過，可以被解釋爲FCC回應國會政策偏好是失敗的。同樣的，議員Jack Fields（衆議院電信傳播和財政小組委員會的主席）曾經提出一項法案來減少FCC的責任，並且減少FCC主席的差旅費以限制他在FCC的掌控權力（Braun, 1997）。然而這項法案並沒有通過，或許是多數立法提案，均主要是試圖威脅委員會改變其行爲罷了。這種方式的有效性是依賴對於立法威脅的預期反映。

總括而言，國會的功能在傳播政策制定的過程中，兼具當事人和代理人身分。國會必須對其立法活動中的利益關係團體

負責，如一般公眾、公共利益團體、法院，以及傳播產業的多重組成分子。同時，國會監督FCC的行為，並且有時為了使委員會行為符合國會政策偏好的最大化，因而採取行動。然而，接下來章節所述，國會不是唯一監控並且試圖去影響FCC行為的政策制定機構。和國會一樣，白宮的功能對於多重的利益關係人來說也是代理人，而對於FCC來說則是當事人。

白宮

常被提出的是，傳播政策的議題通常落入白宮的利益水準之下，因為總統沒有時間將心力專用於狹窄的政策範圍以及一個權力相對小的管制代理機構上。然而，如同此處所述，有一群發展中的研究文獻提出，白宮相當關注於傳播政策事務，並且試圖影響其結果，雖然這個強度可能根據在位總統的政策利益而有所變化。有一些總統已經被歸為非常主動積極，並且在傳播政策領域上極有興趣，包括了羅斯福（Franklin D. Roosevelt）（Kang, 1987）、甘迺迪（John F. Kennedy）、詹森（Lyndon Johnson）（無庸置疑的，部分是因為他的家族握有廣播產業股份）、尼克森（Richard Nixon）（參見Porter, 1976; Powe, 1987a; Spievak, 1970）、卡特（Jimmy Carter），以及雷根（Ronald Reagan）（Markin, 1991）。而那些被歸為對傳播政策領域普遍沒有興趣的，包括了福特（Gerald Ford）和杜魯門（Harry Truman）（Krasnow et al., 1982）。Rowland（1982b）主張總統在傳播政策制定上的影響力始於一九六〇年代末，當時行政部門開始介入原先被國會和管制產業主宰的傳播政策制定過程。

像國會一樣，白宮在傳播領域具有重要的政策制定功能。白宮可以向國會提出立法，也可以否決國會通過的法案。像國會一樣，白宮的功能在理論上是一個代理人，替它的選民當事

人工作，雖然自利行為也可能發生。或許最佳例子是，尼克森總統利用傳播政策制定的過程，對在新聞中呈現其負面報導及意見的媒體公司施加壓力（Powe, 1987a）。尼克森總統這個例子，包括了利用FCC去監控國家廣播新聞，以及用不換發執照的理由去威脅那些以負面觀點報導他的媒體公司（Powe, 1987a）。

除了作為政策制定代理人之外，白宮也監控FCC的活動，並且試圖影響它的行為。雖然許多傳播政策的議題，讓總統認為覺得離直接監控的程度還太遠，但行政部門卻控制了其他監控的實體。舉例來說，一連串行政部門對於FCC的研究和一九六○年代所執行的傳播政策領域的研究，以及一九七○年代早期行政部門所推薦成立的辦公室，提供了白宮面對委員會時的態度（Napoli, 1998a）。這些推薦最終促成尼克森總統在一九七○年成立電信傳播政策辦公室（the Office of Telecommunications Policy）（Napoli, 1998a）。尼克森總統的目的來自於他對國家新聞媒體行為的興趣，因而增加行政部門的監督以及影響FCC的決策（Lucoff, 1977; Miller, 1982; Porter, 1976）。電信傳播政策辦公室後來被卡特總統廢除，而後在商務部（Commerce Department）之下重新組為國家電信與資訊局（the National Telecommunications and Information Administration, NTIA），至今該單位持續監控以及參與FCC所面對的政策議題。

在影響FCC的政策決策方面，白宮的主要影響工具是委員的委派和重新委派之權力。總統有權委派五個FCC委員中每一個（最多可有三個來自同一政黨）有五年任期，雖然每一個委派皆需參議院的同意。委派的權力能明確的被總統利用在FCC中分配給志趣相投的人（Williams, 1993）。同時，再委派的權力給了總統機會在委員任期期滿之後，去替換掉不夠支持他政策偏好的委員，雖然實際上這種威脅的效果可能很小，少數委員甚至在

他們第一個任期即選擇離開（參見Flannery, 1995）。這個委派過程常被認為是一種政治酬庸，凡效忠的競選貢獻者和工作者，事成之後會被授予管制代理機構的職務（Cohen, 1986a; Eckert, 1981; Williams, 1993）。最後的結果是，委員非常可能支持總統在管制事務上的觀點（Moe, 1982），因而可以不需要密集的監控。

當然，參議院被賦予委派同意權的角色，該過程被形容是參議院與行政部門的「長期鬥爭」，並用來「形塑公共政策的輪廓」的權力（Mackenzie, 1981, p.95）。的確，將委員的委派視為只是白宮政策偏好呈現，是一種錯誤（Napoli, 1998b）。最近委派例子，如委員Harold Furchgott-Roth，是基於國會的推薦。委派過程的政治學，只是在傳播政策重複發生的主題之一，其持續在行政與立法部門之間對於政策結果的影響而鬥爭（參如Napoli, 1998a; Wiley, 1988）。或許這種鬥爭最極端的例子是促使國會於一九八二年將委員會委員人數從七個減少為五個（見Omnibus Budget Reconciliation Act of 1982, Section 501(b)(1)）。委員名額減少之原因，是少數國會成員不滿雷根總統在FCC委員的委派上，不採用共和黨參議員Ted Stevens的推薦Marvin Weatherly，而用了當時FCC總諮詢Stephen Sharp（Fuerbringer, 1982; "Senate votes", 1982）。此外，除了不召開Stephen Sharp的確認聽證會之外，國會表決廢除該職位。雖然以一般預算問題作為這個決策背後的理由，但真正的原因是在國會和白宮間以他們個人偏好去配給委員會職務的一場政治遊戲（Fuerbringer, 1982; "Seven to five", 1982）。

總統能經由委員的任命去影響FCC決策的這項論述，在一些量化研究中獲得支持。這些研究發現，總統的政黨取向會是一個對委員投票行為的顯著預測變數（Canon, 1969; Cohen,

1986; Napoli, 1997b, 1998b），共和黨所委派的委員比起民主黨的被任命者，是較親產業界或與贊成去管制的政策有關。Lichty（1961/62）和Williams（1976, 1993）的歷史研究得到相似的結論，Williams（1993）認為，總統的管制理念成為委員投票行為的最佳預測值。

要注意到藉由干涉委員會人事組成來影響政策，其中介入委員會上層職務任命不是唯一方式。根據FCC的前主席Richard Wiley（1988）所述，白宮不斷推薦「政治上可接受的」（politically acceptable）申請人到FCC較低層的「職位服務」（career sevice）職位上（p.281），雖然根據Wiley所述，用這個方式來影響委員會的雇用過程很少發生效用。

其他總統影響FCC的可能方式包括了利用預算辦公室（the Office of Management and Budget）、司法部門（the Justice Department），以及其他行政辦公室對FCC施加壓力。正如先前提到的，國家電信與資訊局（NTIA）現在是白宮主要政策左右手。在影響政策結果方面，NTIA職務主要是在推動政策方面，因其本身只有些微政策制定的力量，但它能影響FCC在傳播政策議題上的思維（Krasnow et al., 1982）。

總括而言，雖然總統在FCC的監控上可能比國會的監控來得弱，但總統具有影響委員會行為的工具。正如此處提到，這種影響效果常會遇到國會的反對。其反映的事實是，傳播政策制定過程的政治層級，常被形容為行政和立法部門間影響政策結果的衝突與矛盾，而FCC則是這些政策鬥爭的核心戰場。

官僚層級

「官僚」層級指的是主要政府代理人，也就是美國聯邦通訊委員會，其負有規劃、實施，以及執行傳播政策的責任。在某

些情形上，這些政策由國會而下的；在此種狀況下，FCC的責任在決定實施和執行的細節（國會在提供細節上經常是含糊不清的，見Olufs, 1999）。在其他情況下，委員會在自己的創制權上，發展、採用，並且實施政策。正如此處所述，官僚層級的關鍵特徵是相對而言其與公眾影響力絕緣，但在政策制定的過程中易受其他利益關係人影響。

美國聯邦傳播委員會

如**圖10-1**所示，美國聯邦傳播委員會（The Federal Communications Commission, FCC）代表了在政策制定模式中的「官僚」層級，並且是傳播政策制定過程的最後一個階段。這個模式清楚的指出，FCC為許多選民當事人服務。它的所作所為時常在受管制產業的監視下，以及公眾和公共利益團體較低度的注視下進行。另外，其管制決定受到法院檢閱，法官可以拒絕或不拒絕接受委員會的政策行動。正如前幾章所述，法院常宣布委員會的許多管制措施為獨斷、善變，或是違憲的行為。另外，委員會必須為權力更大的政治監督者（如國會和白宮）服務。FCC是傳播政策立法的主要實施者和執行者。

要瞭解FCC的行為必然需要考慮在委員會的職責裏，政治性和產業環境兩者的動態，以及考量較廣的理論和在政府官僚體系本質和行為模式的研究。Downs（1967）的研究是整合這兩種思想組成為起點，他強調利己主義是政府官僚行為的核心動機。Downs官僚理論的基本前提是「官僚人員就像在社會中其他代理人一樣，他們的利己行為（雖然不是唯一的因素）就是行為動機」（p.2）。上述觀點由Stigler（1971）和Peltzman（1976）所發展的管制行為是古典理論，與「逃避」之自利行為的表現非常重要，兩者共同界定出本節對當事人－代理人觀點的討論。Downs（1967）概述官僚行動者的一般動機，包括：權力、

金錢、聲望、安全、工作績效上的驕傲、公益服務的欲望，以及對特定計畫工作的責任感等等。雖然明顯地，Downs沒有提供任何這些目標的排名順序，但從這些項目上，瞭解政府管制者的行為已顯著地描述在官僚的利己主義中。

這種官僚的利己主義通常已知的結果是，管制性的官僚主義者主要關心的是維護和改善自己的地位，因此有意識或無意識地為保存或擴張他們既存的官僚體系來做決策，且不管這些決策是否與公共利益有關（Downs, 1967; Peters, 1995; Tullock, 1965）。根據Arnold（1979）所說的「預算保障」（budgetary security），指出代理人之預算維持是任何官僚體系的主要目標。第二個動機是「預算成長」（budgetary growth），而公共服務地位則是第三個刺激因素（Arnold, 1979, p.21）。根據Horwitz（1989）這個觀點的摘要，管制者：

> 是成天只關心管制，即他們的行為背後有一個假設，那就是愈多和愈好的管制措施將會解決他們面臨的問題。以目前管制代理機構數量以及規模已達空前，以及他們管轄權的擴張，皆是此觀點的證據。（p.39）

管制者被某些人貼上「官僚帝國主義」（bureaucratic imperialism）（Tullock, 1965, p.135）的標記，或被其他人貼上「官僚帝國大廈」（bureaucratic empire building）的標記（Peter, 1995, p.35）。這個趨勢已經被應用至傳播產業管制上，去解釋為什麼即使在「去管制」（deregulation）時代期間，FCC的預算和員工規模還持續的成長（Braun, 1997; Egan, 1996; Mosco, 1990）。官僚的利己主義看法已納入一些分析FCC的研究。自利管制者的假設是，Noll等人（1973）對於FCC行為研究的核心理論。為呼應Downs之研究，LeDuc（1973）主張，FCC所做的任何決定皆為

擴張其自身的官僚體系。

當吾人將FCC視為一自利的管制主體，且被有力量影響管制目標的多重當事人所監控時（藉由權力、財富、預算的成長……等），就不難理解為何委員會在歷史上那麼容易受其政治和來自產業的監督者之影響。如果這些團體之密集監控，並且有能力對偏離行為實施制裁，官僚之自利行為極可能遵循這些利益關係人一個或多個的政治偏好。舉例來說，William Kennard在擔任FCC主席時說過，令人厭惡的國會監督者，常利用委員會改組、預算刪減，或是公開廢除等方式，來改變委員會的政策方向。

當然，當事人的監控很少是滴水不漏的，這個現象也製造出「逃避」的機會。Peters（1995）以及其他人指出，管制代理機構在面臨國會和總統監督時，若要有效的行使其自主權，這項機會主要來自於管制者要比監督勢力掌握有更多的資訊優勢（亦可見於Hopenhayn & Lohmann, 1996; Spiller, 1990）。尤其在科技的領域上，如傳播科技，管制者可能比起那些委派並且監督他們行動的人來說，在多種影響的政策選擇上，會掌握到較佳的資訊。因此，「在最終的政策結果上，來自於對代理行動的影響缺乏資訊，或是對於代理行動的影響缺乏瞭解時」，上述這兩個不確定性會讓代理機構產生問題（Calvert et al., 1989, p.599）。當國會和白宮形成政策偏好時，管制者極可能是國會和白宮的主要資訊來源，在影響政策結果上，管制代理機構有某種程度的自治權可凌駕於其政治監督者之上。

雖然自主權可被用在自我維護的行為，但管制者也可能有自己對於政策方向的偏好和意見。Peters（1995）將這個描述為「代理機構的意識形態」，其有兩種形式：「軟性的」代理機構意識形態，被定義為代理機構偏好於既有管制規劃；而「硬性

的」代理機構意識形態，則是因官僚利益而強加新的政策優先順序。明白說來，這個概念和之前關於國會立法行爲「意識形態的閃避」的討論是類似的（Kalt & Zupan, 1990）。

　　總括而言，FCC代表在傳播政策制定過程上的最後一個階段。從這點來說，它是政策制定過程中每一個利益關係人的代理人，並且受到每一個利益關係人的監控和影響。然而這並不是說，FCC在政策決策上完全沒有自主權。因爲利益關係人也許缺乏監控的強度，或是缺乏影響的工具（或是兩者兼具），而因此在委員會的決策上有自主的空間。不過，正如本章的模式以及下一章的資料，若說FCC是個「獨立」之管制代理機構，是有稍許的不精確性。

過程與政策的整合

　　在這裏所提的政策制定過程的本質，可以幫助解釋爲何傳播基本原則經常可作爲政策行動之後一種模稜兩可的說詞，而無法成爲一種評量政策的有力分析工具。第一，顯而易見的是，政策制定的過程中充斥各種參與者。這些立場分布甚廣的現象製造出很多可能的衝突。正如先前所述，國會和白宮長久以來爭奪在傳播政策制定上掌控權的鬥爭，而FCC常就是這個戰場（見Napoli, 1998a; Wiley, 1988）。另外，管制產業在這個過程的參與，從遊說到立法過程都製造出可能影響政策結果的多衝突觀點和利益的機會。

　　這個情況在一些方法上影響了基本原則之使用。第一，訴諸較廣博的規範性目標，對於達成滿意的政策結果來說是一項具有價值的策略。因此，通常每一個利益關係人在這個過程

中，皆以公共利益（以及其次組成要素）爲僞裝，去掩蓋其本身的利益。結果是，基本原則成爲不同的、甚或相反的政策選擇和策略的合理化說詞。然而，此處的關鍵在於，特殊利益關係人能成功實現特定政策是基於密集監控與操作工具，而非該政策眞能提升什麼基本原則（如多樣性、普及服務……等）。不幸的是，在於行政紀錄上，政策決策只成爲特定政策原則的呈現，而缺乏政策與這些原則適用的連貫性。因此，政策制定過程的結構和動態，只是助長了基本原則成爲利益關係人利己的口號工具。這些利益關係人輪流損害這些原則，讓傳播政策的規劃和分析成爲穩固且連貫的指導原則的可能性喪失。

第二個因素和第一個因素有部分相關，那就是傳播政策是多重利益關係人競爭下的產物，政策結果常代表了競爭利益間的妥協（Krasnow et al., 1982; Olufs, 1999）。在這種情況下，基本原則的功能可以讓這些妥協的結果提高到一個更廣博的公共利益意涵上。因此，當一九九六年電信法案起草時，由於市內和遠距電話公司都投入極大賭注，最後法案是以競爭原則爲由來告知大眾（Olufs, 1999; 亦見第七章），但事實上該法案是促進產業部門內外的集中度（Alger, 1998; Masci, 1999）。在這樣的情況下，決策者有必要公開訂下一致性的主題或概念，向所有的參與者宣示這個過程能產生具有價值的結果，那麼如果利己主義行爲在政策結果中沒有出現，至少可以實現廣博的規範目標。因此，如果基本原則又被使用作爲口號工具的話，在這個情況下，只是讓政策制定者除了能妥協私利之間的競爭外，感覺上多做了一些事情。

最後的關鍵點在於，這些基本原則的功用在本章被描述成兩大功能，絕大部分是因著它們的不一致和模稜兩可的特性。而在此處強調選擇性的使用所造成的現象。舉例來說，爲懲戒

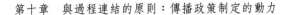

FCC傾向柯林頓總統提出電視台必須提供政治候選人免費時段的提議（一九九八年國情咨文期間），國會因而斷然認定該政策沒有落實公共利益精神。由於國會的壓力，FCC先是縮小實施範圍，但最後終止這方面的政策活動（見「Kennard的建言」，1998）。明顯地，政治花招要能控制傳播政策制定，公共利益概念要能夠模糊，才能在這個事例上被運用，即FCC所施行的與國會反對的是同一件事情。同樣地，模稜兩可的性質促成彈性的極大化，也促使基本原則能在安協結果的情境下皆能有效。

這裏討論基本原則在定義上的不一致和模糊，部分是歸因於傳播政策制定過程中組織的動態結果。這些機構的動態關係，只助長這些原則口號性質，而非分析性。接下來的一章會提到，基本原則的分析使用，更進一步地被某些主要的傳播政策執行與評估者──與FCC之間的結構特性所損害。

第十一章　聯邦傳播委員會（FCC）
與傳播政策分析的限制

在先前的章節中說明了聯邦傳播委員會（FCC）在傳播政策制定過程的獨特角色。FCC的功能就好像一個在過程中協助其他利益關係人（stakeholder）的代理人（agent），而非當事者（principal）。因此，所有委員會的活動是受到所有利益關係人的檢視、批評與影響。此外，FCC是主要傳播政策的詮釋者、計畫者與執行者。所以，任何在利益關係者之間成功推行的政策或是重要規則的發展，都會由掌管政策制定最後底線的委員會來通過。很明顯的，FCC位居一個重要的樞紐角色，就很多方面來說，其功能就像一個傳播政策制定的學者機構。因此，此一委員會確實是值得受到特殊重視。此一章節會著重探討FCC作為一個政策制定者的角色，以及對政策影響的特定結構性。這些結構性的、行為的因素對如何在政策制定過程中利用這些基本原則，有著重要的含義。

先前的章節中說明了政策決定可以藉由當事者與代理人之間的相互作用來瞭解，就某種程度而言，當事者的監控功能可說是當事者對代理人的影響。在這一章節中，以聯邦傳播委員會（代理人）與兩個「私部門」（private sector）之當事人——即公共事業部門與受管制產業——之間的關係，做一個當事者與代理人之間的觀點測試。這個測試的結果顯示，委員會的政策確實受利益關係人監控的深淺程度所影響。

這本書著重在探討政策制定過程中，基本原則作為分析的工具時所扮演的角色，這不僅對檢視FCC與其他利益關係人的關係很重要，就政策分析者的行為而言也非常重要。也就是說，既然FCC為傳播政策制定的主要角色，檢視它的分析能力以及該分析能力對委員會政策所產生的影響，則是非常關鍵。我們會在此章節的第二部分對此加以探討。正如本段落所描述的，傳統上，FCC缺乏必要資源與組織架構，以針對政策的正當性（或

影響）做充分的實證分析。因此，政策的決定並沒有充分的實證基礎與可以用來支持或是證明政策決定的原則，不同於在評估過程的分析工具，政策變成了空泛的口號觀念。最後，傳播政策制定過程的動力與主要政策代理人結構，兩者都對傳播政策基本原則造成不一致性與模糊性。

「私部門」利益關係者的監督與FCC政策制定：傳播政策的案例探討

　　先前的章節裏主要描述傳播政策制定的過程，並將此過程比喻為多重當事人與代理人間交互作用下的結果。本段檢視當事者之監督對代理人行為的影響，即以利益關係人對FCC廣電政策意見內容來分析其影響。本分析著重在兩個以FCC為例之當事者－代理人間的關係——即FCC與公眾和受管制產業的關係。因此，本分析並不是在檢測第十章裏面所描述的整個政策模式。因為本章僅著重在廣電政策之制定，因此它的項目自有其局限。不論這項分析是否對整個項目分析有所限制，透過探討FCC與「私部門」利益關係者之間的關係，仍然代表在此一模式下每項關係對基本理論的檢測。

方法論

　　運用當事者－代理人觀點（principal-agent perspective）對FCC的行為所做的研究，主要是利用不同利益關係人團體對委員會的廣電政策所提正式意見的檔案。在代理人理論（agency theory）中，這些意見是利益關係人團體對管制偏好度，以及這些團體對委員會監督行為強度的測量。因此，對某個特殊政策的

意見的增加,可以被視為是利益關係人監督增加的指標。

第一階段的分析包含了製作一個FCC廣電政策的樣本。樣本中的每個政策,在FCC的檔案影音處理系統(Record Image Processing System, RIPS)❶中,所有的正式意見都是以總數、來源(例如:利益關係人種類)、意見立場(例如:贊成或反對政策)做內容分析(content-analyzed)。鑑於從一九九二年利益關係者的意見資料才製成電子檔,因此對於FCC廣電政策之意見取樣的開始日期是從一九九二年一月起。利用LEXIS "FCC"資料庫,使用以下的關鍵字索引從一九九二到一九九七年的資料:「訴訟(命令)ACTION(ORDER)與意見(廣播)OPIN-ION(BROADCAST)。」這個搜尋字串找出每個FCC歸類為「命令」(order)、「報告與命令」(report and order),或是「備忘錄與命令」(memorandum opinion and order),且在政策內文中包含了「廣播」(broadcast)的政策❷。「命令」、「報告與命令」與「備忘錄與命令」都是委員會所分配給任何執行或是撤除某項政策的文件檔案標示文字。因此,任何相關FCC政策應該都會以「命令」加以標示。

這些決策以是否符合以下的標準檢視:(1)是否屬於無線地面廣播之決策?(2)這個決策是否修改、刪減或是制定屬於無線地面廣播產業之規定或政策,或涉及FCC在無線地面廣播產業的角色與功能?在最後的資料中,任何決策都必須符合這兩項標

❶ RIPS是FCC公開的意見存取電子系統。這次研究中,RIPS是唯一可以從FCC華盛頓總部公開取得的。在專案的資料蒐集完成之後沒多久,FCC將所有原本放在RIPS的資訊轉到FCC的World Wide Web網頁(www.fcc.gov)。

❷ 一個與FCC公共事務辦公室Library分部總裁的訪問中,總裁證實LEXIS是一個可以比手寫提供更徹底的FCC決策紀錄的資料庫,例如 FCC Record 或是 Federal Register(personal communication, Thomas, 1997)。

準。許多利用字串搜尋出來的案例並沒有符合這兩個標準。在許多案例中，「廣播」（broadcast）這個名詞出現在其他產業的決策當中（例如：衛星、有線電視、手機），而這些案例也必須排除掉。相同的，許多由字串搜尋出來包含頻譜分配表之修訂、廣播執照申請、續約、喪失等的案例，爲了將焦點維持在有關政策的決策，也被排除掉。從一九九二到一九九七年間，總共有三十四個案例是符合上述的標準。從這三十四件當中任意取出十九件來做內容分析（content-analysis）❸。

　　政策的分析可以分成三個階段。第一個階段確認每個政策的決策議題。也就是說，在任何的決策檔案中，委員會都決定一個到二十個以上的決策議題❹。提議者一般都針對一個或多個個別議題提出意見，這些意見皆呈現在「規則制定提案公告」（Notice of a Proposed Rulemarking, NPRM）中。最後的命令通常會總結每一個政策議題、委員會對特定政策的提案（有時候會提出一個以上的提案，這些會被個別歸在不同的議題）、利益關係者所選擇的意見，以及委員會對每個個別議題的最後政策。因此，認清該決策是對哪個層次的議題所做的決定是非常重要的工作，並且這些議題是這次研究的主要分析部分。所以

---

❸只單從三十四件決策中來分析是必需的，因爲任何一個決策有太多的意見（不論在數目或是內容長度）被做成檔案，並且這樣一來才能在有限的時間內從Record Image Process System at the Federal Communications Commission取得我們需要的資料。

❹在一個Notice of Proposed Rulemaking（NPRM）中，委員會通常提出的提案是屬於一段範疇的相關議題。例如，一九九七年所做的一個對更改廣播設備後（FCC, 1997b），執照取得程序的修訂；包含了十三個不同的政策議題，這十三個問題包括是否增加允許FM或是電視廣播站天線發射中心的位置變更；是否允許廣播站從營利性執照更改爲非營利性，而不需要重新申請執照；與是否允許營利性FM電台不須透過執照申請就增加他們的有效發射功率（ERP）。

在十九個決策樣本中，提出了八十九個政策議題，這八十九個議題便是這次研究的分析單元。接下來，每一個個別政策議題會依據委員會政策提案是否被採用來編碼。這個分析輕易的透過命令來判讀決定。

利益關係人的意見是從FCC中公共資料參考室（Public Reference Room）的RIPS所取得。意見分析的部分在一九九八年夏天花了三個半月的時間完成。RIPS包括從一九九二年初以來，在FCC政策檔案中所有正式意見的掃描資料。總共分析超過一千組利益關係者針對八十九項個別政策決策的意見。

根據兩個主要的標準做利益關係者的意見內容分析。首先，依據他們是否支持或反對這項FCC的政策提案來做內容分析。若使用Scott的pi[5]，此一變數的交互編碼（intercoder）的可信度為.95。當然，並不是每個意見者都會針對在政策檔案裏的所有政策議題。有些意見者會有系統性的針對個別政策議題；然而，另一方面，有些意見者並不提出任何個別議題，反而完全提出其他方面的議題，或者大致提出警訊或時間表（像這樣的意見也被排除）。在八十九個個別政策議題中，每個議題所擁有的意見數從零至四十四都有。

意見者的身分被記錄在十三組可能的利益關係者項目中，這些項目由透過檢視一組意見樣本與確認重複意見者的類型所建立。這些項目與它們相關的描述都列舉在**表11-1**中。這樣的編目方式，以Scott的pi來算，其Intercoder可信度為.98。這十三種項目最終會歸結到四個項目中。特別是廣播產業協會、國家

---

[5] 八十九個決策議題中，有二十個意見（全部的22%）是被記錄在第二編碼的。在這二十個決策議題中，記錄了總數兩百零一個意見。

表11-1 利益關係者的項目與描述

利益關係者	描述
廣播產業協會（Broadcast Industry Association）	任何廣播組織（不論是電台或是電視），例如低功率電視台協會、AM廣播協會等
國家廣播人協會（NAB）	國家廣播協會
電子產業	任何致力於電子設備製造的公司或組織（例如：天線、電腦、電視機等）
商業的傳媒（Commercial Broadcasters）	任何營利性的電視台或廣播站擁有者，網路等
競爭產業（Competing Industry）	任何在FCC規範的產業（由over-the-air廣播產業來區分）下運作的公司或組織
公共利益團體（Public Interest Group）	任何代表一般公眾的遊說組織（例如：Action of Children's Television）
政府機構（Government Organization）	任何代表政府部門的組織（例如：NTIA、NASA、FTC）
非商業的傳媒／組織（Noncommercial Broadcaster/Organization）	任何非營利性的傳播站、網路或團體
個人（Individual）	任何提供意見的個人
產製業（Production Industry）	主要致力於媒體內容產出的公司（例如：Universal、Columbia等）
研發機構（Research Institute）	主要在研究的組織或是智囊團（例如：Heritage Foundation、Brookings Institute）
輔助傳播組織（Auxiliary Broadcasting Organizations）	那些提供服務給廣播產業的組織／公司（例如：法律事務所、工程師）
其他（Other）	那些無法歸類或是包括了以上數個項目的意見者

廣播人協會（the National Association of Broadcaster, NAB）、輔助（auxiliary）廣播組織、商業廣播人，以及非商業廣播人等，都會被歸類成一般性「廣播產業」項目裏。而「競爭產業」則是依舊爲一獨立項目，因爲這有助於檢視產業之間相互競爭會如何影響決策結果。至於「個人」與「公共利益團體」則會被歸結在第十章的模型中廣義的「公共」項目內。值得注意的是，在八十九個所分析的決策中，僅有三個是有公共利益團體參與（因此將他們包括在「個人」項目中當成單獨自變數），此顯示公共利益團體監督——及參與——廣播政策過程比例是出奇的低。最後，剩下的項目〔電子產業、製造業、研發機構、政府組織（如NASA、FTC和其他）〕則被歸納爲「全部其他」的項目。這最後的項目代表所有在第十章中沒有提及的團體。當然，政策制定過程並非一個只能被模型中的所提及之利益關

表11-2 變數描述

變數	描述
DECISION (DV)	政策描述（0＝不採用的政策；1＝採用的政策）
BIFAV (IV)*	支持政策提案的廣播產業意見數
BIOPP (IV)*	反對政策提案的廣播產業意見數
COMPFAV (IV)	支持政策提案的競爭產業意見數
COMPOPP (IV)	反對政策提案的競爭產業意見數
INDIVFAV (IV)	支持政策提案的個人意見數
INDIVOPP (IV)	反對政策提案的個人意見數
RESTFAV (IV)*	支持政策提案的其他類利益關係者意見數
RESTOPP (IV)*	反對政策提案的其他類利益關係者意見數
TOTALFAV (IV)	支持政策提案的意見總數
TOTALFOPP (IV)	反對政策提案的意見總數

*註：參見內文對於如何拆解其他利益關係人項目以形成這些變項之過程描述。

係者而近用的封閉系統；只是其他團體的參與一般來說都太不頻繁，沒辦法將他們納入此模型中。儘管如此，這些利益關係者依舊被包含在對政策結果影響可能性的實證測試之中。

最後，政策與利益關係者的意見資料會被用以下的方式來組合：對於任何個別的政策議題，是可以從每個利益關係者項目中來計算支持或者是反對政策提案的意見數。在此分析當中的全部變數都被列舉在**表11-2**中。

結果

表11-3為依據它們相關變數分類的全部法策的次數分配。正如表中所示，八十九個決策議題當中，六十五個（佔全部的73％）議題決策提案被採用。二十四個（佔全部的27％）沒有被採用。這樣的結果顯示，只要提案被提出來，被採行的可能性是很大的（χ^2=18.88, ρ <.01）。

表11-4列出每個廣泛的利益關係者項目的平均參與的意見數。如表中最後一列所示，每個議題的平均意見數為9.19。值得注意的是，就任何一項的意見數都很高；然而，若是將項目細分成委員會正在考慮的每個個別政策提案，則相關意見的平均數目是降低的，也就是說，意見者並不會將全部的政策提案都提到委員會中。

表11-3　政策分析

政策	頻率	百分比
被採行的政策	65	73
不被採行的政策	24	27
總數	89	100

註：χ^2=18.88（ρ <.01）.

表11-4　利益關係者項目的意見平均數

利益關係者	平均數
廣播產業	5.78
競爭產業	1.55
個人	.44
其餘	1.43
所有項目	9.19

　　以利益關係者項目的參與者來看，並不令人意外的，傳播產業的參與者占了全部參與的主要部分（每個議題5.78），第二名的是相關競爭產業（1.55）。個人參與的部分，在每個議題上只有小於一個意見（.44），然而其他利益關係人項目每個議題的意見卻高達1.43。因此，此研究的結果顯示，廣播產業與競爭產業為對FCC傳播政策監督的主要力量。同時，還需要注意一件事實，也就是在許多案例中，某些利益關係者項目並不對個別政策議題提出任何意見或看法，因而使得每個利益關係人項目的整體平均下降。

　　表11-5是邏輯回歸分析的結果，在分析中，支持政策提案的總數（TOTALFAV）與反對政策提案的總數（TOTALOPP）都是被當作單一獨立的變數❻。邏輯回歸並不會產生等同於線性回歸的R²值，但會產生一些類似的數值（Hagle & Mitchell,

❻邏輯回歸是一個標準線性回歸的變形，是特別被設計來看分叉關聯變數（dichotomous dependent variables）的（詳細請閱Hosmer & Lemeshow, 1989；Menard, 1995）。因為一些原因，邏輯回歸比較像OLS回歸方式的分叉關聯變數。不像線性回歸，邏輯回歸模型總是讓預測值介於0與1間。而且，邏輯回歸克服了二位元獨立變數的線性函數所造成的heteroscedasticity inherent（Demaris, 1995; Morgan & Teachman, 1988）。

表11-5　意見與政策結果總數之間關係的邏輯回歸分析（N=89）

變數	B	S.E	-2LogLR	EXP（B）
TOTALAV	.08	.05	3.24	1.08
TOTALOPP	-.09	.06	2.69	-.91
Constant	.85	.38		

註：調整後之擬-R^2=.11（ρ <.05），在0.5之水準下沒有獨立變數是顯著的。

1992; Menard, 1995）。在這些「擬-R_s^2」數值當中，Aldrich與Nelson（1984, 1986）的擬-R^2比起Hagle與Mitchell（1992）的四個擬-R_s^2要來得好；所以在本分析中採用了這個方法（在Hagle與Mitchell建議下，還是做了些調整）。

此表（與**表11-6**一起）也包含了標準誤差係數的資料，-2LogLR（此一統計量是用來評估對獨立變數的顯著水準）以及跟每個係數相關的相對比值（Exp(B)）。相對比值大於一的話，表示當獨立變數增加時，決策被採用的可能性愈高。相對比值小於一的話，表示當獨立變數減少時，決策被採用的可能性愈高。如**表11-5**所示，兩個獨立變數在.05的水準皆不顯著，此模型整體的解釋力還是很低。即使是在.05的水準下顯著，這些結果顯示多數偏好也不是FCC廣播政策之強烈決定的因素。

表11-6是將打散的利益關係者項目當成獨立變數，所做的邏輯回歸模型結果。結果明顯的與**表11-5**大不相同。支持意見的廣播產業（BIFAV）（B=.30, p<.05）與反對的競爭產業（COMPOPP）（B=-.54, p<.05），兩者的數目在.05的水準下皆顯著，表示當支持廣播產業政策提案的意見增加，政策被採用的可能性就跟著增加；當競爭產業反對政策提案的意見增加，政策被採用的可能性就跟著減少。沒有任何其他獨立變數在.05的水準下顯著。然而，值得注意的是，個人意見者變數（包括

表11-6 利益關係者意見與政策結果間關係的邏輯回歸分析（N=89）

變數	B	S.E.	-2LogLR	Exp（B）
BIFAV	.30**	.14	10.09	1.34
BIOPP	.01	.11	.02	1.01
COMPFAV	.13	.17	.73	1.14
COMPOPP	-.54*	.24	6.14	.58
INDIVFAV	-1.01	.99	1.68	.37
INDIVOPP	6.20	31.46	2.28	495.64
RESTFAV	-.02	.17	.01	.98
RESTOPP	-.32	.31	1.06	.73
Constant	.70	.47		

註：擬-R^2=.43（ρ <.01）.
　　*ρ <.05.
　　**ρ <.01.

INDIVFAV與INDIVOPP）的相關係數，表示反對政策提案的民眾個人意見數與被採納的提案可能性較有關聯，且支持提案的民眾個人意見數與提案不被採納的可能性較有關聯。

　　此模型之整體的解釋力比所有利益關係者意見被歸納成支持或反對項目時強得多。此模型修正後的擬-R^2值爲.43（p<.01），顯示利益關係團體（特別是廣播產業與競爭產業）的監督行爲，以數量與立場來測量，對FCC之廣播產業政策的變異性提供了合理、必要，和在統計上顯著的解釋力。

結論

　　所呈現的結果提供了在第十章委員會政策機制中，當事人－代理人模型重要觀點的支持。如第十章所討論的，公眾一般來說，欠缺可以讓他們明確影響委員會決策的興趣、資源及工

具。此結果說明了爲什麼來自一般公眾與公共利益團體等這些
利益關係者的低度參與的現象，並沒有對委員會的政策制定活
動產生強力的監督作用。此外，不同強度的監督活動並未與委
員會的決策結果有任何關聯存在；也就是說，不但監督的強度
沒有達到可以讓委員會感受到必須回應的程度，利益關係者團
體也沒有足以促使委員會遵循他們所希望之政策偏好的工具
（例如：制裁的力量）。所以如第十章中所述，由此得證公眾與
FCC之間存在一個非常薄弱的當事人－代理人關係。

　　相反的，被管制產業的監督活動則與FCC廣播政策有明顯
的相關性。特別是結果說明，廣播產業所支持之政策提案的強
度，很明顯的與政策被採納的可能性有關聯。當然，到目前爲
止廣播產業仍是所有利益關係者團體中最活躍之委員會政策參
與者與監督者。而這些參與似乎也對決策結果產生影響。

　　此結果同時也表示，競爭產業與廣播產業同爲影響FCC廣
播政策制定的重要影響來源。競爭產業成爲第二個最積極監督
FCC廣播政策活動的團體，或許並不意外。這樣的結果表示，反
對廣播政策提案的意見數與政策不被採納的可能性有關聯。這
些結果顯示，當競爭產業視廣播政策提案威脅到他們的利益
時，他們可以影響委員會否決該提案。這些結果說明對FCC行爲
之傳統「產業綁架」（industry capture）理論的一致批評，特別
是此理論方法需要變得更成熟，要能說明在FCC的政策制定過程
中相對較小的一個部分（在此例爲廣播政策制定）中的事實；
即多重利益產業各自有不同政策偏好，每個產業都會依據自己
的偏好來影響委員會。但若說任何一個產業部門已經「綁架」
（capture）FCC，是過於簡化政策過程的事實。

　　最後，私部門之當事者對FCC的監督，若以正式意見的量
與立場表示，似乎成爲對FCC政策結果的重要解釋因素。雖然本

分析並沒有說明當事者監督的重要性，但有如下兩個限制。第一，此一研究僅著重列舉在圖10-1當中的一些當事者、代理人關係。第二，此一研究僅探討到相當少的FCC政策活動的文獻。因此，它應該被視爲一個特例的研究，與將整個FCC政策責任的通則化則較爲不妥。

FCC的分析能力

先前的部分印證第十章裏所提到的一些基本論點：政策制定者受到當事者監督、某些當事者（即公眾）並不能強力的監督，且這種監督也不會對政策結果產生影響，特別是當這些當事者並不能直接對代理人的錯誤行爲做出制裁時。就某種程度來說，這樣的政策事實上是當事者與代理人間的互動結果，這樣的互動過程表示當事者如何利用政策制定過程（請看第十章）。而FCC的分析能力也是同樣重要。如同這一部分所述，委員會的分析方向與委員會的架構有某些缺陷。

在先前章節裏，已經探討過被視爲潛在有效政策分析工具的基本政策原則。從這些章節也看到，FCC常常無法適當地闡明這些原則的概念，也時常無法利用基本原則作爲實證分析工具。這些模式顯示出委員會內之架構的不恰當。以較廣的發展條件下與聯邦政府的政策分析演變檢驗FCC的分析能力，發現這樣一個結構性的不適當性確實存在，且在觀念上或實證上並沒有利用基本原則作爲有用的分析工具。

聯邦政府的政策分析

首先必須將FCC組織所使用之政策分析方式，置於整個政

府的背景下聯邦政府所使用之政策分析方式，才能夠理解。許多FCC的分析模式與發展，都是模擬整個聯邦政府內的發展。重要的是，吾人必須認清在FCC內的分析能力的弱點並不只發生在FCC，反倒是在聯邦政府內使用適當與充足之政策分析時一種普遍的缺失。

　　根據Williams（1998）的美國政策分析的歷史，社會科學政策分析一直到了一九六〇年代，才成為聯邦政府內政策制定過程中的重要一環，其始於Kennedy政府，後來到了Johnson政府才發展開來。根據Williams所述，「組織性的政策分析開始於一九六一年，當時的國防部長Robert McNamara，同時也是總統John Kennedy最有權力的內閣閣員，在他主要的預算官員Charles Hitch下面成立一個政策分析辦公室；在他還在蘭德智庫（RAND）時，Charles Hitch協助發展政策分析的基本觀念」（p.1）❼。聯邦政府的所有部門，包括了獨立的管制機構，最後都瞭解到政策分析的重要性。根據McGarity（1991）所述，管制機構內的決策在慣例上非常依賴直覺與經驗，這是與實證分析方法相背道。同樣的，在大部分這些機構內，「主要的組織目標是在找出一個可以在法理上存活的規則……至於該項規則的實質益處反而是次要的議題，遊戲規則的效益反倒可以超越它的價值」（McGarity, 1991, p.7）。管制機構的政策人員中，律師角色的重要性也許有助於解釋這個時期制度性的現象（McGarity, 1991）。

　　然而，一九六〇年代，典型的政策分析師卻將政策的制定過程帶往了一個不同的方向。根據Williams（1998）表示，「典

---

❼ 關於蘭德智庫與政策分析發展的詳盡描述，請見Tribe（1992）。

型的分析師皆有經濟學博士的頭銜才能進入政府機構,並且將研究當作取得政策制定所需資訊的方法」(p.5)。所以在大部分的機構中,實證分析變成政策制定過程中重要的部分。這些分析通常反映出分析師所受的專業訓練,而通常採取的是傳統的成本-效益的方法。此方法一般先做以下的假設:(1)除非效益大於成本,否則一個行動不該被執行。(2)為了要決定效益是否大於成本,必須讓所有效益與成本在同樣的尺度或單位下做比較(例如,以金額的計算方式),如此一來才能夠彼此比較(Kelman, 1992)。

因此,政策決策由毫無數據、僅憑直覺的過程,演變成蒐集、分析經濟數據的過程。儘管這項進展代表分析過程的長足進步。但傳統經濟方法的政策分析也因為無法納入所有變數與目標,而遭受與其他政策分析方式一樣的批評(Anderson, 1992; deLeon, 1994; McGarity, 1991; Tribe, 1992)。這點在第二章即已介紹過。但是,經濟分析的長處也帶給政策過程限制。要確認的是,經濟方法已主宰聯邦政府與管制機構所有的政策決策,而忽略政策之其他許多目標,與許多用來決定該政策是否真正成功的要件(deLeon, 1998; Gillroy & Wade, 1992; Sagoff, 1992; Tribe, 1992)。許多批評者認為只重經濟效率,讓許多政策分析在一開始即有偏見,在分析中「認定效率是管制唯一的目標」(McGarity, 1991, p.14)。而傳播管制並非如此。根據Churchill(1992)研究,用成本-效益分析於傳播管制,就如將「效率當成社會價值,並且還要超越、踐踏,與其他社會價值競爭」(p.342)。因此「公正、公平、自主,與其他社會目標」從成本-效益的公式中剔除了(McGarity, 1991, p.14)。

若這些目標仍然抗拒被量化,可能再一次被排除於分析過程。根據McGarity所言,這些傾向

「矮化與軟化變數」可以形成單一的世界觀，決策者在實證上即已排斥雖關鍵卻不能量化的價值。因為無法量化的結果是不能在管制分析的數學式中呈現。因此量化分析會不知不覺中限制高層決策者的政策判斷。（p.134）

因此，許多政策分析領域研究者一直強調超越成本－效益的方法，而能將其他規範性目標價值納入分析過程，即使該目標價值並不容易被量化來測量（例如Anderson, 1992; Fischer, 1998; Miller, 1990; Torgerson, 1986; Weimer, 1998）。

但此節的重點是，如果只是蜻蜓點水式的將這些對成本－效益分析批評的主張一筆帶過，則對於政策決策的實證分析之限制絕非僅是內在的。當然，任何分析方法皆有不同程度的限制，尤其是在該分析欲包含所有的目標時。但是，相較於目前以經濟目標的經濟分析方式，以社會目標所做的實證分析仍在低度發展與使用中。非常重要的是，政策分析領域已被經濟學家所把持（Tribe, 1992）。因此實證分析應有（能有）的研究範圍，與應（能）研究的變數，大都被同質性研究者所限。過去這段時期，經濟分析讓其他政策分析方法黯然失色。三十年前，政府計畫諮詢委員會（Advisory Committee on Government Programs）在一場行為科學國家研究會議（Behavioral Sciences to the National Research Council）上指出，在社會科學中，經濟學門已完全整合進入政府決策之中，「而類似的發展在行為科學中的其他領域也應受到相同的鼓勵，尤其是社會學、社會心理學、政治科學，與人類學，這些都是在國內計畫與國際協助計畫上既新且重要的知識」（National Academy of Sciences, 1968, pp.3-4）。如諮詢委員會所指，此時這些領域在聯邦政府內的代表性極低（National Academy of Sciences, 1968）。儘管在此建

議，Williams（1998）指出，社會政策分析（相較於經濟政策分析）在過去二十年，在政策決策上所扮演的角色已逐漸消失，部分是因為此領域所分配到的資源已逐漸減少，並且決策者也日漸不重視這方面的資訊。因此，採用經濟變數的分析，與引用這些分析的決策的重要性也日漸增加。同時，著重於社會目標的分析未能完全進入決策過程。如接下來章節所述，上述的模式大致上也是FCC的寫照。

在FCC組織內的政策分析

FCC追隨了席捲整個聯邦政府分析模式的腳步，在一九七〇年代早期，大量運用實證數據在決策過程中（Corn-Revere, 1993）。在此時期之前，FCC依賴著如Corn-Revere所描述之「直覺模式」（intuitive model）來做預測判斷。此方法幾乎完全依賴決策者專家式的預測判斷，而非實證數據。

這種決策方式之所以延續，是由於最高法院的支持。過去十年裏，最高法院經常給予FCC直覺式預測判斷方式之正當性，授予FCC「來自於自己專家的直覺式預測判斷所做的政策非常大的空間」（*Bechtel v. Federal Communications Commission*, 1993, p.881）。很顯然的，這種來自於司法上的權限，不可能促使FCC去考量其他分析取向（儘管最高法院最後仍然要求FCC提供證據來支持自己的預測判斷）。直覺模式之所以一直存在，毫無疑問的是，FCC缺乏資源執行獨立實證分析的結果（Johnson & Dystel, 1973; Mosco, 1975, 1979; Schulman, 1979）。前FCC委員Nicholas Johnson曾指出，聯邦航空署（Federal Aviation Administration）花在傳播方面的研究，竟是FCC整個年度的預算（Krasnow et al., 1982）。

分析資源的缺乏一直與FCC的決策缺失有很大關聯。一般

的批評是因為缺乏分析資源，所以導致政策規劃無法對新的科技發展做有效的反應。LeDuc（1973）認為FCC處理有線電視發展就發生這樣的問題。相同的，Mosco（1975）分析一些政策制定的過程顯示，在面臨複雜情勢下，例如新科技的提升方面，FCC採用一個簡化的分析架構來看待新科技發展（參閱Stern, 1979）。其他批評認為，委員會缺乏分析資源，已經造成所謂的「漸進主義的脫序現象」（disjointed incrementalism），管制者常為避免較大的議題，只專注於細微的改變，進而缺乏整體規劃方向（Weare, 1996）。最後，由於常被指出缺乏資訊蒐集與分析的資源，使得FCC得依靠管制產業來取得政策決策所需要的資訊（Cole & Oettinger, 1977；Crotts & Mead, 1979）。這樣的情形在政策過程中，明顯增加獲得偏頗訊息的機率（Johnson & Dystel, 1973）。LeDuc（1973）對FCC處理有線電視管制的研究就顯示，「缺乏獲取資訊的資源，委員會必須仰賴產業（廣播產業）所提供的研究資料，而這些研究沒辦法全然避免因自我解釋（self-serving）所產生的資訊扭曲」（p.28）。因此，委員會缺乏分析資源能力可以說是導致其深受產業左右的原因。

　　在一九七〇年代早期，經濟思維與分析對FCC的政策決策愈來愈重要。FCC的工作人員的組成成分於一九七〇年代也因此改變，經濟學家大量流入到曾由律師所主宰的管制官僚體系內（Williams, 1993）。藉由他對委員會對有線電視管制的觀察，Corn-Revere（1993）說明了，FCC如何在一九七〇年代「毫無顧忌地擁抱經濟分析方法來決定公共利益」（p.83）。這種思維與人事組成演變的主要意義是，實證政策分析在政策決策過程當中變得更加重要。FCC的政策與計畫辦公室（The Office of Plans and Policy）成立於一九七三年，提供委員會因缺乏而常受批評之獨立經濟分析與計畫的能力。這樣改變的結果，使得許多委

員會所面對的政策議題都可以避免掉「直覺模式」（intuitive model）的實證真空現象（Corn-Revere, 1993）。

當然，直覺模式現在已經被一組相當狹隘的分析標準所取代。但凡是超出傳播政策制定的背景（見先前的探討），經濟分析常常忽視掉許多在傳播政策中的核心價值。如經濟學家 Timothy Brennan（1992）所述，「使用經濟條件在政策辯論中，似乎忽視了某些東西。傳播政策辯論的傳統條件——如多樣性（diversity）、第一修正案的權利（First Amendment rights）、在地主義（localism）……可能沒辦法轉換成經濟上的貨幣形式」（p.460）❽。如前面章節所陳述，如第一修正案與公共利益等均是無法被量化的價值觀念。問題是這些價值概念在概念化與詮釋過程中並不準確，以至於無法超越成本－效益分析，而成為有效的分析工具。這些模糊性與多重性的解釋都影響這些價值概念，而無法有效執行較高階的分析功能。這樣的情況使得這些價值容易因支持不同政策結果與立場，而拿來做不同解釋。在這樣的情況下，這些原則成為合理化政策立場的口號，其分析效用就逐漸消失。

可能因為這些價值概念並沒有被察覺到在傳播政策分析中的重要性，所以為這些原則注入較高的精確性與更明確的意義的努力一直是失敗的。也就是說，政策分析者傳統上都將焦點放在經濟原則與分析，因此他們還是得將基本原則的觀念弄清楚；因為這些原則都是傳播管制政策所獨有的特質。也因此這些價值概念經常模糊不清，在沒有被完全瞭解的狀況下，充斥

---

❽ 沿著相同的思路，Bonder（1984）提出「像言論自由，公正與平等，資訊來源的多樣性與意見，有效的大眾傳播通道公共存取，服務與公共服務的穩定性等的重要利益，都不適合嚴格經濟評估的系統分析」（p.36）。

在傳播政策分析的周邊。

　　然而正如先前所提到的，這裏的爭議跟政策分析缺乏量化研究的抱怨有關（例如：Fischer, 1998）。事實的狀況跟這些看法正好相反，第二個重點在於直覺判斷模式一直存在於許多例子之中；這些例子中實證分析原是必要的且十分可行。雖然如公共利益與第一修正案等原則可能對量化分析無所幫助，但在先前的章節已經說明其他原則，如多樣性、在地主義與普及服務等，都是可以在修正後，用來實證評估政策的決策過程；到目前爲止，這些評估還沒有被充分的執行或整合到決策過程當中。這樣的情況顯示，儘管FCC與三十年前的分析方向有顯著的改變，但FCC組織內的實證政策分析，還是具有使用上的不一致性（Lavey, 1993）。然而與現在所討論的有更大的關聯的是，此不一致性的外在形態。特別是在先前的章節中，Lavey（1993）、Napoli（1999a）、Simon、Atwater、Alexander（1998）、Reeves與Baughman（1983）所做的各項研究顯示，這些實證上的疏忽最常發生在不可能或不適用於傳統經濟分析中。Reeves與Baughman舉傳播政策制定者的歷史傾向說明，在一般FCC人員中普遍忽略媒體效果的研究，並缺乏媒體過程與效果的專業知識。如一位作者所言，管制者「很少費心將傳播研究整合進入政策制定的考量」（p.26）。

　　Lavey（1993）利用廣播政策制定來做「FCC經常避免可檢測假設的任何實證分析」（p.462）的主要例子；原因是，廣播管制不像其他管制產業（如有線電視與電話產業管制），較無法修正成傳統的經濟分析。從FCC爲使執照更新程序流暢化，以及放寬廣播節目表的要求，Lavey舉了一些忽略實證的例子。委員會對這些領域的分析過程中，沒有探究出一些重要假設，其中包括：(1)公眾會對沒有提供公益節目的廣播執照申請人提出訴

怨；(2)若對廣播媒體之節目要求的紀錄公開給一般大眾，會導致更有證據的訴怨；(3)管制的改變並不會對新聞與公共事務節目的產製產生負面影響。

根據Lavey（1993）研究，FCC所從事的一些相關實證調查可以由研究議題取得，包括：

> 當FCC發現執照申請者的節目達不到標準時，公眾是否對
> 那些相對少的案例發出訴怨？……公眾會多久檢視執照者
> 的節目表紀錄？……在領有執照者的節目比例中，有多少
> 是新聞、公眾事務、其他非娛樂與當地的的節目……是否
> 隨著規則改變而減少？（p.463）

很清楚地，這些實證性議題並沒有納入傳統經濟分析的範圍內，且每個議題比起大部分的經濟分析而言，可能需要的是較不複雜的資料蒐集與分析技巧。不管如何，這些重要的假設並不受到實證分析的影響，同時，委員會針對節目表紀錄要求對廣播媒體的經濟性影響做過許多實證分析（Hagelin & Wimmer, 1986）。

這種模式顯示出委員會內部「分析不對稱」的現象（Napoli, 1999a）。第二章提到了傳播管制跨立於經濟與社會規範的界線上，同時政策決策經常同時試圖有經濟效果之外，又希望能夠在資訊流向、特性與數量上，兼而影響社會與政治價值、態度與行為。然而，從分析的觀點來看，委員會一直遵循著整個聯邦政府模式，而著重在經濟變數，忽略這些決策的社會與政治面向。

例如，考量一下FCC的計畫與政策辦公室（Office of Plans and Policy, OPP）的責任，該辦公室被描述為「主要的經濟／技術政策的建言者，肩負分析議題與長期政策規劃之責」（FCC,

1998i）。如所陳述的，OPP一直沒有發揮適當的分析功能。OPP的人事主要由經濟學家所組成，反映出一九七〇年代間在委員會中所發生之分析取向的變化。然而，須認清一件事實，那就是由律師主政變成經濟學家的轉化過程，並沒有讓FCC能有效地利用全面性的分析，來充分反映這些決策目標的廣度。因此，FCC現在的分析方向導致許多在本書中所討論到的基本原則，並沒有在傳播政策制定過程中受到重視，也無法讓這些基本原則在實證分析成為有用的指導原則。

最後，FCC目前的分析取向破壞許多基本原則的明確性，以及這些非經濟性政策原則的實證分析。

結論

對這兩章所能下的最好結論或許是，得自於在政策制定過程中對所謂的「政治性」與經濟「分析性」模式之間差異性的比較。Olufs（1999）在他對一九九六年電信法案的分析中，將這兩個模式做了描述。政治性模式「著眼在利益團體、事件、機構間的相互作用」，與「強調民主政治——所追求的政治活動，是因為某些人的需要」（Olufs, 1999, pp.4, 11）。換句話說，這樣的分析模式著重在「探討合理政策制定的知識條件」（p.4）。這個分析模式假設，政策結果是對相關的實證的、規範的、方法上等議題，做系統化研究下所產生的結果。

在第十章所提的模式中，將政策結果視為過程中相關的利益關係者間的相互作用，第十章呈現的便是這樣的政治模式版本。此模式是在研究傳播政策制定過程的文獻中的一個分支研究。此領域的研究，幾乎一面倒向政策制定過程的政治性詮

釋，而非從分析性角度視之。

　　著重在FCC廣播政策制定的量化分析結果，支持政策制定
當事人的決策，就某種程度而言，是強力的利益關係者團體監
督的結果。這些結果顯示利益團體的注意與利益對影響政策的
結果而言，是很關鍵的因素。此外，本章的第二部分說明FCC分
析能力上之缺點。這一部分說明FCC的分析能力是既不足，且其
方向又極端短視近利。這種分析不平衡（Napoli, 1999a）破壞了
分析性模式對委員會政策制定支配的程度，因而政治性分析模
式才會有機會支配政策結果。

　　在對一九九六年的電信法案所做的研究中，Olufs（1999）
得到以下的結論：對政治性與分析性模式在政策制定過程的影
響，「是一種不平衡的負載、關於政策結果的知識太少。為了
許多與政策好壞無關的原因，而做了太多的改變」（p.187）。雖
然，得到相同的結論，但這兩章對造成如此情況提供了一些指
示。第一，從結構的觀點來看，在第十章提到的模式中，FCC固
然為傳播政策的主要機構，也是該領域中負責管制的「獨立」
代理機構，但是FCC事實上是所有政策機構中最不獨立的。在傳
播政策制定過程中所有主要的利益關係人，FCC是最容易受到所
有其他利益關係者的影響。也就是說，委員會是過程中所有其
他利益關係者的代理人，而不是這些其他利益關係者的當事
者。所以在傳播政策制定過程中，不受外在影響的獨立性被視
為最重要的；但FCC在過程中的地位，卻是最不獨立的。在這樣
的情況下，經濟分析模式要能超越政治模式來主宰政策制定之
可能性大大地降低。

　　加入上述是因為在本章後半段提到了FCC分析能力的缺
陷。如這段所說的，不單單FCC用來執行政策分析的資源已經嚴
重不足，即便委員會在分析能力增加的同時，其大致上也被局

限在委員會全部管制責任的一小部分。因此，當分析性模式可以在決策結果中扮演一個重要角色時，也會被限制在政治性議題之下。

最後，由於傳播基本原則在概念上之模糊與實證上之缺乏，使得傳播政策制定過程成爲解釋政策結果最重要的因素。政策制定過程中的政治現象也是造成傳播基本原則只能成爲口號的原因。因此唯能對基本原則做出更精確的定義，才不至於讓這些原則只有修辭學上的功能。同樣的，FCC的核心組織功能若不能採用分析取向，這些基本原則就無法在概念上與實證上成爲有用的分析工具。因此，這些基本原則在政策制定過程中仍不敵政治學的紛擾，而在政策分析與形成中仍無發揮餘地。

第十二章　傳播政策制定之分析方法

在檢視傳播政策中心原則與過程後，本書由衷希望爲這些傳播政策指導原則帶來較清楚的概念，以及使讀者較能夠瞭解形成政策決議的動態過程。長久以來，傳播政策的基本原則常曖昧不明而令人無法接受。如此，使得傳播政策無法在政策制定的過程中發揮其應有的指導性功能。相反，由於仍舊有許多值得爭論的部分，仍能夠代表任何一方政策主張。本書對這些原則進行檢視，是試圖減少這些模糊地帶與其中的矛盾，並且提供一個基礎（basis），讓這些原則能夠注入獨特與一致（agreed-on）的詮釋。

日漸複雜的傳播政策爭議與科技發展，經常需要政策制定者針對這些複雜且瑣碎的特定政策進行處理，而無法關切到整體的指導原則。未來，對於構成這些政策法規的基礎原則，需要吾人更加努力埋首於檢測與探討其特性與意義。如同本書許多章節所述，這些原則是由錯綜複雜的概念形成，其中經常包括多重且互動關係的次要素。此外，新科技的快速改變使得這些原則需要定期的（regularly）被重新檢視與修正，使其能夠有意義的反映當下媒體系統的眞實狀況。當然，複雜與動態的現象阻礙了清晰度。無論如何，將這些原則予以拆解，以抽離出其中的次要素，並進而探究存在於這些要素間的關係，從一種本質上的觀點出發，以減少其使用時詮釋上的曖昧不明與矛盾。

本書也提出了這些基本原則在政策制定過程中概念與應用上的缺點，以及政策制定過程中所牽涉到的組織性的動態。高度政治性的傳播政策制定過程所引起的邪惡，如Torgerson（1986）所形容「政治壓倒知識」（politics overwhelming knowledge）（p.39）。傳播政策制定過程中，政治本質助長了基本原則在概念上曖昧不明，如同一種修辭工具，來促成整個政策制定

過程具有高度彈性，以提倡人為本身意圖的特定政治結果。另外，FCC的功能就如同利益競爭間的仲裁者，使得其雖身處於極需分析能力的環境下，而分析能力卻被低度開發。為了改善這些原則的效能，以及政策制定過程的效率，許多重要的制度與分析需要被重新調整。

一種擴張式的分析方法

對於環繞在這些基本原則使用上的許多曖昧與矛盾，採取將這些概念以客觀的方式轉換為可測量標準之分析方式曾經失敗過。現在的方法將賦予這些原則較具體的定義，也可以用此邏輯基礎進行相關政策的驗證，而可進一步確立（或拒絕）這些政策功能。當前傳播政策中的主要分析觀點，並無法充分說明傳播管制的獨特目標（見第二章與第十一章）。傳播政策必須促進與保持產業的競爭與效率，但同時這些政策許多是來自於充滿概念性的語詞，如公共利益、意見市場與多樣性等觀念。凡主要和這些價值的概念有關以及其目標，皆缺乏嚴謹的政策分析（參見Brennan, 1983, 1989）。如同本書許多章節所說明的，關於政策執行與其結果之間所存在的關係和基本原則具有關聯性的假定，卻從來沒有進行實證上的研究。

這種實證上的研究真空有著兩個重要的影響，第一，它允許了政策決策經常以意識形態或直覺為基礎，而非以事實資訊為基礎。如果在特定政策之下，一種假設從未受到實證性的證明，此政策決策將能夠被輕易的以替代性邏輯所否定，而提出不同的結果。強調FCC或美國國會在管制哲學上的轉變而使結果逆轉，是重要的改變，並非要顯示先前管制上的假設是無效

的。如同許多先前的章節所述，與政策制定有關的許多基本原則被形容成「毫無數據」的結果。如果這樣的局面持續，傳播政策的制定將依然充滿不一致性，且這些重要的基本原則將只會隨著時間而變得更加曖昧與困惑。

因為實證上的空白而造成的第二個重要的影響，是法院判決的範圍經常促成政策的逆轉。法院經常把傳播政策決策假設視為可驗證的假說。如缺少證據來支持這些假定，法院是不會支持這些政策。此明白的教訓是，對於一些假設所進行的實證性確認，是為了調和與制定有效的傳播政策所必要（參見Brotman, 1989）。

因此，在傳統實證性的政策分析架構下，需要一種較佳之規範整合概念。但不幸的，政策分析中的規範性與實證性並未有一致性的發展，如同Miller（1990）所陳述：

> 當量化在最早被提出時，傳統規範性理論轉變成了政治科學與其相關的應用領域的次要部分。行為主義學派的結論是，這些規範性的理論無法如同自然科學的準則一般成為基礎使用。從此，由政治哲學所提出的這些關係……很少利用嚴密的數理與實證的方法來探討。價值的概念持續進入到政治分析，特別是應用上的研究，但如同政治行動的目標，這些皆是科學所延伸的。（p.123）

無論如何，價值與社會科學無須被視為完全相左的。如Miller（1990）延伸性的說法，「當社會科學的量化技術與觀念成長愈成熟，傳統規範性理論與行為主義（behavioralism）間的阻礙將被破除……那麼基本與應用性的研究，根本的政治價值便可轉化為現代社會科學的數理性實證語言」（p.123）。此種現象是剛好需要在傳播環境中發生。一些如同公共利益、在地

化，與多樣化的價值概念，需要注入社會科學方法。但並非表示這些概念可以完全量化，正如Olufs（1999）主張，「愈嚴謹的分析，其可能性與可辯護性愈高」（more analytical rigor is possible and defensible）（p.187）。

此種分析方法的再調整，同第十一章所述，企圖排除長期存在的「分析上的不對稱」。如該章所說明，在傳播政策的制定過程中，比起非經濟面向的政治性決策，經濟面向的政治決策往往受到較多實證研究的關注。為了改正此分析不對稱，傳播政策的分析家與制定者必須具有獨特的分析與方法上的彈性，以正確的反映傳播政策領域的「混合」（mixed）特性。這種情況對傳播政策分析家來說，增強了對於經濟與社會福利制度分析的技巧與方法上的熟練（adept），對傳播政策制定者來說，可對這種分析方式採取公平的接納與回應。

除了方法上保持彈性之外，還需要整合兩種研究取徑。經濟與社會福利的變數必須同時被合併於相同的分析架構，以有效解答所有與傳播政策議題有關的問題，如經濟與非經濟要素經常被假定具有互動性。當然，這些額外的分析要求，顯示了比起其他產業管制，對於傳播產業，政策制定者必須從多樣的資料來進行有效的處理與評估。在其他產業中，經濟與社會福利變數的互動情形是不同的，或至少其中心任務是相異的。但不幸的，這種產業特性尚須討論。

在此擴張性的分析發展的關鍵階段，對傳播政策制定者而言，要開始發展傳播產業中，可量化非經濟面向績效之測量方法。此領域的提升，有助於對經濟績效的測量與非經濟的測量之間的關係進行檢定，以幫助這兩種觀點的整合。在此脈絡之下，本書的許多章節提出了這項獨特的需求。

例如，第四章所述重點，長久以來，政策制定者對量化無

線電視台公共利益的要求一直存有爭議。在這樣的爭議中，完全依據一些績效指標也許並非必要或適當，然而許多既存且定義清楚的量化指標，將有助跨執照申請者與跨市場之間的比較，如歷年分析、市場狀況對執照申請者的影響分析。這些資料對追蹤各種執照標準或無線電視法規的效果，具有重要的貢獻。

第六章強調，發展有意義的多元評估系統，來說明促成政策決定動機的各種構成要素的重要性（參見Cusack, 1984）。法院經常要求提供這些評量標準。此領域雖被政策制定者所忽略，但大量多元評估的學術理論文獻已經發展出來。無論如何，缺少FCC建立的任何方法與定義上的標準，這些文獻採取更廣泛的研究取向，使其研究結果很少能夠進行跨研究的比較。因此，這類知識的本體也很難為政治決策提供清楚的指導功能。迄今，各種多樣性為動機（diversity-motivated）的政策，以及市場狀態與多樣性間的關係，仍然不清。

第八章說明了在普及服務環境中，經過修改與擴充的績效考核制度之重要性。普及服務演化發展成包含不只語音電話服務，其擴大的議題尚包括加值內容與資訊來源的接近使用，因此評估普及服務政策的標準也需要因時制宜。傳統以家庭安裝電話比例作為評量標準早已不夠。在這個特殊案例上，使評估標準能趕上科技變化的速度，以及在普及服務的使命上對於服務範圍定義之快速改變保持同樣進度是必要的。除此之外，電信產業從管制到競爭的過程，監看此種轉變對普及服務的供給所造成的影響也是必要的。

最後，根據推動在地化原則的觀點為基礎，第九章說明要達成一個清楚且穩定的地方服務定義的重要性。在在地主義的環境中，其定義上的矛盾非常明顯，此現象有助解釋此部分中非常缺乏具功能之政策分析。因此，政策結果的逆轉是稀鬆平

常的事。到底什麼是地方性節目？要獲得清楚且全面性的定義，以及應用此定義來評估在地化動機（localism-motivated）的政策，將對降低矛盾，與解答當代媒體環境中有關在地化動機的政策的有效性與必要性的問題，尚需很大的努力。

即使經濟面向在政策目標是最主要的本質，但要超越經濟分析的傳統標準與技術是非常重要的。第七章強調了評估媒體市場競爭性與產品替代性的傳統經濟方法之外的其他方法，也非常重要。在種種傳統的閱聽人研究，包括科技的採用與使用、閱聽人的媒體接觸行為，以及使用與滿足原理等，皆為競爭原則帶來較清楚的概念與分析效用的提升。

再一次，這些建議並非主張如多元化與在地化的一些複雜概念被完全換算成簡單的數字，更確切的說，重點是如果要減少當前分析不對稱的問題，必須發展與使用更成熟之實證績效的指標，使其變成決策制定過程中更關鍵的部分。至於減少政策分析中實證研究的持續要求（例如deLeon, 1994; Stone, 1997; Torgerson, 1986），則未顯示出對當代政策制定有特別的影響。因此，傳播政策核心的規範概念要能夠更有效的指導決策制定，則必須採用普遍在政策制定領域中較為流行的方法。。

制度調整（Institutional Adjustments）

這種分析不對稱下的曖昧不明與矛盾，讓傳播政策基本原則，在某種程度上，是政策制定過程中制度動態關係的產物（見第十與第十一章）。因此，為了有助於分析方法的轉變，制度的調整也有必要。

第一個重要步驟是將政策制定過程去政治化（depoliti-

cizng）。此建議呼應了許多傳播政策制定過程去政治化的要求
（例如Cate, 1993; Starr & Atkin, 1989），去政治化的主張是傳播政
策制定過程中長期以來未實現且最困難達成的一個限制。在此特
殊的案例裏，其希望在此步驟，使政策制定過程能夠與稍早所提
出的擴張式分析取向結合，朝向去政治化的理想前進。特別是在
時間與資源的耗費下，FCC必須專注於調停政治利益，以及回應
政治上的壓力，再以剩下來的時間與資源來專注其擴張式分析方
向。同時，FCC的角色可擴張為政策研究者，以抵抗外在的影
響。如同Pitsch（1984）主張，「當運用堅實的資訊作為武裝，
代理機構能夠避開……政治壓力」（p.25）。因此，理想上，這兩
個修正彼此相互強化，且從而增進政策制定過程的效率。

　　一些特定的手段有助於在傳播政策制定的過程中去政治
化。在最基本層次的政策議題，美國國會與白宮兩者較樂於聽
從FCC之決策。如同第十章的重點，FCC是所有獨立代理機構
中，在研究調查與分析上最具權威性與獨立性。在過去幾年也
不例外，FCC的委員們持續出現在美國國會議員前解釋其行動
（actions），以及忍受國會的責罵。如果「獨立」的管制委員會僅
是一個騙局（sham），則其細部管理（micromanagement）的強
度必然會被削弱（參見Cate, 1993）。此外，在委員會任命過程
中，需要較少政治特權的介入，以及納入較多在管制專業領域
中具備相關必要知識與背景的委員會成員。在此目的下，將提
供委員會各種必要的專家，而這些專家主要由法律與經濟學家
所組成，這些專家一如同國會的成員般活躍於相同的領域。最
後，要減低來自國會壓力的方式是廢除一九七一年的決定，其
改變FCC從原本的永久性授權的代理機構，轉變成每兩年授權一
次。FCC持續受到預算被砍的威脅，特別是近幾年來，有完全廢
除委員會的呼聲（Egan, 1996; Huber, 1997; Progress & Freedom

Foundation, 1995; Starr & Atkin, 1989）。在這些不確定的情況下運作，委員會不大可能宣傳最理想的政策決策。

　　這裏所強調的重要性在於，所謂去政治化的過程，是不要讓FCC成為一顆政治足球般在白宮與國會間被踢來踢去。其也意謂著要降低管制產業以自我利益為方針的政策制定。如同第十一章所述，被管制產業的加入成為FCC決策的重大因素。當然，在政策制定過程中，將這些團體投入仍然是決策過程的核心要素。然而，當規劃決策時，FCC必須減少依賴他們的投入、資料蒐集和分析。尤其是當這些決策是要反映公共利益的目標時。

　　此重點主張，FCC必須代表著一個先前討論的擴張分析方法的起始點。這個出發點始於最近委員會發起學術與產業組織專家的圓桌會議（*Public Forum on a New FCC*, 1999）。一位會議參與者Patricia Aufderheide點出擴張的重要性，「FCC……現在是主要的資料蒐集地，讓我們評估未來幾年管制與競爭所帶給我們的結果」（*Public Forum on a New FCC*, p.18）。

　　因此，FCC的優先性需要被轉換，此觀點受到FCC公開討論的其他參與者的贊同。W. Russell Neuman主張，未來FCC必須被定位在「不同面向進行研究，以讓科技、市場的開放、接近權，保有最先進的技術」（*Public Forum on a New FCC*, 1999, p.30）❶。在這樣的目的下，FCC的計畫與政策辦公室（Office of Plans and Policy, OPP）的角色與功能，在基本的意義與反應先前所點出的分析方向再定位，其兩者皆必須要再擴大。第十一章討論當前OPP角色與功能的接合在分析上的限制。這解釋了OPP的角色與功能的實現，應該透過組織目標與人事上的轉變。

------

❶見討論會的參與者Allen Hammond與Philip Napoli所提出的相似觀點之建議。

雖然OPP的成立將更多的經濟分析帶入FCC（Napoli, 1998a），但其未來發展必須是將更多元的社會科學準則與研究目標帶入FCC（Hundt, 1996; Napoli, 1999a）。這樣的觀點同時在學術界與FCC內，針對FCC改造計畫中公開討論出來（FCC, 1999a）。很快的，基本傳統上對政策制定過程並無多大影響力的公共利益團體與學術界，將在此領域中肩負起研究的責任（Mueller, 1995; Reeves & Baughman, 1983）。與過去相反的，此研究能力應被儲藏並長駐於FCC，以及在經濟研究所帶領的相同組織中。為了要獲得經濟與社會價值政策間的重疊與互動後的政策方針，必須降低這些領域內政策研究的分歧，以及利用相同的分析結構來整合它們。唯有如此，FCC的研究方向才能反映出其所追求的全面性政策目標。簡而言之，分析方法上的擴張發生在1970年代，當經濟分析方法較能被整合至傳播政策決策中，傳播政策分析也需要接續更多的擴張性分析。在此所建議的建言有助於往下個階段進展，且對這裏所提倡的政策分析與基礎原則的結合有所幫助。

在最後的重點是，凡建議經濟分析在傳播政策制定中並非最重要的角色，絕非我們的立場。本書也不主張在與單純的經濟目標相比較，社會福利目標必須得到較優先的地位。這些爭議已超出本書範圍，並且在他處已有許多討論（Coase, 1959; Fowler & Brenner, 1982; Hagins, 1996; Mayton, 1989; Minow & LaMay, 1995; Read & Weiner, 1996; Sophos, 1990）。關鍵點在於，決策必須在平等達成經濟與社會價值目標下，依據兩者所產生的分析與實證，也由於傳播政策會產生獨特的外部性。的確，政策決策的社會效應能夠引發經濟效應，反之亦然。因此，較佳的整合性分析方法是必然要走的路。

參考書目

Abrams v. United States, 250 U.S. 616 (1919).

ACLU v. Reno, 31 F. Supp. 2d 473 (E. D. Pa. 1999).

ACLU v. Reno, 217 F.3d 162 (3d. Cir. 2000).

Adams, W.C. (1978). Local public affairs content of TV news. *Journalism Quarterly, 55*, 690-695.

Adams, W.C. (1980). Local television news coverage and the central city. *Journal of Broadcasting, 24(2)*, 253-265.

Adarand Constructors, Inc., v. Pena, 515 U.S. 200 (1995).

Albarran, A.B., & Dimmick, J. (1993). An assessment of utility and competitive superiority in the video entertainment industries. *Journal of Media Economics, 6(2)*, 45-51.

Albarran, A.B., & Dimmick, J. (1996). Concentration and economies of multiformity in the communication industries. *Journal of Media Economics, 9(4)*, 41-50.

Albery, B. (1995). What level of dialtone penetration constitutes "universal service"? *Telecommunications Policy, 19(5)*, 365-380.

Albiniak, P. (2000, April 10). Lining up stations for DBS. *Broadcasting & Cable*, p. 10.

Alchian, A.A., & Demsetz, H. (1972). Production costs, information costs, and economic organization. *American Economic Review, 62*, 777-795.

Aldrich, J.H., & Nelson, F.D. (1984). *Linear probability, logit, and probit models*. Beverly Hills, CA: Sage.

Aldrich, J.H., & Nelson, F.D. (1986). Logit and probit models for multivariate analysis with qualitative dependent variables. In W.D. Berry & M.S. Lewis-Beck (Eds.), *New tools for social scientists: Adances and applications in research methods* (pp. 115-155). Beverly Hills, CA: Sage.

Alger, D. (1998). *Megamedia: How giant corporations dominate mass media, distort competition, and endanger democracy*. Lanham, MD: Rowman & Littlefield.

Allen, D. (1988). New telecommunications services: Network externalities and critical mass. *Telecommunications Policy, 12(3)*, 257-271.

Anderson, C.W. (1992). The place of principles in policy analysis. In J.M. Gillroy & M. Wade (Eds.), *The moral dimensions of public policy choice: Beyond the market paradigm* (pp. 387-409). Pittsburgh: University of Pittsburgh Press.

Anderson, R.H., Bikson, T.K., Law, S.A., & Mitchell, B.M. (1995). *Universal access to e-mail: Feasibility and societal implications*. Santa Monica, CA: Rand Corporation.

Arnold, R.D. (1979). *Congress and the bureaucracy: A theory of influence*. New Haven, CT: Yale University Press.

Associated Press v. United States, 326 U.S. 1 (1945).

Aufderheide, P. (1987). Universal service: Telephone policy in the public interest. *Journal of Commnication, 37*(1), 81-96.

Aufderheide, P. (1990). After the Fairness Doctrine: Controversial broadcast programming and the public interest. *Journal of Communication, 40*(3), 47-72.

Aufderheide, P. (1992). Cable television and the public interest. *Journal of Communication, 42*(1), 52-63.

Aufderheide, P. (1999). *Communications policy and the public interest: The Telecommunications Act of 1996*. New York: Guilford.

Babe, R.E. (1983). Information industries and economic analysis. In O.H. Gandy, Jr., P. Espinosa, & J.A. Ordover (Eds.), *Proceedings from the tenth annual telecommunications policy research conference* (pp. 123-135). Norwood, NJ: Ablex.

Bagdikian, B.H. (1997). *The media monopoly* (5th ed.). Boston: Beacon Press.

Bailey, S.K. (1962). The public interest: Some operational dilemmas. In C.J. Friedrich (Ed.), *Nomos V: The public interest* (pp. 96-106). New York: Atherton Press.

Baker, C.E. (1978). Scope of the First Amendment freedom of speech. *UCLA Law Review, 25*(5), 964-1040.

Baker, C.E. (1982). Realizing self-realization: Corporate political expenditures and Redish's "the value of free speech." *University of Pennsylvania Law Review, 130*(3), 646-677.

Ball, M. S. (1985). *Lying down together: Law, metaphor and theology*. Madison: University of Wisconsin Press.

Barlow, W. (1988). Community radio in the U.S.: The struggle for a democratic medium. *Media, Culture and Society, 10*, 81-105.

Barnett, A.H., & Kaserman, D.L. (1998). The simple welfare economics of network externalities and the uneasy case for subscribership subsidies. *Journal of Regulatory Economics, 13*(3), 245-254.

Barrett, M. (1995). Direct competition in cable television delivery: A case study of Paragould, Arkansas. *Journal of Media Economics, 8*(3), 77-93.

Barrett, M. (1996). Strategic behavior and competition in cable television: Evidence from two overbuilt markets. *Journal of Media Economics, 9*(2), 43-62.

Barron, J. A. (1967). Access to the press—A new First Amendment right. *Harvard Law Review, 80*, 1641-1678.

Barros, P.P., & Seabra, M.C. (1999). Universal service: Does competition help or hurt? *Information Economics and Policy, 11*(1), 45-60.

Barth, T.J. (1992). The public interest and administrative discretion. *American Review of Public Administration, 22*(4), 289-301.

Baseman, K.C., & Owen, B.M. (1982). *A framework for economic analysis of electronic media concentration issues.* Prepared for the National Cable Television Association for submission in FCC docket no. 82-434. Washington, DC: Economists, Inc.

Bates, B.J. (1993). Concentration in local television markets. *Journal of Media Economics, 6*(3), 3-22.

Baughman, J.L. (1985). *Television's guardians: The FCC and the politics of programming, 1958-1967.* Knoxville: University of Tennessee Press.

Beachboard, J.C., McClure, C.R., & Bertot, J.C. (1997). A critique of federal telecommunications policy initiatives relating to universal service and open access to the National Information Infrastructure. *Government Information Quarterly, 14*(1), 11-26.

Bechtel v. Federal Communications Commission, 10 F.3d 875 (D.C. Cir. 1993).

Benditt, T.M. (1973). The public interest. *Philosophy & Public Affairs, 2*(3), 291-311.

Beniger, J.R. (1987). Personalization of mass media and the growth of pseudo-community. *Communication Research, 14*(3), 352-371.

Benjamin, L.M. (1992). Defining the public interest and protecting the public welfare in the 1920s: Parallels between radio and movie regulations. *Historical Journal of Film, Radio and Television, 12*(1), 87-101.

Benton Foundation (1998a). *Losing ground bit by bit: Low-income communities in the information age.* Washington, DC: Benton Foundation.

Benton Foundation (1998b). The new definition of universal service and the role for public interest advocates to make federal telecommunications policy work in your state. Available: http://www.benton.org/Updates /summary.html.

Berendt, A. (1995). Universal service: What is it, and how? *Intermedia, 23*(2), 42-44.

Berkowitz, E.D. (1984). Low power television and the doctrine of localism: The need to reconcile a medium with its message. *University of San Francisco Law Review, 18,* 505-533.

Bernard, J.B. (1973). *The sociology of community.* Glenview, IL: Scott, Foresman and Company.

Berner, R.O. (1976). *Constraints on the regulatory process: A case study of regulation of cable television.* Cambridge, MA: Ballinger.

Berresford, J.W. (1996). Mergers in mobile telecommunications services: A primer on the analysis of their competitive effects. *Federal Communications Law Journal, 48*(2), 247-305.

Besen, S.M., Krattenmaker, T.G., Metzger, R.A., Jr., Woodbury, J.R. (1984). *Misregulating television: Network dominance and the FCC.* Chicago: University of Chicago Press.

Bhagwat, A. (1995). Of markets and media: The First Amendment, the new mass media, and the political components of culture. *North Carolina Law Review, 74*, 141-217.

Bilingual Bicultural Coalition on Mass Media, Inc. v. FCC, 595 F.2d 621 (D.C. Cir. 1978).

Blackman, C.R. (1995). Universal service: Obligation or opportunity. *Telecommunications Policy, 19*(3), 171-176.

Blasi, V. (1977). The checking value in First Amendment theory. *American Bar Foundation Research Journal, 1977*(3), 521-649.

Bloustein, E.J. (1981). The origin, validity, and interrelationships of the political values served by freedom of expression. *Rutgers Law Review, 33*, 372-396.

Blumler, J.G., & Katz, E. (Eds.). (1974). *The uses of mass communication: Current perspectives on gratifications research.* Beverly Hills, CA: Sage.

Bolick, C. (1984). *Cable television: An unnatural monopoly—Policy analysis no. 34.* Washington, DC: Cato Institute.

Bollinger, L.C. (1991). *Images of a free press.* Chicago: University of Chicago Press.

Bonder. T. (1984). A "better" marketplace approach to broadcast regulation. *Federal Communications Law Journal, 36*, 27-67.

Bork, R.H. (1971). Neutral principles and some First Amendment problems. *Indiana Law Journal, 47*, 1-35.

Bosmajian, H. (1992). *Metaphor and reason in judicial opinions.* Carbondale: Southern Illinois University Press.

Box, R.C. (1992). The administrator as trustee of the public interest: Normative ideals and daily practice. *Administration & Society, 24*(3), 323-345.

Braman, S. (1990). The unique characteristics of information policy and their U.S. consequences. In V.L.P. Blake & R. Tjoumas (Eds.), *Information literacies for the twenty-first century* (pp. 47-77). Boston: G.K. Hall & Co.

Branch, T. (1970, November). We're all working for the Penn Central. *Washington Monthly*, pp. 8-22.

Braun, M.J. (1997, April). *The Telecommunications Act of 1996—An evaluation of the Act's impact after the first year: FCC issues.* Paper presented at the meeting of the Broadcast Education Association, Las Vegas, NV.

Brennan, T.J. (1983). Economic efficiency and broadcast content regulation. *Federal Communications Law Journal, 35*(2), 117-138.

Brennan, T.J. (1989). The Fairness Doctrine as public policy. *Journal of Broadcasting & Electronic Media, 33*(4), 419-440.

Brennan, T.J. (1992). Integrating communication theory into media policy: An economic perspective. *Telecommunications Policy, 16*(6), 460-474.

Brennan, W.J., Jr. (1965). The Supreme Court and the Meiklejohn interpretation of the First Amendment. *Harvard Law Review, 79*(1), 1-20.

Brenner, D.L. (1990). Was cable television a monopoly? *Federal Communications Law Journal, 42*, 365-411.

Brietzke, P.H. (1997). How and why the marketplace of ideas fails. *Valparaiso University Law Review, 31*, 951-969.

Briffault, R. (1988). Localism in state constitutional law. *Annals of the American Academy of Political and Social Science, 496,* 117-127.

Briffault, R. (1990). Our localism: Part II—Localism and legal theory. *Columbia Law Review, 90,* 346-454.

Broadcast regulation—Quantifying the public interest standard: Hearing before the Subcommittee on Telecommunications, Consumer Protection, and Finance of the Committee on Energy and Commerce, House of Representatives, 98th Cong., 1st Sess. (1983).

Broadcasting Public Responsibility Act of 1981, H.R. 4726, 97th Cong. 1st Sess. (1981).

Broadcasting Public Responsibility and Deregulation Act of 1983, H.R. 2370, 98th Cong., 1st Sess. (1983).

Brotman, S.N. (1989). Executive branch communications policymaking: Reconciling function and form with the Council of Communications Advisors. *Federal Communications Law Journal, 42,* 51-78.

Brown, D.H. (1994). The academy's response to the call for a marketplace approach to broadcast regulation. *Critical Studies in Mass Communication, 11*(3), 257-273.

Brown Shoe Co., Inc. v. United States, 370 U.S. 294 (1962).

Buckley v. Valeo, 424 U.S. 1 (1976).

Bunker, M.D. (2000). Constitutional baselines: First Amendment theory, state action and the "new realism." *Communication Law and Policy, 5*(1), 1-32.

Burke ICE Research (1999). Burke ICE Research finds Internet use not making a significant impact on television viewership. Available: http://www.burke.com/about/pressreleases/iceresearchinternetusage/sld001.htm.

Busterna, J.C. (1976). Diversity of ownership as a criterion in FCC licensing since 1965. *Journal of Broadcasting, 20*(1), 101-110.

Busterna, J.C. (1980). Ownership, CATV and expenditures for local television news. *Journalism Quarterly, 57,* 287-291.

Busterna, J.C. (1987). The cross-elasticity of demand for national newspaper advertising. *Journalism Quarterly, 64,* 346-351.

Busterna, J.C. (1988). Television station ownership effects on programming and idea diversity: Baseline data. *Journal of Media Economics, 1*(2), 63-74.

Busterna, J.C., & Hansen, K.A. (1990). Presidential endorsement patterns by chain-owned newspapers. *Journalism Quarterly, 67,* 286-294.

Cable Communications Policy Act of 1984, Pub. L. No. 98-549, 98 Stat. 2780 (1984) (codified as amended at Title VI of 47 U.S.C).

Cable Holdings of Georgia, Inc. v. Home Video, Inc., 825 F.2d 1559 (11th Cir. 1987).

Cable Television Consumer Protection and Competition Act of 1992, Pub. L. No. 102-385, 106 Stat. 1460 (1992) (codified as amended at 47 U.S.C. §§ 521-609).

Caldwell, L.G. (1930). The standard of public interest, convenience or necessity as used in the Radio Act of 1927. *Air Law Review, 1*(3), 295-330.

Calhoun, C.J. (1980). Community: Toward a variable conceptualization for comparative research. *Social Theory*, 5(1), 105-129.

Calvert, R.L., McCubbins, M.D., & Weingast, B.R. (1989). A theory of political control and agency discretion. *American Journal of Political Science*, 33(3), 588-611.

Canon, B.C. (1969). Voting behavior on the FCC. *Midwest Journal of Political Science*, 13, 587-612.

Carnegie Commission on Educational Television (1967). *Public television: A program for action*. New York: Harper & Row.

Carter Mountain Transmission Corporation v. Federal Communications Commission, 321 F.2d 359. (D.C. Cir. 1963).

Cass, R.A. (1981). *Revolution in the wasteland: Value and diversity in television*. Charlottesville: University of Virginia Press.

Cassinelli, C.W. (1962). The public interest in political ethics. In C.J. Friedrich (Ed.), *Nomos V: The public interest* (pp. 44-53). New York: Atherton Press.

Cate, F.H. (1993). Communications policy making, competition, and the public interest: The new dialogue. *Indiana Law Journal*, 68(3), 665-677.

Cate, F.H. (1994). The national information infrastructure: Policymaking and policymakers. *Stanford Law & Policy Review*, 6(1), 43-55.

Central Hudson Gas & Electric Corp. v. Public Service Commission of New York, 447 U.S. 557 (1980).

Chan-Olmsted, S. (1991). Structural analysis of market competition in the U.S. TV syndication industry, 1981-1990. *Journal of Media Economics*, 4(3), 9-28.

Child Online Protection Act (1998). 47 U.S.C. § 231.

Churchill, R.P. (1992). Public and private choice: A philosophical analysis. In J.M. Gillroy & M. Wade (Eds.), *The moral dimensions of public policy choice: Beyond the market paradigm* (pp. 341-352). Pittsburgh: University of Pittsburgh Press.

Citizens Committee v. Federal Communications Commission, 436 F.2d 263 (D.C. Cir. 1970).

Coase, R.H. (1959). The Federal Communications Commission. *Journal of Law & Economics*, 2, 1-40.

Coase, R.H. (1974). The market for goods and the market for ideas. *American Economic Review*, 64(2), 384-391.

Cochran, C.E. (1974). Political science and the public interest. *Journal of Politics*, 36(2), 327-355.

Cohen, J. (1993). Freedom of expression. *Philosophy and Public Affairs*, 22(3), 207-263.

Cohen, J.E. (1986). The dynamics of the "revolving door" on the FCC. *American Journal of Political Science*, 30(4), 680-708.

Cohen v. California, 403 U.S. 14 (1971).

Cole, B., & Oettinger, M. (1977). Covering the politics of broadcasting. *Columbia Journalism Review*, 16(4), 58-63.

Cole, B., & Oettinger, M. (1978). *Reluctant regulators: The FCC and the broadcast audience*. Reading, MA: Addison-Wesley.

Cole, D. (1986). Agon at Agora: Creative misreadings in the First Amendment tradition. *Yale Law Journal, 95*, 857-905.

Collins, T.A. (1980). Local service concept in broadcasting: An evaluation and recommendation for change. *Iowa Law Review, 65*(2), 553-635.

Columbia Broadcasting System v. Democratic National Committee, 412 U.S. 94 (1973).

Commission on Freedom of the Press (1947). *A free and responsible press.* Chicago: University of Chicago Press.

Communications Act of 1934, Pub. L. No. 416, 48 Stat. 1064 (1934).

Communications Decency Act of 1996, 47 U.S.C. § 223 (1996).

Compaine, B.M. (1995). The impact of ownership on content: Does it matter? *Cardozo Arts & Entertainment Law Journal, 13*, 755-780.

Compaine, B.M. (1997, September). *Reassessing video competition: Has technology or regulation made a difference?* Paper presented at the Telecommunications Policy Research Conference, Alexandria, VA.

Compaine, B.M. (1999, September). *Mergers, divestitures, and the Internet: Is ownership of the media becoming too concentrated?* Paper presented at the Telecommunications Policy Research Conference, Alexandria, VA.

Compaine, B.M., & Weinraub, M.J. (1997). Universal access to online services: An examination of the issue. *Telecommunications Policy, 21*(1), 15-33.

Compaine, B.M., Sterling, C.H., Guback, T., & Noble, J.K., Jr. (Eds.). (1982). *Who owns the media?: Concentration of ownership in the mass communications industry.* White Plains, NY: Knowledge Industry Publications.

Comstock, G., Chaffee, S., Katzman, N., McCombs, M., & Roberts, D. (1978). *Television and human behavior.* New York: Columbia University Press.

Consoli, J. (1999, October 18). Exploiting Voyager: UPN is trying to sell uniqueness of "Star Trek" spinoff's audience. *Mediaweek*, p. 12.

Cook, T.E. (1998). *Governing with the news: The news media as a political institution.* Chicago: University of Chicago Press.

Cooper, C.A. (1996). *Violence on television: Congressional inquiry, public criticism and industry response: A policy analysis.* Lanham, MD: University Press of America.

Corn-Revere, R. (1993). Economics and media regulation. In A. Alexander, J. Owers, & R. Carveth (Eds.), *Media economics: Theory and practice* (pp. 71-90). Hillsdale, NJ: Erlbaum.

Cowles, E.A. (1989). Must-carry and the continuing search for a First Amendment standard of review for cable regulation. *George Washington Law Review, 57*, 1248-1280.

Cox, K.A., & Johnson, N. (1968). Broadcasting in America and the FCC's license renewal process: An Oklahoma case study. In Federal Communications Commission, In re applications for renewal of standard broadcast and television licenses for Oklahoma, Kansas, and Nebraska, 14 FCC 2d 2.

Crain, W.M., & McCormick, R.E. (1984). Regulators as an interest group. In J.M. Buchanan & R.D. Tollison (Eds.), *The theory of public choice—II* (pp. 287-304). Ann Arbor: University of Michigan Press.

Crandall, R.W. (1997). Competition and regulation in the U.S. video market.

Telecommunications Policy, 21(7), 649-660.

Crandall, R.W., & Furchtgott-Roth, H. (1996). *Cable TV: Regulation or competition?* Washington, DC: Brookings Institution.

Crotts, G., & Mead, L.M. (1979). The FCC as an institution. In L. Lewin (Ed.), *Telecommunications: An interdisciplinary study* (pp. 39-119). Dedham, MA: Artech House.

Crown Zellerbach Corp. v. Federal Trade Commission, 296 F.2d 800 (9th Cir. 1961).

Cusack, D.M. (1984). Peanuts and potatoes: The FCC's diversification policy and antitrust laws. *Comm/Ent, 7*(4), 599-645.

De Jong, A.S., & Bates, B.J. (1991). Channel diversity in cable television. *Journal of Broadcasting & Electronic Media, 35*(2), 159-166.

deLeon, P. (1994). Democracy and the policy sciences: Aspirations and operations. *Policy Studies Journal, 22*(2), 200-212.

deLeon, P. (1998). Models of policy discourse: Insights versus prediction. *Policy Studies Journal, 26*(1), 147-161.

Delli Carpini, M.X., & Keeter, S. (1997). *What Americans know about politics and why it matters.* New Haven, CT: Yale University Press.

Demaris, A. (1995). A tutorial in logistic regression. *Journal of Marriage and Family, 57*(4), 956-968.

Dennis v. United States, 341 U.S. 494 (1951).

Department of Justice and Federal Trade Commission (1992). Horizontal Merger Guidelines, 57 Fed. Reg. 41,532.

Devins, N. (1993). Congress, the FCC, and the search for the public trustee. *Law and Contemporary Problems, 56*(4), 145-188.

Dill, C.C. (1938). *Radio law: Practice and procedure.* Washington, DC: National Law Book Company.

Dillman, D.A. (1985). The social impacts of information technologies in rural North America. *Rural Sociology, 50*(1), 1-26.

Dinc, M., Kingsley, E.H., Stough, R.R., & Yilmaz, S. (1998). Regional universal telecommunication service provisions in the U.S. *Telecommunications Policy, 22*(6), 541-553.

Director, M.D., & Botein, M. (1994). Consolidation, coordination, competition, and coherence: In search of a forward looking communications policy. *Federal Communications Law Journal, 47*, 229-236.

Dominick, J.R., & Pearce, M.C. (1976). Trends in network prime-time programming, 1953-74. *Journal of Communication, 20*(1), 70-80.

Donner, W.W. (1998). Assimilation and localism: Some very small towns in mass society. *Sociological Inquiry, 68*(1), 61-82.

Dordick, H.S. (1990). The origins of universal service: History as a determinant of telecommunications policy. *Telecommunications Policy, 14*(3), 223-231.

Dordick, H.S. (1991). Toward a universal definition of universal service. In Institute for Information Studies (Ed.), *Universal telephone service: Ready for the 21st century?* (pp. 109-139). Falls Church, VA: Institute for Information Studies.

Dordick, H.S., & Fife, M.D. (1991). Universal service in post-divestiture USA. *Telecommunications Policy, 15*(2), 118-128.

Downs, A. (1962). The public interest: Its meaning in a democracy. *Social Research, 29*(1), 1-36.

Downs, A. (1967). *Inside bureaucracy.* Boston: Little, Brown and Company.

Dubin, J., & Spitzer, M.L. (1995). Testing minority preferences in broadcasting. *Southern California Law Review, 68*(4), 841-884.

Duggan, E.S. (1991a, April 11). Digital audio broadcasting: Getting it finished and getting it right. Remarks before the Annenberg Washington Program, Washington, DC.

Duggan, E.S. (1991b, Oct. 7). Dare we be optimistic? Remarks before the NAB Hundred Plus Exchange, Washington, DC, 1991 FCC LEXIS 5507.

Duggan, E.S. (1992, June 27). Localism: Tied to the tracks? Remarks before the Mississippi Association of Broadcasters, 1992 FCC LEXIS 3548.

Duggan, E.S. (1993, March 22). Cable, localism and the third stage: Remarks before the sixth annual local programming seminar, National Academy of Cable Programming, Washington, DC, 1993 FCC LEXIS 1345.

Dutton, W.H. (1992). The ecology of games in telecommunications policy. In H.M. Sapolsky, R.J. Crane, W.R. Neuman, & E.M. Noam (Eds.), *The telecommunications revolution* (pp. 65-88). New York: Routledge.

Duval, B.S., Jr. (1972). Free competition of ideas and the quest for truth: Toward a teleological approach to First Amendment adjudication. *George Washington Law Review, 41*(2), 161-259.

Eckert, R.D. (1981). The life cycle of regulatory commissioners. *Journal of Law & Economics, 24*, 113-120.

Edelman, M. (1950). *The licensing of radio services in the United States, 1927-1947: A study in administrative formulation of policy.* Urbana: University of Illinois Press.

Egan, B.L. (1996). Abolish the FCC. *Telecommunications Policy, 20*(7), 469-474.

Ehrenberg, A.S.C. (1968). The factor analytic search for program types. *Journal of Advertising Research, 8*(1), 55-63.

Elber, L. (1999, September 11). Teen shows rule; adult fare rare. *Washington Times*, p. D1.

Emerson, T.I. (1970). *The system of free expression.* New York: Random House.

Emery, W.B. (1971). *Broadcasting and government: Responsibilities and regulations.* East Lansing: Michigan State University Press.

Emig, A.G. (1995). Community ties and dependence on media for public affairs. *Journalism & Mass Communication Quarterly, 72*(2), 402-411.

Entman, R.M. (1989). *Democracy without citizens: Media and the decay of American politics.* New York: Oxford University Press.

Entman, R.M., & Wildman, S.S. (1992). Reconciling economic and non-economic perspectives on media policy: Transcending the "marketplace of ideas." *Journal of Communication, 42*(1), 5-19.

Environmental Protection Agency (1998). *About EPA.* Available: http://www.epa.gov/epahome.epa.htm.

Esbin, B. (1998). *Internet over cable: Defining the future in terms of the past.* Federal Communications Commission, Office of Plans and Policy Working Paper #30. Washington, DC: Federal Communications Commission.

Ethics in Government Act of 1978 , Pub. L. No. 95-521, 92 Stat. 1824 (1978).

Eule, J.N. (1990). Promoting speaker diversity: Austin and Metro Broadcasting. *Supreme Court Review, 1990,* 105-132.

Fairchild, C. (1996). On the block: The "public interest" and the 1994 spectrum license auctions. *Journal of Communication Inquiry, 20*(2), 92-107.

Fallon, R.H., Jr. (1994). Two senses of autonomy. *Stanford Law Review,* 46(4), 875-905.

Farber, D.A. (1991). Free speech without romance: Public choice and the First Amendment. *Harvard Law Review, 105,* 554-583.

Federal Communications Commission (1941). Report on chain broadcasting. Washington, DC: U.S. Government Printing Office.

Federal Communications Commission (1946). Amendment of part 3 of the Commission's rules, 11 Fed. Reg. 33.

Federal Communications Commission (1949). Editorializing by broadcast licensees, 13 FCC 1246.

Federal Communications Commission (1952). Amendment of section 3.606 of the Commission's rules and regulations, 41 FCC 148.

Federal Communications Commission (1964). Multiple ownership of standard, FM and television broadcast stations, 45 FCC 1476.

Federal Communications Commission (1967). Television station WCBS-TV, New York, NY. Applicability of the Fairness Doctrine to cigarette advertising, 9 FCC 2d 921.

Federal Communications Commission (1969a). Inquiry into WBBM-TV's broadcast on November 1 and 2, 1967, of a report on a marihuana party, 18 FCC 2d 124.

Federal Communications Commission (1969b). Amendment of part 74, subpart K, of the Commission's rules and regulations relative to community antenna television systems; and inquiry into the development of communications technology and services to formulate regulatory policy and rulemaking and/or legislative proposals, 20 FCC 2d 201.

Federal Communications Commission (1970a). Amendment of sections 73.35, 73.240, and 73.636 of the Commission's rules relating to multiple ownership of standard, FM, and television broadcast stations, 22 FCC 2d. 306.

Federal Communications Commission (1970b). Complaint by Daily Herald-Telephone and Sunday Herald-Times, Bloomington, Ind., concerning broadcast stations advertising policy of Sarkes Tarzian, Inc, 23 FCC 2d 221.

Federal Communications Commission (1970c). Amendment of part 73 of the Commission's rules and regulations with respect to competition and responsibility in network television broadcasting, 23 FCC 2d 382.

Federal Communications Commission (1971). Primer on ascertainment of community problems by broadcast applications, part I, sections IV-A and IV-B of FCC forms, 27 FCC 2nd 650.

Federal Communications Commission (1974a). Amendment of part 76, subpart G, of the Commission's rules and regulations relative to program origination by cable television systems; and inquiry into the development of cablecasting services to formulate regulatory policy and rulemaking, 46 FCC 2d 139.

Federal Communications Commission (1974b). Handling of public issues under the Fairness Doctrine and the public interest standards of the Communications Act (Fairness Report), 48 FCC 2d 1.

Federal Communications Commission (1974c). Amendment of part 76, subpart G, of the Commission's rules and regulations relative to program origination by cable television systems; and inquiry into the development of cablecasting services to formulate regulatory policy and rulemaking, 49 FCC 2d 1090.

Federal Communications Commission (1975a). Consideration of the operation of and possible changes in, the prime time access rule, section 73.658(k) of the Commission's rules, 50 FCC 2d 829.

Federal Communications Commission (1975b). Amendment of sections 73.34, 73.240, and 73.636 of the Commission's rules relating to multiple ownership of standard, FM, and television broadcast stations, 50 FCC 2d 1046.

Federal Communications Commission (1975c). Nondiscrimination in the employment policies and practices of broadcast licensees, 54 FCC 2d 354.

Federal Communications Commission (1976). Amendment of section U.281 of the Commission's rules: Delegations of authority to the chief, Broadcast Bureau, 59 FCC 2d 491.

Federal Communications Commission (1978). Wolverine Cable Television, Inc., Battle Creek and Kalamazoo, Michigan, applications for transfer of control in the cable television relay service, 69 FCC 2d 1487.

Federal Communications Commission (1979). Cable television syndicated program exclusivity rules; In the matter of inquiry into the economic relationship between television broadcasting and cable television, 71 FCC 2d 1004.

Federal Communications Commission (1980a). EEO processing guidelines for broadcast renewal applicants, 46 RR 2d 1693.

Federal Communications Commission (1980b). Cable television syndicated program exclusivity rules; in the matter of inquiry into the economic relationship between television broadcasting and cable television, 79 FCC 2d 663.

Federal Communications Commission (1981). Deregulation of radio (part 1 of 2), 84 FCC 2d 968.

Federal Communications Commission (1983). Inquiry into the development of regulatory policy in regard to direct broadcast satellites for the period following the 1983 Regional Administrative Radio Conference, 86 FCC 2d 719.

Federal Communications Commission (1984). Revision of programming and commercialization policies, ascertainment requirements, and program log requirements for commercial television stations, 1984 FCC LEXIS 2105.

Federal Communications Commission (1985a). Inquiry into section 73.1910 of the Commission's rules and regulations concerning the general Fairness Doctrine obligations of broadcast licensees, 102 FCC 2d 145.

Federal Communications Commission (1985b). Implementation of the provisions of the Cable Communications Policy Act of 1984, 50 Fed. Reg. 18,637.

Federal Communications Commission (1986a). Amendment of part 76 of the Commission's rules concerning carriage of television broadcast signals by cable television systems, 1986 FCC LEXIS 3796.

Federal Communications Commission (1986b). Amendment of sections 73.1125 and 73.1130 of the Commission's rules, the main studio and program origination rules for radio and television broadcast stations, 1 FCC Rcd 536.

Federal Communications Commission (1986c). Amendment of part 76 of the Commission's rules concerning carriage of television broadcast signals by cable television systems, 1 FCC Rcd 864.

Federal Communications Commission (1987). Amendment of sections 73.1125 and 73.1130 of the Commission's rules, the main studio and program origination rules for radio and television broadcast stations, 2 FCC Rcd 3215.

Federal Communications Commission (1988a). Complaint of Syracuse Peace Council against television station WTVH Syracuse, New York, 3 FCC Rcd 2035.

Federal Communications Commission (1988b). Amendment of sections 73.1125 and 73.1130 of the Commission's rules, the main studio and program origination rules for radio and television broadcast stations, 65 Rad. Reg 2d (P & F) 110.

Federal Communications Commission (1991). Reexamination of the effective competition standard for regulation of cable television basic service rates, 6 FCC Rcd. 4545.

Federal Communications Commission (1992). Amendment of part 76, subpart J, section 76.501 of the Commission's rule and regulations to eliminate the prohibition on common ownership of cable television systems and national television networks, 7 FCC Rcd. 6156.

Federal Communications Commission (1993a). Implementation of section 25 of the Cable Television Consumer Protection and Competition Act of 1992, direct broadcast satellite public service obligations, 8 FCC Rcd 1589.

Federal Communications Commission (1993b). Evaluation of the syndication and financial interest rules, 8 FCC 3282.

Federal Communications Commission (1993c). Implementation of section 4(g) of the Cable Television Consumer Protection and Competition Act of 1992: Home shopping issues, 1993 FCC LEXIS 4749.

Federal Communications Commission (1993d). Amendment of the Commission's rules to establish new personal communications services, 8 FCC Rcd 7700.

Federal Communications Commission (1993e). Evaluation of the financial interest and syndication rules, 73 Rad. Reg 2d (P & F)1452.

Federal Communications Commission (1993f). Implementation of sections 11 and 13 of the Cable Television Consumer Protection and Competition Act of 1992; horizontal and vertical ownership limits, cross-ownership limitations and anti-trafficking provisions, 1993 FCC LEXIS 6578.

Federal Communications Commission (1994). Implementation of the Cable

Television Consumer Protection and Competition Act of 1992, broadcast signal carriage issues, 9 FCC Rcd 6723.

Federal Communications Commission (1995a). Amendment of the Commission's rules with regard to the establishment of new digital audio radio services, 10 FCC Rcd 2310.

Federal Communications Commission (1995b). Review of the Commission's regulations governing television broadcasting: Television satellite stations review of policy and rules, 10 FCC Rcd 3524.

Federal Communications Commission (1995c). Implementation of section 11(c) of the Cable Television Consumer Protection and Competition Act of 1992; vertical ownership limits, 10 FCC Rcd 7364.

Federal Communications Commission (1995d). Review of the prime time access rule, section 73.658(k) of the Commission's rules, 10 FCC Rcd 546.

Federal Communications Commission (1997a). Federal-state joint board on universal service, 12 FCC Rcd 8776.

Federal Communications Commission (1997b). Amendments of Parts 73 and 74 of the Commission's rules to permit certain minor changes in broadcast facilities without a construction permit, 12 FCC Rcd 12371.

Federal Communications Commission (1997c). Time Warner Entertainment Co., L.P. d/b/a Time Warner Cable; for modification of the Boston, Massachusetts ADI, 12 FCC Rcd 22069.

Federal Communications Commission (1997d). Annual assessment of the status of competition in markets for the delivery of video programming, 13 FCC 1034.

Federal Communications Commission (1998a). 1998 biennial regulatory review-review of the Commission's broadcast ownership rules and other rules adopted pursuant to the Telecommunications Act of 1996, 13 FCC Rcd. 11276.

Federal Communications Commission (1998b). Federal-state joint board on universal service: Report to Congress, 13 FCC Rcd 11501.

Federal Communications Commission (1998c). Carriage of the transmissions of digital television broadcast stations; Amendments to part 76 of the Commission's rules, 13 FCC Rcd 15092.

Federal Communications Commission (1998d). Annual assessment of the status of competition in markets for the delivery of video programming, 13 FCC Rcd 24284.

Federal Communications Commission (1998e). Amos B. Hostetter, Jr. petition for special relief requesting waiver of 47 C.F.R 76.501(a), 1998 FCC LEXIS 2768.

Federal Communications Commission (1998f). Satellite delivery of network signals to unserved households for purposes of the Satellite Home Viewer Act; Part 73 definition and measurement of signals of grade B intensity, 1998 FCC LEXIS 5874.

Federal Communications Commission (1998g). Implementation of section 25 of the Cable Television Consumer Protection and Competition Act of 1992;

Direct broadcast satellite public interest obligations, 1998 FCC LEXIS 6060.

Federal Communications Commission (1998h). FCC home page. Available: http://www.fcc.gov/.

Federal Communications Commission (1998i). About the FCC. Available: http://www.fcc.gov/aboutfcc.html.

Federal Communications Commission (1999a). A new Federal Communications Commission for the information age. Available at: http://www.fcc.gov /Reports/fcc21.html.

Federal Communications Commission (1999b). The public and broadcasting. Report prepared by the Mass Media Bureau. Washington, DC: Federal Communications Commission.

Federal Communications Commission (1999c). Implementation of Cable Act reform provisions of the Telecommunications Act of 1996, 14 FCC Rcd 5296.

Federal Communications Commission (1999d). Implementation of section 11(c) of the Cable Television Consumer Protection and Competition Act of 1992, 1999 FCC LEXIS 5244.

Federal Communications Commission (1999e). Annual assessment of the status of competition in the markets for the delivery of video programming, 2000 FCC LEXIS 250.

Federal Communications Commission (1999f). Public interest obligations of TV broadcast licensees, 1999 FCC LEXIS, 6487.

Federal Communications Commission (2000). Review of the Commission's broadcast and cable equal employment opportunity rules and policies and termination of the EEO streamlining proceeding, 15 FCC Rcd 2329.

Federal Communications Commission Network Inquiry Special Staff (1980). *New television networks: Entry, jurisdiction, ownership and regulation* (Vols. 1 and 2). Washington, DC: U.S. Government Printing Office.

Federal Communications Commission v. League of Women Voters, 468 U.S. 364 (1984).

Federal Communications Commission v. Pottsville Broadcasting Company, 309 U.S. 134 (1940).

Federal Communications Commission v. Sanders Brothers Radio Station, 309 U.S. 470 (1940).

Federal Communications Commission v. WNCN Listeners Guild, 101 S.Ct. 1266 (1981).

Federal Radio Commission (1928). Statement made by the Commission on August 23, 1928, relative to the public interest, convenience, or necessity. Reprinted in F.J. Kahn (Ed.), *Documents of American broadcasting* (4th ed., pp. 57-62). Englewood Cliffs, NJ: Prentice-Hall.

Federal Trade Commission (1998). Vision, mission & goals. Available: http://www.ftc.gov/ftc.mission.htm.

Ferguson, D.A., & Perse, E.M. (1993). Media and audience influences on channel repertoire. *Journal of Broadcasting & Electronic Media, 37*(1), 31-47.

Ferguson, J. (1993). Daily newspaper advertising rates, local media cross-ownership, newspaper chains, and media competition. *Journal of Law & Economics, 26,* 635-654.

Ferrall, V.E., Jr. (1989). The impact of television deregulation on private and public interests. *Journal of Communication, 39*(1), 8-38.

Fife, M.D. (1984). *FCC policy on minority ownership in broadcasting: A political systems analysis of regulatory policymaking.* Unpublished doctoral dissertation, Stanford University.

Fischer, F. (1998). Beyond empiricism: Policy inquiry in postpositivist perspective. *Policy Studies Journal, 26*(1), 129-161.

Fiss, O.M. (1986). Free speech and social structure. *Iowa Law Review, 71,* 1405-1425.

Fiss, O.M. (1990). Why the state. In J. Lichtenberg (Ed.), *Democracy and the mass media* (pp. 136-154). New York: Cambridge University Press.

Fiss, O.M. (1996). *The irony of free speech.* Cambridge, MA: Harvard University Press.

Fitts, M.A. (1990). Can ignorance be bliss? Imperfect information as a positive influence in political institutions. *Michigan Law Review, 88,* 917-982.

Flannery, G. (Ed.). (1995). *Commissioners of the FCC, 1927-1994.* Lanham, MD: University Press of America.

Flathman, R.E. (1966). *The public interest: An essay concerning the normative discourse of politics.* New York: Wiley.

Foley, S.M. (1998). The brewing controversy over Internet service providers and the universal service fund: A third generation interpretation of section 254. *CommLaw Conspectus, 6*(2), 245-259.

Fowler, M.S., & Brenner, D.L. (1982). A marketplace approach to broadcast regulation. *Texas Law Review, 60,* 1-51.

Fowler, M.S., Halprin, A., & Schlichting, J.D. (1986). "Back to the future": A model for telecommunications. *Federal Communications Law Journal, 38,* 145-200.

Frank, R.E., Becknell, J.C., & Clokey, J.D. (1971). Television program types. *Journal of Marketing Research, 8*(2), 204-211.

Frantz, L.B. (1962). The First Amendment in the balance. *Yale Law Journal, 71*(8), 1424-1450.

Friedrich, C.J. (Ed.). (1962). *Nomos V: The public interest.* New York: Atherton Press.

Friedrich, J.E. (1998). Thinkable mergers: The FCC's evolving public interest standard. *CommLaw Conspectus, 6,* 261-275.

Friendly, H.J. (1962). *The federal administrative agencies: The need for better definition of standards.* Cambridge, MA: Harvard University Press.

Frug, G.E. (1980). The city as a legal concept. *Harvard Law Review, 93*(5), 1057-1154.

Fuerbringer, J. (1982, July 26). Trying to trim the FCC. *New York Times,* p. D2.

Gandara, A. (1998). Equity in an era of markets: The case of universal service. *Wake Forest Law Review, 33*(1), 107-123.

Gardbaum, S.A. (1993). Broadcasting, democracy, and the market. *Georgetown*

Law Journal, 82, 373-396.

Garry, P.M. (1994). *Scrambling for protection: The new media and the first amendment.* Pittsburgh: University of Pittsburgh Press.

Garvey, D.E. (1976). Secretary Hoover and the quest for broadcast regulation. *Journalism History, 3*(3), 66-70, 85.

Gasman, L. (1998). *Universal service: The new telecommunications entitlements and taxes: Cato policy analysis No. 310.* Washington, DC: Cato Institute.

Geller, H. (1995). Turner Broadcasting, the First Amendment, and the new electronic delivery systems. *Michigan Telecommunications & Technology Law Review, 1.* Available: http://www.law.umich.edu/mttlr/VolOne/geller.html.

Gellhorn, E. (1978). The role of Congress. In G.O. Robinson (Ed.), *Communications for tomorrow: Policy perspectives for the 1980s* (pp. 445-462). New York: Praeger.

Giddens, A. (1990). *The consequences of modernity.* Stanford, CA: Stanford University Press.

Giddens, A. (1991). *Modernity and self-identity: Self and society in the late modern age.* Stanford, CA: Stanford University Press.

Gillroy, J.M., & Wade, M. (1992). Efficiency in policy analysis: Introduction. In J.M. Gillroy & M. Wade (Eds.), *The moral dimensions of public policy choice: Beyond the market paradigm* (pp. 5-13). Pittsburgh: University of Pittsburgh Press.

Glasser, T.L. (1984). Competition and diversity among radio formats: Legal and structural issues. *Journal of Broadcasting, 28*(2), 127-142.

Golub, W.W. (1948). *Staff report on the Federal Communications Commission: Committee on Independent Regulatory Commissions.* Washington, DC: U.S. Government Printing Office.

Goodin, R.E. (1996). Institutionalizing the public interest: The defense of deadlock and beyond. *American Political Science Review, 90*(2), 331-343.

Goodsell, C.T. (1990). Public administration and the public interest. In G.L. Wamsley et al. (Eds.), *Refounding public administration* (pp. 96-113). Newbury Park, CA: Sage.

Gordon, J. (1997). John Stuart Mill and the "marketplace of ideas." *Social Theory and Practice, 23*(2), 235-249.

Gormley, W.T. (1976). *The effects of newspaper-television cross-ownership on news homogeneity.* Chapel Hill, NC: Institute for Research in Social Science.

Gormley, W.T. (1979). A test of the revolving door hypothesis at the FCC. *American Journal of Political Science, 23*(4), 665-683.

Graber, D.A. (1984). *Processing the news: How people tame the information tide.* New York: Longman.

Graham, J.M., & Kramer, V.H. (1976). *Appointments to the regulatory agencies: The Federal Communications Commission and the Federal Trade Commission (1949-1974).* Washington, DC: U.S. Government Printing Office.

Graham, S., Cornford, J., & Simon, M. (1996). The socio-economic benefits of a universal telephone network: A demand-side view of universal service.

Telecommunications Policy, 20(1), 3-10.

Grant, A.E. (1994). The promise fulfilled? An empirical analysis of program diversity on television. *Journal of Media Economics, 7*(1), 51-64.

Greenberg, E., & Barnett, H.J. (1971). TV program diversity—New evidence and old theories. *American Economic Review, 61*(2), 89-93.

Griffith, E.S. (1962). The ethical foundations of the public interest. In C.J. Friedrich (Ed.), *Nomos V: The public interest* (pp. 14-26). New York: Atherton Press.

Gruber, J.E. (1987). *Controlling bureaucracies: Dilemmas in democratic governance.* Berkeley: University of California Press.

Grundfest, J.A. (1976). *Citizen participation in broadcast licensing before the FCC.* Santa Monica, CA: Rand Corporation.

Gunkel, D. J. (1998). The rule of metaphor: Prolegomena to any future Internet regulation. *Electronic Journal of Communication, 8*(2). Available: http://www.cios.org/getfile\Gunkel_V8N298.

Gunter, B. (1997). *Measuring bias on television.* Bedfordshire, UK: University of Luton Press.

Hadden, S.G., & Lenert, E. (1995). Telecommunications networks are not VCRs: The public nature of new information technologies for universal service. *Media, Culture & Society, 17*(1), 121-140.

Haddock, D.D., & Polsby, D.D. (1990). Bright lines, the Federal Communications Commission's duopoly rule, and the diversity of voices. *Federal Communications Law Journal, 42*, 331-364.

Hagelin, T.M., & Wimmer, K.A. (1986). Broadcast deregulation and administrative responsibility to monitor policy change: An empirical study of the elimination of logging requirements. *Federal Communications Law Journal, 38*, 201-282.

Hagins, J. (1996). The inconvenient public interest: Policy challenges in the age of information. *Journal of Applied Communication Research, 24*(2), 83-92.

Hagle, T.M., & Mitchell, G.E, II. (1992). Goodness-of-fit measures for probit and logit. *American Journal of Political Science, 36*(3), 762-784.

Hale v. FCC, 425 F.2d 556 (D.C. Cir. 1970).

Hamilton, J.T. (1996). Private interests in "public interest" programming: An economic assessment of broadcaster incentives. *Duke Law Journal, 45*, 1177-1192.

Hamm, K.E. (1983). Patterns of influence among committees, agencies, and interest groups. *Legislative Studies Quarterly, 8*(3), 379-426.

Hammond, A.S., IV (1996). Universal access to infrastructure and information. *DePaul Law Review, 45*, 1067-1091.

Hammond, A.S., IV (1997). Universal service in the digital age: The Telecommunications Act of 1996: Codifying the digital divide. *Federal Communications Law Journal, 50*, 179-214.

Harrington, M. (1997). A-B-C, see you real soon: Broadcast media mergers and ensuring a "diversity of voices." *Boston College Law Review, 38*, 497-540.

Hazlett, T.W. (1990). The rationality of U.S. regulation of the broadcast spectrum.

Journal of Law & Economics, 33(1), 133-175.

Hazlett, T.W. (1997). Physical scarcity, rent seeking, and the First Amendment. *Columbia Law Review, 97*, 905-944.

Hazlett, T.W., & Sosa, D.W. (1997). "Chilling" the Internet? Lessons from FCC regulation of radio broadcasting. *Michigan Telecommunications and Technology Law Review, 4.* Available: http://www.law.umich.edu/mttlr/vol-four/Hazlettfr.html.

Heeter, C. (1985). Program selection with abundance of choice: A process model. *Human Communication Research, 12*(1), 125-152.

Heffron, F. (1983). The Federal Communications Commission and broadcast deregulation. In J.J. Havick (Ed.), *Communications policy and the political process* (pp. 39-70). Westport, CT: Greenwood Press.

Held, V. (1970). *The public interest and individual interests.* New York: Basic Books.

Hellman, H., & Soramaki, M. (1985). Economic concentration in the videocassette industry: A cultural comparison. *Journal of Communication, 35*(3), 122-134.

Henning, D.H. (1970). Administrative agencies, the public interest, and national policy: Is a marriage possible? *Georgetown Law Journal, 59*(2), 420-447.

Herbert v. Lando, 441 U.S. 153 (1979).

Herman, E.S., & Chomsky, N. (1988). *Manufacturing consent: The political economy of the mass media.* New York: Pantheon Books.

Herring, P. (1936). *Public administration and the public interest.* New York: McGraw-Hill.

Hibbitts, B. J. (1994). Making sense of metaphors: Visuality, aurality, and the reconfiguration of American legal discourse. *Cardozo Law Review, 16*, 229-356.

Higgins, J. M. (2000, April 24). Some gains, no pains—yet. *Broadcasting & Cable,* p. 14.

Hirsch, L.V. (1971). Introduction. In P.W. Cherington, L.V. Hirsch, & R. Brandwein (Eds.), *Television station ownership: A case study of federal agency regulation* (pp. 14-18). New York: Hastings House.

Hopenhayn, H., & Lohmann, S. (1996). Fire-alarm signals and the political oversight of regulatory agencies. *Journal of Law, Economics, & Organization, 12*(1), 196-213.

Hopkins, W.W. (1996). The Supreme Court defines the marketplace of ideas. *Journalism & Mass Communication Quarterly, 73*(1), 40-52.

Horwitz, R.B. (1989). *The irony of regulatory reform: The deregulation of American telecommunications.* New York: Oxford University Press.

Hosmer, D.W., Jr., & Lemeshow, S. (1989). *Applied logistic regression.* New York: Wiley.

Huber, P. (1997). *Law and disorder in cyberspace: Abolish the FCC and let common law rule the telecosm.* New York: Oxford University Press.

Hudson, H. (1994). Universal service in the information age. *Telecommunications Policy, 18*(8), 658-667.

Huelster, P.A. (1995). Cybersex and community standards. *Boston University Law Review, 75*, 865-888.

Hundt, R.E. (1996). The public's airwaves: What does the public interest require of television broadcasters. *Duke Law Journal, 45*(6), 1089-1129.

Implementation of the Telecommunications Act of 1996: Hearing before the Subcommittee on Telecommunications and Finance of the Committee on Commerce, U.S. House of Representatives, 104th Cong., 2d Sess. (July 18, 1996).

Ingber, S. (1984). The marketplace of ideas: A legitimizing myth. *Duke Law Journal*, February, 1-91.

Ingber, S. (1990). Rediscovering the communal worth of individual rights: The First Amendment in institutional contexts. *Texas Law Review, 69*, 1-108.

Iosifides, P. (1999). Diversity versus concentration in the deregulated mass media domain. *Journalism & Mass Communication Quarterly, 76*(1), 152-162.

Jackson Broadcasting & Television Corporation v. Federal Communications Commission, 280 F.2d 676 (D.C. Cir. 1960).

Jacques, S.C. (1997). Reno v. ACLU: Insulating the Internet, the First Amendment, and the marketplace of ideas. *American University Law Review, 46*, 1945-1992.

Jeffres, L.W., Dobos, J., & Sweeney, M. (1987). Communication and commitment to community. *Communication Research, 14*(6), 619-643.

Jensen, R. (1998). First Amendment potluck. *Communication Law and Policy, 4*(3), 563-588.

Johnson, L.L. (1994). *Toward competition in cable television*. Cambridge, MA: MIT Press.

Johnson, N., & Dystel, J.J. (1973). A day in the life: The Federal Communications Commission. *Yale Law Journal, 82*(8), 1575-1634.

Jones, R. (1997). Fact and fiction: Market definition and the media. *Policy, 13*(1), 12-15.

Jones, S.G. (1995). Understanding community in the information age. In S.G. Jones (Ed.), *Cybersociety: Computer-mediated communication and community* (pp. 10-35). Thousand Oaks, CA: Sage.

Jupiter Associates, Inc. v. Federal Communications Commission, 420 F.2d 108 (D.C. Cir. 1969).

Kahn, A.E. (1988). *The economics of regulation: Principles and institutions*. Cambridge, MA: MIT Press.

Kahn, F.J. (1982). Radio: Regulating format diversity. *Journal of Communication, 32*(1), 181-191.

Kalt, J.P., & Zupan, M.A. (1990). The apparent ideological behavior of legislators: Testing for principal-agent slack in political institutions. *Journal of Law & Economics, 34*, 103-131.

Kambara, N. (1992). Study of the diversity indices used for programming analysis. *Studies of Broadcasting, 28*, 195-206.

Kang, J. (1987). Franklin D. Roosevelt and James L. Fly: The politics of broadcast regulation, 1941-1944. *Journal of American Culture, 10*, 23-33.

Kaserman, D.L., Mayo, J.W., & Flynn, J.E. (1990). Cross-subsidization in telecommunications: Beyond the universal service fairy tale. *Journal of Regulatory Economics, 2*(3), 231-249.

Katz, M.L., & Shapiro, C. (1986). Technology adoption in the presence of network externalities. *Journal of Political Economy, 94*(4), 822-841.

Kelly, D., & Donway, R. (1990). Liberalism and free speech. In J. Lichtenberg (Ed.), *Democracy and the mass media* (pp. 66-101). New York: Cambridge University Press.

Kelman, S. (1992). Cost-benefit analysis: An ethical critique. In J.M. Gillroy & M. Wade (Eds.), *The moral dimensions of public policy choice: Beyond the market paradigm* (pp. 153-164). Pittsburgh: University of Pittsburgh Press.

Kendall, W. (1960). The "open society" and its fallacies. *American Political Science Review, 54*(4), 972-979.

Kennard, W.E. (1997, October 1). Statement at confirmation hearing before the Commerce, Science and Transportation Committee, U.S. Senate. Available: http://www.fcc.gov/commissioners/kennard/states.html.

Kennard, W.E. (1998, September 11). Remarks to American Women in Radio and Television, Washington, DC. Available: http://www.fcc.gov/Speeches/Kennard/spwek826.html.

Kennard, W.E. (1999). The Telecom Act at three: Seeing the face of the future. *Media Law & Policy, 7*(2), 1-5.

Kennard suggests limited free time inquiry (1998, March 26). *Communications Daily*, LEXIS.

Kim, D., & Grant, A. (1996, August). *The validity of the program type model in studies of television program diversity.* Presented at the annual meeting of the Association for Education in Journalism and Mass Communication, Anaheim, CA.

Kim, H. (1991, August). *Congress and the FCC: An analysis of congressional hearings on nominations of FCC commissioners.* Paper presented at the meeting of the Association for Education in Journalism and Mass Communication, Boston, MA.

Kim, H. (1992a). *How to talk back to your television set: A survey of Kentuckians.* Unpublished master's thesis, University of Kentucky.

Kim, H. (1992b). Theorizing deregulation: An exploration of the utility of the "broadcast policy-making system" model. *Journal of Broadcasting & Electronic Media, 36*(2), 153-172.

Kim, H. (1995). The politics of deregulation: Public participation in the FCC rule-making process for DBS. *Telecommunications Policy, 19*(1), 51-60.

Kim, J. (1998a, April). *Empirical testing on an unasked question in Turner v. FCC: Do must-carry rules enhance diversity?* Paper presented at the annual meeting of the Broadcast Education Association, Las Vegas, NV.

Kim, J. (1998b). Universal service and Internet commercialization: Chasing two rabbits at the same time. *Telecommunications Policy, 22*(4/5), 281-288.

King, S., & Marshall, A. (1997). Market definition and the media: A reply to Jones. *Policy, 13*(1), 16-17.

Kirkham, C.W. (1998). Busting the administrative trust: An experimentalist approach to universal service administration in telecommunications policy. *Columbia Law Review*, 98(3), 620-664.

Kirsch, A.D., & Banks, S. (1962). Program types defined by factor analysis. *Journal of Advertising Research*, 2(3), 29-31.

Kleiman, H. (1991). Content diversity and the FCC's minority and gender licensing policies. *Journal of Broadcasting & Electronic Media*, 35(4), 411-429.

Krasnow, E.G., & Goodman, J.N. (1998). The "public interest" standard: The search for the Holy Grail. *Federal Communications Law Journal*, 50(3), 605-636.

Krasnow, E.G., Longley, L.D., & Terry, H.A. (1982). *The politics of broadcast regulation* (3rd ed.). New York: St. Martin's Press.

Krattenmaker, T.G., & Powe, L.A. (1994). *Regulating broadcast programming*. Cambridge, MA: MIT Press.

Krugman, D.M., & Reid, L.R. (1980). The "public interest" as defined by FCC policy makers. *Journal of Broadcasting*, 24(3), 311-325.

Kubey, R., Shifflet, M., Weerakkody, N., & Ukeiley, S. (1995). Demographic diversity on cable: Have the new cable channels made a difference in the representation of gender, race, and age? *Journal of Broadcasting & Electronic Media*, 39(4), 459-471.

Kunkel, D. (1991). Crafting media policy: The genesis and implications of the Children's Television Act of 1990. *American Behavioral Scientist*, 35(2), 181-202.

Kunkel, D. (1998). Policy battles over defining children's educational television. *Annals of the American Academy of Political and Social Sciences*, 557, 39-53.

Lacy, S. (1991). Effects of group ownership on daily newspaper content. *Journal of Media Economics*, 4, 35-47.

Lacy, S., Atwater, T., Qin, X., & Powers, A. (1988). Cost and competition in the adoption of satellite news gathering technology. *Journal of Media Economics*, 1, 51-59.

Lacy, S., & Riffe, D. (1994). The impact of competition and group ownership on radio news. *Journalism Quarterly*, 71(3), 583-593.

Lacy, S., & Vermeer, J.P. (1995). Theoretical and practical considerations in operationalizing newspaper and television news competition. *Journal of Media Economics*, 8(1), 49-61.

Laffont, J., & Tirole, J. (1990). The politics of government decision making: Regulatory institutions. *Journal of Law, Economics, & Organization*, 6(1), 1-31.

Lamont, DBA Basic Pamphlets v. Postmaster General, 381 U.S. 301 (1965).

Lamprecht v. Federal Communications Commission, 958 F.2d 382 (D.C. Cir. 1992).

Lange, D. (1975). The speech and press clauses. *UCLA Law Review*, 23(1), 77-119.

Lapointe, M. (1999). Universal service and the digital revolution: Beyond the Telecommunications Act of 1996. *Rutgers Computer & Technology Law*

Journal, 25(1), 61-95.

Lasswell, H.D. (1962). The public interest: Proposing principles of content and procedure. In C. J. Friedrich (Ed.), *Nomos V: The public interest* (pp. 54-79). New York: Atherton Press.

Lauzen, M.M. (1999). *Stuck in prime time: Women on screen and behind the scenes in the 1998-99 season.* Unpublished manuscript.

Lavey, W.G. (1990). Universal telecommunications infrastructure for information services. *Federal Communications Law Journal, 42,* 151-190.

Lavey, W.G. (1993). Inconsistencies in applications of economics at the Federal Communications Commission. *Federal Communications Law Journal, 45,* 437-490.

LeDuc, D.R. (1973). *Cable television and the FCC: A crisis in media control.* Philadelphia: Temple University Press.

LeDuc, D.R. (1982). Deregulation and the dream of diversity. *Journal of Communication, 32*(4), 164-178.

LeDuc, D.R. (1988). The plight of the "public interest": A principle lost in the process. *Journal of Media Law & Practice, 4,* 130-143.

Lehman, D.R. (1971). Television show preference: Application of a choice model. *Journal of Marketing Research, 8*(1), 47-55.

Lentz, C.S. (1996). The fairness in broadcasting doctrine and the Constitution: Forced one-stop shopping in the "marketplace of ideas." *University of Illinois Law Review, 1,* 271-317.

Leshner, G., & McKean, M.L. (1997). Using TV news for political information during an off-year election: Effects on political knowledge and cynicism. *Journalism & Mass Communication Quarterly, 74*(1), 69-83.

Levin, H.J. (1971). Program duplication, diversity, and effective viewer choices: Some empirical findings. *American Economic Review, 61*(2), 81-88.

Levin, H.J. (1980). *Fact and fancy in television regulation: An economic study of policy alternatives.* New York: Russell Sage Foundation.

Levine, M.E., & Forrence, J.L. (1990). Regulatory capture, public interest, and the public agenda: Toward a synthesis. *Journal of Law, Economics, & Organization, 6,* 167-198.

Levinson, J.A. (1992). An informed electorate: Requiring broadcasters to provide free airtime to candidates for public office. *Boston University Law Review, 72,* 143-176.

Levy, J.D., & Pitsch, P.K. (1985). Statistical evidence of substitutability among video delivery systems. In E.M. Noam (Ed.), *Video media competition: Regulation, economics, and technology* (pp. 56-92). New York: Columbia University Press.

Levy, J.D., & Setzer, F.O. (1984). Market delineation, measurement of concentration, and F.C.C. ownership rules. In V. Mosco (Ed.), *Policy research in telecommunications: Proceedings from the 11th annual Telecommunications Policy Research Conference* (pp. 201-212). Norwood, NJ: Ablex.

Lichtenberg, J. (1990). Foundations and limits of freedom of the press. In J. Lichtenberg (Ed.), *Democracy and the mass media* (pp. 102-135). New

York: Cambridge University Press.

Lichty, L.W. (1961/62). Members of the Federal Radio Commission and the Federal Communications Commission 1927-1961. *Journal of Broadcasting*, 6, 23-34.

Lichty, L.W. (1962). The impact of the FRC and FCC commissioners' background on the regulation of broadcasting. *Journal of Broadcasting*, 6, 97-110.

Lin, C.A. (1995). Diversity of network prime-time program formats during the 1980s. *Journal of Media Economics*, 8(4), 17-28.

Linker, J. (1983). Public intervenors and the public airwaves: The effect of interest groups on FCC decisions. In J.J. Havick (Ed.), *Communications policy and the political process* (pp. 149-170). Westport, CT: Greenwood Press.

Litman, B.R. (1979). The television networks, competition, and program diversity. *Journal of Broadcasting*, 24(4), 393-409.

Litman, B.R., Hasegawa, K., Shrikhande, S., & Barbatsis, G. (1994). Measuring diversity in U.S. television programming. *Studies of Broadcasting*, 30, 131-153.

Lock, R.K., Jr. (1999). Breaking the bottleneck and sharing the wealth: A perspective on universal service policy in an era of local competition. In B.A. Cherry, S.S. Wildman, & A.S. Hammond, IV (Eds.), *Making universal service policy: Enhancing the process through multidisciplinary evaluation* (pp. 237-249). Mahwah, NJ: Erlbaum.

Long, S.L. (1979). A fourth television network and diversity: Some historical evidence. *Journalism Quarterly*, 56(2), 341-345.

Lowery, S.A., & DeFleur, M.L. (1995). *Milestones in mass communication research: Media effects* (3rd ed.). White Plains, NY: Longman.

Lucas, W.A., & Possner, K.B. (1975). *Television news and local awareness: A retrospective look*. Santa Monica, CA: The Rand Corporation.

Lucoff, M. (1977). Telecommunications management and policy: Who governs? *Journalism Monographs*, 51.

Lutheran Church-Missouri Synod v. Federal Communications Commission, 141 F.3d 344 (D.C. Cir. 1998).

Mackenzie, G.C. (1981). *The politics of presidential appointments*. New York: The Free Press.

Mahan, E., & Schement, J.R. (1984). The broadcast regulatory process: Toward a new analytical framework. In B. Dervin & M.J. Voigt (Eds.), *Progress in communication sciences* (Vol. 4, pp. 1-22). Norwood, NJ: Ablex.

Markin, K. (1991, August). *Congress, the FCC, and children's television regulation: A shift in the balance of power*. Paper presented at the meeting of the Association for Education in Journalism and Mass Communication, Boston, MA.

Marshall, S.P. (1991, September 11). Remarks before the National Association of Broadcasters Radio 1991 Convention, 1991 FCC LEXIS 4847.

Masci, D. (1999, April 23). The future of telecommunications. *CQ Researcher*, 9(15), 329-352.

Mason, C.M. (1997). Universal service in the schools: One step too far? *Federal*

Communications Law Journal, 50(1), 237-254.

Massaro, T.M. (1993). Post, Fiss, and the logic of democracy. *University of Colorado Law Review, 64*, 1145-1168.

Mayton, W.T. (1989). The illegitimacy of the public interest standard at the FCC. *Emory Law Journal, 38*(3), 715-769.

McCain, T.A., & Lowe, G.F. (1990). Localism in Western European radio broadcasting: Untangling the wireless. *Journal of Communication, 40*(1), 86-101.

McChesney, R.W. (1993). *Telecommunications, mass media, & democracy: The battle for the control of U.S. broadcasting, 1928-1935.* New York: Oxford University Press.

McChesney, R.W. (1996). The Internet and U.S. communications policymaking in historical and critical perspective. *Journal of Communication, 46*(1), 98-124.

McClellan, S. (1999, October 25). Stations spotlight local spots. *Broadcasting & Cable*, p. 50.

McCombs, M.E., & Shaw, D.L. (1972). The agenda-setting function of mass media. *Public Opinion Quarterly, 36*, 176-187.

McEachern, A.W., & Al-Arayed, J. (1984). Discerning the public interest. *Administration & Society, 15*(4), 439-453.

McGarity, T.O. (1991). *Reinventing rationality: The role of regulatory analysis in the federal bureaucracy.* New York: Cambridge University Press.

McGarty, T.P. (1997). The economic viability of wireless local loop and its impact on universal service. *Telecommunications Policy, 21*(5), 387-410.

McGregor, M.A. (1984). Importance of diversity in the financial interest and syndication controversy. *Journalism Quarterly, 61*(4), 831-834.

McGregor, M.A. (1986). The FCC's use of informal comments in rule-making proceedings. *Journal of Broadcasting & Electronic Media, 30*(4), 413-425.

McKean, M.L., & Stone, V.A. (1992). Deregulation and competition: Explaining the absence of local broadcast news operations. *Journalism Quarterly, 69*(3), 713-723.

McLauchlan, W.P. (1977). Agency-clientele relations: A study of the Federal Communications Commission. *Washington University Law Quarterly, 77*(2), 257-306.

McLuhan, M.M., & Powers, B.R. (1992). *The global village: Transformation in world life and media in the 21st century.* New York: Oxford University Press.

McQuail, D. (1992). *Media performance: Mass communication and the public interest.* Newbury Park, CA: Sage.

Meiklejohn, A. (1960). *Political freedom: The constitutional powers of the people.* New York: Harper & Brothers. (Original work published 1948)

Meiklejohn, A. (1972). *Free speech and its relation to self-government.* Port Washington, NY: Kennikat Press. (Original work published 1948)

Meiklejohn, A. (1961). The First Amendment is an absolute. *Supreme Court Law Review, 1961*, 245-266.

Menard, S. (1995). *Applied logistic regression analysis.* Thousand Oaks, CA: Sage.

Metro Broadcasting, Inc. v. Federal Communications Commission, 497 U.S. 547 (1990).

Meyerson, M.I. (1996). Ideas of the marketplace: A guide to the 1996 Telecommunications Act. *Federal Communications Law Journal,* 49(2), 251-288.

Mill, J. S. (1978). *On liberty.* Indianapolis: Hackett Publishing. (Original work published 1859)

Miller, J. (1982). Policy planning and technocratic power: The significance of the OTP. *Journal of Communication,* 32(1), 53-60.

Miller, T.C. (1990). Synthesizing normative and behavioral theory for the design of social structures. In S.S. Nagel (Ed.), *Policy theory and policy evaluation: Concepts, knowledge, causes, and norms* (pp. 123-145). New York: Greenwood Press.

Miller v. California, 413 U.S. 15 (1973).

Milne, C. (1998). Stages of universal service policy. *Telecommunications Policy,* 22(9), 775-780.

Milton, J. (1851). *The works of John Milton in verse and prose* (Vol. 4). London: William Pickering.

Minow, N.N. (1978). Address by Newton N. Minow to the National Association of Broadcasters, Washington, DC. In F. Kahn (Ed.), *Documents of American broadcasting* (4th ed., pp. 207-217). Englewood Cliffs, NJ: Prentice-Hall.

Minow, N.N., & LaMay, C.L. (1995). *Abandoned in the wasteland: Children, television and the First Amendment.* New York: Hill and Wang.

Mitnick B.M. (1976). A typology of conceptions of the public interest. *Administration & Society,* 8(1), 5-28.

Mitnick, B.M. (1980). *The political economy of regulation: Creating, designing and removing regulatory reforms.* New York: Columbia University Press.

Moe, T. (1982). Regulatory performance and presidential administration. *American Journal of Political Science,* 26(2), 197-224.

Moe, T. (1984). The new economics of organization. *American Journal of Political Science,* 28, 737-777.

Morgan, M. (1986). Television and the erosion of regional diversity. *Journal of Broadcasting & Electronic Media,* 30(2), 123-139.

Morgan, S.P., & Teachman, J.D. (1988). Logistic regression: Description, examples, and comparisons. *Journal of Marriage and Family,* 50(4), 929-936.

Mosco, V. (1975). *Broadcasting in the United States: A comparative analysis.* Cambridge, MA: Harvard University Program on Information Technologies and Public Policy.

Mosco, V. (1979). *Broadcasting in the United States: Innovative challenge and organizational control.* Norwood, NJ: Ablex.

Mosco, V. (1990). The mythology of telecommunications deregulation. *Journal of Communication,* 40(1), 36-49.

Mueller, M. (1993). Universal service in telephone history: A reconstruction. *Telecommunications Policy,* 17(5), 352-369.

Mueller, M. (1995). Why communications policy is passing "mass communication" by: Political economy as the missing link. *Critical Studies in Mass Communication, 12*(4), 457-472.

Mueller, M. (1997a). *Universal service: Competition, interconnection, and monopoly in the making of the American telephone system.* Cambridge, MA: MIT Press.

Mueller, M. (1997b). Universal service and the Telecommunications Act: Myth made law. *Communications of the ACM, 40*(3), 39-47.

Mueller, M. (1997c). Telecommunications access in the age of electronic commerce: Toward a third-generation universal service policy. *Federal Communications Law Journal, 49*(3), 655-673.

Mueller, M.L., & Schement, J.R. (1996). Universal service from the bottom up: A study of telephone penetration in Camden, New Jersey. *The Information Society, 12*(3), 273-292.

Mukerji, C., & Simon, B. (1998). Out of the limelight: Discredited communities and informal communication on the Internet. *Sociological Inquiry, 68*(2), 258-273.

Mulcahy, K.V., & Widoff, J. (1988). Localism and the administrative foundations of American public broadcasting. *Journal of Aesthetic Education, 22*(3), 13-23.

Musgrave, R.A. (1962). The public interest: Efficiency in the creation and maintenance of material welfare. In C.J. Friedrich (Ed.), *Nomos V: The public interest* (pp. 107-114). New York: Atherton Press.

NAACP blasts TV networks' fall season whitewash (1999, July 12). Available: http://www.naacp.org/president/releases/naacp_blasts_tv_networks.htm.

Nagel, S.S. (1990). Introduction: Bridging theory and practice in policy/program evaluation. In S.S. Nagel (Ed.), *Policy theory and evaluation: Concepts, knowledge, causes, and norms* (pp. ix-xxiv). New York: Greenwood Press.

Napoli, P.M. (1996, August). *Assessing diversity in broadcast syndication.* Paper presented at the annual meeting of the Association for Education in Journalism and Mass Communication, Anaheim, CA.

Napoli, P.M. (1997a). A principal-agent approach to the study of media organizations: Toward a theory of the media firm. *Political Communication, 14*(2), 207-219.

Napoli, P.M. (1997b). *Regulatory behavior and the Federal Communications Commission: An analysis of broadcast policy making and enforcement activity.* Unpublished doctoral dissertation, Northwestern University.

Napoli, P.M. (1997c). The media trade press as technology forecaster: A case study of the VCR's impact on broadcasting. *Journalism & Mass Communication Quarterly, 74*(2), 400-413.

Napoli, P.M. (1997d). Rethinking program diversity assessment: An audience-centered approach. *Journal of Media Economics, 10*(4), 59-74.

Napoli, P.M. (1998a). Government assessment of FCC performance: Recurring patterns and implications for recent reform efforts. *Telecommunications Policy, 22*(4/5), 409-418.

Napoli, P.M. (1998b, November). *The Federal Communications Commission and broadcast policy decision making: A test of multiple theories of regulatory behavior*. Paper presented at the annual meeting of the National Communication Association, New York.

Napoli, P.M. (1998c). The Internet and the forces of "massification." *Electronic Journal of Communication, 8*(2). Available: http://www.cios.org/getfile\Napoli_V8N298.

Napoli, P.M. (1999a). The unique nature of communications regulation: Evidence and implications for communications policy analysis. *Journal of Broadcasting & Electronic Media, 43*(4), 565-581.

Napoli, P.M. (1999b). Deconstructing the diversity principle. *Journal of Communication, 49*(4), 7-34.

Napoli, P.M. (1999c). The marketplace of ideas metaphor in communications regulation. *Journal of Communication, 49*(4), 151-169.

Napoli, P.M. (in press-a). The Federal Communications Commission and the communications policymaking process: Theoretical perspectives and recommendations for future research. *Communication Yearbook, 25.*

Napoli, P.M. (in press-b). Perspectives on consumers' use of medical information in electronic and paper form: A literature review. In R. Rice & J. Katz (Eds.), *The internet and health communication*. Thousand Oaks, CA: Sage.

Napoli, P.M. (in press-c). Market conditions and public affairs programming: Implications for digital television policy. *Harvard International Journal of Press/Poltics.*

National Academy of Sciences (1968). *The behavioral sciences and the federal government*. Washington, DC: National Academy of Sciences.

National Association of Broadcasters v. Federal Communications Commission, 740 F.2d 1190 (D.C. Cir. 1984).

National Broadcasting Company, Inc. v. United States, 319 U.S. 190 (1943).

National Telecommunications and Information Administration (1997). *A primer on the public interest obligations of television broadcasters*. Washington, DC: U.S. Government Printing Office.

National Telecommunications and Information Administration (1998). *Falling through the net II: New data on the digital divide*. Washington, DC: U.S. Department of Commerce.

National Telecommunications and Information Administration (1999). *Falling through the net III: Defining the digital divide*. Washington, DC: U.S. Department of Commerce.

Neuman, W.R. (1991). *The future of the mass audience*. New York: Cambridge University Press.

New York Times v. Sullivan, 376 U.S. 254 (1964).

New York Times v. United States, 403 U.S. 713 (1971).

Nielsen Media Research (1999). *TV viewing in Internet households*. New York: Author.

Noam, E.M. (1994). Beyond liberalization III: Reforming universal service. *Telecommunications Policy, 18*(9), 687-704.

Noam, E.M. (1997). Will universal service and common carriage survive the Telecommunications Act of 1996. *Columbia Law Review, 97*, 955-975.

Noam, E.M. (1999). Media concentration in the United States: Industry trends and regulatory responses. Unpublished manuscript. Available: http://www.vii.org/papers/medconc.htm.

Noll, R.G., Peck, M.J., & McGowan, J.J. (1973). *Economic aspects of television regulation.* Washington, DC: Brookings Institution.

Nord, D.P. (1978). The FCC, educational broadcasting, and political interest group activity. *Journal of Broadcasting, 22*(3), 321-338.

Nossiter, B.D. (1985, October 26). The FCC's big giveaway show. *The Nation,* pp. 402-404.

Office of Communication of the United Church of Christ v. Federal Communications Commission, 359 F.2d 994 (D.C. Cir. 1966).

Ofori, K.A. (1999). *When being no. 1 is not enough: The impact of advertising practices on minority-owned & minority-formatted broadcast stations.* Report Prepared by the Civil Rights Forum on Communications Policy.

Ogul, M.S. (1976). *Congress oversees the bureaucracy: Studies in legislative supervision.* Pittsburgh: University of Pittsburgh Press.

Olufs, D.W., III (1999). *The making of telecommunications policy.* Boulder, CO: Lynne Rienner.

Omnibus Budget Reconciliation Act of 1982, Pub. L. No. 97-253, 96 Stat. 763 (1982).

Owen, B.M. (1975). *Economics and freedom of expression: Media structure and the first amendment.* Cambridge, MA: Ballinger.

Owen, B.M. (1977). Regulating diversity: The case of radio formats. *Journal of Broadcasting. 21*(3), 305-319.

Owen, B.M. (1978). The economic view of programming. *Journal of Communication, 28*(2), 43-50.

Owen, B.M., & Braeutigam, R. (1978). *The regulation game: Strategic use of the administrative process.* Cambridge, MA: Ballinger.

Owen, B.M., & Wildman, S.S. (1992). *Video economics.* Cambridge, MA: Harvard University Press.

Oxley, M.G. (1993). The cable-telco cross-ownership prohibition: First Amendment infringement through obsolescence. *Federal Communications Law Journal, 46*, 7-37.

Oxman, J. (1999). *The FCC and the unregulation of the Internet.* Federal Communications Commission, Office of Plans and Policy Working Paper #31. Washington, DC: Federal Communications Commission.

Pacholski, R.L. (1983). The FCC and reciprocity: An examination of the "public interest" standard. *Texas Law Review. 62*, 319-360.

Page, B.I. (1996). *Who deliberates? Mass media in modern democracy.* Chicago: University of Chicago Press.

Page, B.I., & Shapiro, R.Y. (1983). Effects of public opinion on policy. *American Political Science Review, 77*, 175-190.

Page, B.I., & Shapiro, R.Y. (1992). *The rational public: Fifty years of trends in*

Americans' policy preferences. Chicago: University of Chicago Press.

Pasadena Broadcasting Company v. Federal Communications Commission, 555 F.2d 1046. (D.C. Cir. 1977).

Pateman, C. (1970). *Participation and democratic theory*. New York: Cambridge University Press.

Patterson, T.E. (1980). *The mass media election: How Americans choose their president*. New York: Praeger.

Peltzman, S. (1976). Toward a more general theory of regulation. *Journal of Law & Economics, 18*, 211-240.

Pennybacker, J.H. (1978). The format change issue: The FCC vs. the U.S. Court of Appeals. *Journal of Broadcasting, 22*(4), 411-424.

Peters, B.G. (1995). *The politics of bureaucracy* (4th ed.). White Plains, NY: Longman.

Picard, R.G. (1989). *Media economics: Concepts and issues*. Newbury Park, CA: Sage.

Pitsch, P.K. (1984). When is government research in telecommunications policy needed? In V. Mosco (Ed.), *Policy research in telecommunications: Proceedings from the 11th annual Telecommunications Policy Research Conference* (pp. 18-27). Norwood, NJ: Ablex.

Polic, J.G., & Gandy, O.H., Jr. (1991). The emergence of the marketplace standard: An examination of decisions by the Federal Communications Commission, and the US Court of Appeals for the District of Columbia regarding Petitions to Deny, 1963-1988. *Journal of Media Law & Practice, 12*(2), 55-64.

Pool, I.S. (1983a). *Forecasting the telephone: A retrospective technology assessment of the telephone*. Norwood, NJ: Ablex.

Pool, I.S. (1983b). *Technologies of freedom*. Cambridge, MA: Harvard University Press.

Porter, W.E. (1976). *Assault on the media: The Nixon years*. Ann Arbor: University of Michigan Press.

Posner, R.A. (1974). Theories of economic regulation. *Bell Journal of Economics, 5*(2), 335-358.

Posner, R.A. (1986). Free speech in an economic perspective. *Suffolk University Law Review, 20*, 1-54.

Post, J.A. (1995). A lawyer's ramble down the information superhighway: Universal service and the information superhighway: Perspectives from the telecommunications experience. *Fordham Law Review, 64*, 782-793.

Post, R. (1993). Meiklejohn's mistake: Individual autonomy and the reform of public discourse. *University of Colorado Law Review, 63*, 1109-1137.

Powe, L.A., Jr. (1987a). *American broadcasting and the first amendment*. Berkeley: University of California Press.

Powe, L.A., Jr. (1987b). Scholarship and markets. *George Washington University Law Review, 56*, 172-186.

Powell, C.M. (1995). The mythological marketplace of ideas: R.A.V., Mitchell, and beyond. *Harvard Blackletter Journal, 12*, 1-48.

Powell, J.T., & Gair, W. (Eds.) (1988). *Public interest and the business of broadcasting: The broadcast industry looks at itself.* New York: Quorum Books.

Powell, M.K. (1998, April 5). The public interest standard: A new regulator's search for enlightenment. Speech delivered before the American Bar Association, 17th Annual Legal Forum on Communications Law, Las Vegas.

Pratte, A., & Whiting, G. (1986). What newspaper editorials have said about deregulation of broadcasting. *Journalism Quarterly, 63*(3), 497-502.

President's Advisory Council on Executive Organization (1971). *A new regulatory framework: Report on selected independent regulatory agencies.* Washington, DC: U.S. Government Printing Office.

Pressler L., & Schieffer, K. (1988). A proposal for universal telecommunications service. *Federal Communications Law Journal, 40*(3), 351-375.

Price, M.E. (1995). *Television, the public sphere, and national identity.* New York: Oxford University Press.

Prieger, J. (1998). Universal service and the Telecommunications Act of 1996: The fact after the act. *Telecommunications Policy, 22*(1), 57-72.

Progress and Freedom Foundation (1995). *The telecom revolution: An American opportunity.* Washington, DC: Author.

Public Forum on a New FCC for the 21st Century. Federal Communications Commission, Washington, DC, June 6, 1999. Transcript available: http://www.fcc.gov/21st_century/Jun11/tr990611.txt.

The Public Interest in Broadcasting. Hearing before the Subcommittee on Telecommunications and Finance, Committee on Energy and Commerce, U.S. House of Representatives, 102nd Cong. 2nd Sess., May 13, 15, 1991.

Quello, J.H. (1992, March 26). Remarks before the Michigan Public Service Commission Telecommunications Policy Conference, Dearborn, MI, 1992 FCC LEXIS 1593.

Quincy Cable TV v. Federal Communications Commission, 768 F.2d 1434. (D.C. Cir. 1985).

Quinlan, S. (1974). *The hundred million dollar lunch.* Chicago: J.P. O'Hara.

Quirk, P.J. (1981). *Industry influence in federal regulatory agencies.* Princeton, NJ: Princeton University Press.

Radio Act of 1927, Pub. L. No. 632 (1927).

Rainey, R.R. (1993). The public's interest in public affairs discourse, democratic governance, and fairness in broadcasting: A critical review of the public interest duties of the electronic media. *Georgetown Law Journal, 82,* 269-372.

Rainey, R.R., & Rehg, W. (1996). The marketplace of ideas, the public interest, and federal regulation of the electronic media: Implications of Habermas' theory of democracy. *Southern California Law Review, 69,* 1923-1987.

Ramberg, B. (1986). The Supreme Court and public interest in broadcasting. *Communications and the Law, 8*(6), 11-29.

Ramos, J.A. (1998, August). *The 90s experience: A demand approach to measuring diversity in broadcast television program options for African Americans.* Paper presented at the annual meeting of the Association for Education in

Journalism and Mass Communication, Baltimore, MD.

Rao, V.R. (1975). Taxonomy of television programs based on viewing behavior. *Journal of Marketing Research, 12*(3), 355-358.

Rapp, L. (1996). Public service or universal service? *Telecommunications Policy, 20*(6), 391-397.

Ray, W.B. (1990). *FCC: The ups and downs of radio-TV regulation.* Ames: Iowa State University Press.

Read, W.H., & Weiner, R.A. (1996). FCC reform: Governing requires a new standard. *Federal Communications Law Journal, 49*(2), 289-324.

Reagan, M.D. (1987). *Regulation: The politics of policy.* Boston: Little, Brown.

Red Lion Broadcasting Co. v. Federal Communications Commission, 395 U.S. 367 (1969).

Redish, M.H. (1982a). The value of free speech. *University of Pennsylvania Law Review, 130*(3), 591-645.

Redish, M.H. (1982b). Self-realization, democracy, and freedom of expression: A reply to Professor Baker. *University of Pennsylvania Law Review, 130*(3), 678-688.

Reed, O.L. (1997). A free speech meta value for the next millennium: Autonomy of consciousness in First Amendment theory and practice. *American Business Law Journal, 35*, 1-46.

Reeves, B.R., & Baughman, J.L. (1983). "Fraught with such great possibilities": The historical relationship of communication research to mass media regulation. In O.H. Gandy, P. Espinosa, & J.A. Ordover (Eds), *Proceedings from the 10th annual telecommunications policy research conference* (pp. 19-52). Norwood, NJ: Ablex.

Reform of the Federal Communications Commission: Hearing before the Subcommittee on Telecommunications and Finance, Committee on Commerce, U.S. House of Representatives, 104th Cong., 2d. Sess. (March 27-28, 1996).

Reno v. ACLU, 117 S. Ct. 2329 (1997).

Rheingold, H. (1993). *The virtual community: Homesteading on the electronic frontier.* Reading, MA: Addison-Wesley.

Robinson, G.O. (1989). The Federal Communications Act: An essay on origins and regulatory purpose. In M.D. Paglin (Ed.), *A legislative history of the Communications Act of 1934* (pp. 3-24). New York: Oxford University Press.

Rohlfs, J. (1974). A theory of interdependent demand for a communications service. *Bell Journal of Economics and Management Science, 5*(1), 16-37.

Rosen, P.T. (1980). *The modern stentors: Radio broadcasters and the federal government, 1920-1934.* Westport, CT: Greenwood Press.

Ross, S.D. (1998, August). *The Supreme Court and its "public": The maturation of theory and interpretation.* Paper presented at the annual meeting of the Association for Education in Journalism and Mass Communication, Baltimore, MD.

Rothenbuhler, E.W., & Dimmick, J.W. (1982). Popular music: Concentration and diversity in the industry, 1974-1980. *Journal of Communication, 32*(1), 143-149.

Rowland, W.D. (1982a). The process of reification: Recent trends in communications legislation and policy-making. *Journal of Communication, 32*(4), 114-136.

Rowland, W.D. (1982b). The illusion of fulfillment: The broadcast reform movement. *Journalism Monographs, 79.*

Rowland, W.D. (1997a). The meaning of "the public interest" in communications policy, part I: Its origins in state and federal regulation. *Communication Law and Policy, 2*(3), 309-328.

Rowland, W.D. (1997b). The meaning of "the public interest" in communications policy, part II: Its implementation in early broadcast law and regulation. *Communication Law and Policy, 2*(4), 363-396.

Rowland, W.D. (1997c). U.S. broadcasting and the public interest in the multichannel era: The policy heritage and its implications. *Studies in Broadcasting, 33,* 89-130.

Rubinovitz, R. (1993). Market power and price increases for basic cable service since deregulation. *Rand Journal of Economics, 24*(1), 1-18.

Rumble, W.C. (1994). The FCC's reliance on market incentives to provide diverse viewpoints on issues of public importance violates the First Amendment right to receive critical information. *University of San Francisco Law Review, 28,* 793-857.

Sagoff, M. (1992). Efficiency and utility. In J.M. Gillroy & M. Wade (Eds.), *The moral dimensions of public policy choice: Beyond the market paradigm* (pp. 165-177). Pittsburgh: University of Pittsburgh Press.

Salvaggio, J.L. (Ed.). (1989). *The information society: Economic, social, and structural issues.* Hillsdale, NJ: Erlbaum.

Satellite Home Viewer Improvement Act of 1999, Pub.L. No. 106-113, 113 Stat. 1501, 106th Congress, 1st Sess. (1999).

Satellite Television & Associated Resources, Inc. v. Continental Cablevision of Virginia, Inc., 714 F.2d 351 (4th Cir. 1983).

Sawhney, H. (1995). Universal service: Prosaic motives and great ideas. In G.W. Brock (Ed.), *Toward a competitive telecommunication industry: Selected papers from the 1994 Telecommunications Policy Research Conference* (pp. 205-224). Mahwah, NJ: Erlbaum.

Scanlon, T.M., Jr. (1979). Freedom of expression and categories of expression. *University of Pittsburgh Law Review, 40*(4), 519-550.

Schauer, F. (1983). Must speech be special? *Northwestern University Law Review, 78,* 1284-1306.

Schauer, F. (1986). The role of the people in First Amendment theory. *California Law Review, 74*(3), 761-788.

Schement, J.R. (1995). Beyond universal service: Characteristics of Americans without telephones, 1980-1993. *Telecommunications Policy, 19*(6), 477-485.

Schement, J.R., Pressman, R.R., & Povich, L. (1995, December). *Transcending access toward a new universal service.* Paper presented at the Universal Service in Context: A Multidisciplinary Perspective Conference, New York.

Scher, S. (1960). Congressional committee members as independent agency overseers: A case study. *American Political Science Review, 54,* 911-920.

Schiesel, S. (1997, September 29). At F.C.C. confirmation hearings, emphasis will be on competition. *New York Times,* pp. D1, D10.

Schubert, G.A. (1957) Public interest in administrative decision making. *American Political Science Review, 51*(2), 346-368.

Schubert, G. (1960). *The public interest: A critique of the theory of a political concept.* Glencoe, IL: The Free Press.

Schulman, H.J. (1979). Is structural and procedural change a better answer for consumers than the "reform" or abolishing of the FCC? In T.R. Haight (Ed.), *Telecommunications policy and the citizen* (pp. 65-94). New York: Praeger.

Schurz Communications v. Federal Communications Commission, 982 F.2d 1043 (7th Cir. 1992).

Schwartz, B. (1959). *The professor and the commissions.* New York: Knopf.

Schwarzlose, R.A. (1989). The marketplace of ideas: A measure of free expression. *Journalism Monographs, 118.*

Seel, P.B. (1997, August). *Conflict and resolution at the FCC: Computer industry opposition to the proposed national HDTV standard.* Paper presented at the meeting of the Association for Education in Journalism & Mass Communication, Chicago, IL.

Seldon, B.J., & Jung, C. (1993). Derived demand for advertising messages and substitutability among the media. *Quarterly Review of Economics and Finance, 33*(1), 71-86.

Senate votes to cut FCC to 5 commissioners. (1982, August 9). *Broadcasting,* pp. 25-26.

Seven to five. (1982, July 19). *Broadcasting,* p. 36.

Shapiro, A.L. (1999). *The control revolution: How the Internet is putting individuals in charge and changing the world we know.* New York: Public Affairs.

Shannon, C.E., & Weaver, W. (1963). *The mathematical theory of communication.* Urbana: University of Illinois Press.

Shiffrin, S. (1983). The First Amendment and economic regulation: Away from a general theory of the First Amendment. *Northwestern University Law Review, 78,* 1212-1283.

Shipan, C.R. (1997). *Designing judicial review: Interest groups, Congress, and communications policy.* Ann Arbor: University of Michigan Press.

Shooshan, H.M., III. (1998). A modest proposal for restructuring the Federal Communications Commission. *Federal Communications Law Journal, 50*(3), 637-658.

Shooshan, H.M., III, & Krasnow, E.G. (1987). Congress and the Federal Communications Commission: The continuing contest for power. *Comm/Ent, 9*(14), 619-633.

Sikes, A.C. (1991, November 7). Remarks before the Association for Maximum Service Television fifth annual high-definition television conference, 1991

FCC LEXIS 5883.

Simon, T., Atwater, T., & Alexander, R. (1988, August). *FCC broadcast content regulation: Policymaking in a vacuum.* Paper presented at the annual meeting of the Association for Education in Journalism and Mass Communication, Portland, OR.

Slattery, K.L., Hakanen, E.A., & Doremus, M.E. (1996). The expression of localism: Local TV news coverage and the new video marketplace. *Journal of Broadcasting & Electronic Media, 40*(3), 403-413.

Slavin, S., & Pendleton, M.S. (1983). Feminism and the FCC. In J.J. Havick (Ed.), *Communications policymaking and the political process* (pp. 127-148). Westport, CT: Greenwood Press.

"Slippery slope" seen; Chong objects to quantifying broadcast public interest obligations (1996, September 26). *Communications Daily,* p. 7.

Smith, C.R. (Ed.). (1989). *The diversity principle: Friend or foe of the first amendment?* Washington, DC: The Media Institute.

Smith, J.A. (1981). Freedom of expression and the marketplace of ideas concept from Milton to Jefferson. *Journal of Communication Inquiry, 7*(1), 47-63.

Smith, K. (1995). Intermedia competition for advertising in small daily markets. *Journal of Media Economics, 8*(4), 29-45.

Snider, J.H., & Page, B.I. (1997, August). *The political power of TV broadcasters: Covert bias and anticipated reactions.* Paper presented at the 1997 meeting of the American Political Science Association, Washington, DC.

Sohn, G.B., & Schwartzman, A.J. (1994). Broadcast licensees and localism: At home in the "communications revolution." *Federal Communications Law Journal, 47*(2), 383-389.

Sophos, M. (1990). The public interest, convenience, or necessity: A dead standard in an era of broadcast deregulation? *Pace Law Review, 10*(3), 661-705.

Sorauf, F.J. (1957). The public interest reconsidered. *Journal of Politics, 19*(4), 616-639.

Sowell, T. (1996). *Knowledge and decisions.* New York: Basic Books.

Spence, M.S., & Owen, B.M. (1975). Television programming, monopolisitic competition and welfare. In B.M. Owen (Ed.), *Economics and freedom of expression: Media structure and the first amendment* (pp. 143-165). Cambridge, MA: Ballinger.

Spievak, E.B. (1970). Presidential assault on telecommunications: Reorganization plan no. 1 of 1970. *Federal Communications Bar Journal, 23*(3), 155-181.

Spiller, P.T. (1990). Politicians, interest groups, and regulators: A multiple-principals agency theory of regulation, or "let them be bribed." *Journal of Law & Economics, 33,* 65-99.

Spitzer, M.L. (1989). The constitutionality of licensing broadcasters. *New York University Law Review, 64,* 990-1071.

Spitzer, M.L. (1991). Justifying minority preferences in broadcasting. *Southern California Law Review, 64,* 293-360.

Starr, M.F., & Atkin, D.J. (1989). The department of communications: A plan and policy for the abolition of the Federal Communications Commission.

Hastings Communication & Entertainment Law Journal, 12(2), 181-204.

Stavitsky, A.G. (1994). The changing conception of localism in U.S. public radio. *Journal of Broadcasting & Electronic Media, 38*(1), 19-33.

Stempel, G.H. (1973). Effects on performance of a cross-media monopoly. *Journalism Monographs, 29.*

Stern, P.G. (1990). A pluralistic reading of the First Amendment and its relation to public discourse. *Yale Law Journal, 99,* 925-944.

Stern, R.H. (1979). *The Federal Communications Commission and television: The regulatory process in an environment of rapid technical innovation.* New York: Arno Press.

Stewart, P. (1975). "Or of the press." *Hastings Law Journal, 26,* 631-637.

Stigler, G.J. (1971). The theory of economic regulation. *Bell Journal of Economics and Management, 2*(2), 3-21.

Stone, D.A. (1997). *Policy paradox: The art of political decision making.* New York: Norton.

Stone, G.R. (1987). Content-neutral restrictions. *University of Chicago Law Review, 54,* 46-118.

Strauss, D.A. (1991). Persuasion, autonomy, and freedom of expression. *Columbia Law Review, 91,* 334-371.

Streeter, T. (1983). Policy discourse and broadcast practice: The FCC, the US broadcast networks and the discourse of the marketplace. *Media, Culture and Society, 5,* 247-262.

Streeter, T. (1996). *Selling the air: A critique of the policy of commercial broadcasting in the United States.* Chicago: University of Chicago Press.

Sullivan, K.M. (1995). Free speech and unfree markets. *UCLA Law Review, 42,* 949-965.

Sunstein, C.R. (1993). *Democracy and the problem of free speech.* New York: The Free Press.

Surgeon General's Scientific Advisory Committee on Television and Social Behavior (1972). *Television and growing up: The impact of televised violence: Report to the Surgeon General, United States Public Health Service.* Washington, DC: U.S. Government Printing Office.

Swedenburg, E.M. (1999). Promoting competition in the telecommunications markets: Why the FCC should adopt a less stringent approach to its review of Section 271 applications. *Cornell Law Review, 84,* 1418-1475.

Sweeney, B. (1984, August). *The marketplace of ideas: An economic analogy for freedom of speech.* Paper presented at the annual meeting of the Association for Education in Journalism and Mass Communication, Gainesville, FL.

Syracuse Peace Council v. Federal Communications Commission, 867 F.2d 654 (D.C. Cir. 1989).

Taylor, P. (1997, May 5). Superhighway robbery: America's broadcasters v. the public good. *New Republic,* p. 20.

Telecommunications Act of 1996, Pub. L. No. 104-104, 110 Stat. 56 (1996), (codified in scattered sections of 47 U.S.C.).

Television Bureau of Advertising (2000). *TV basics: A report on the growth and scope of television.* New York: Author.

Thierstein, J. (1999, April). *Antitrust law in the newly deregulated media world: The use of First Amendment considerations in the determination of the relevant market in antitrust law.* Paper presented at the annual meeting of the Broadcast Education Association, Las Vegas, NV.

Thomas, L., & Litman, B.R. (1991). Fox broadcasting company, why now? An economic study of the rise of the fourth broadcast "network." *Journal of Broadcasting & Electronic Media, 35*(2), 139-157.

Thorpe, K. (1985). Impact of competing technologies on cable television. In E.M. Noam (Ed.), *Video media competition: Regulation, economics, and technology* (pp. 138-167). New York: Columbia University Press.

Torgerson, D. (1986). Between knowledge and politics: Three faces of policy analysis. *Policy Sciences, 19*(1), 33-59.

Tribe, L.H. (1992). Policy science: Analysis or ideology? In J.M. Gillroy & M. Wade (Eds.), *The moral dimensions of public policy choice: Beyond the market paradigm* (pp. 115-151). Pittsburgh: University of Pittsburgh Press.

Tristani, G. (1998, September 3). Keeping the local in local radio. Remarks before the Texas Broadcasters Association, 1998 FCC LEXIS 4560.

Tucker, D.E., & Safelle, J. (1982). The Federal Communications Commission and the regulation of children's television. *Journal of Broadcasting, 26*(3), 657-669.

Tullock, G. (1965). *The politics of bureaucracy.* Washington, DC: Public Affairs Press.

Tunstall, J. (1986). *Communications deregulation: The unleashing of America's communications industry.* New York: Basil Blackwell.

Turner Broadcasting System v. Federal Communications Commission, 512 U.S. 622 (1994).

Turner Broadcasting System v. Federal Communications Commission, 117 S. Ct. 1174 (1997).

Turow, J. (1997). *Breaking up America: Advertisers and the new media world.* Chicago: University of Chicago Press.

Tyler, M., Letwin, W., & Roe, C. (1995). Universal service and innovation in telecommunication services: Fostering linked goals through regulatory policy. *Telecommunications Policy, 19*(1), 3-20.

Ulloth, D.R. (1979). *The Supreme Court: A judicial review of the Federal Communications Commission.* NY: Arno Press.

United States Deparment of Commerce (1993). *The national information infrastructure: Agenda for action.* Washington, DC: U.S. Government Printing Office.

United States v. Dennis, 183 F.2d 201 (2d Cir. 1950).

United States v. Midwest Video Corp., 406 U.S. 649 (1972).

United States v. O'Brien, 391 U.S. 367 (1968).

United States v. Rumely, 345 U.S. 41 (1953).

Virginia State Board of Pharmacy v. Virginia Citizens Consumer Council, Inc., 425 U.S. 748 (1976).

Wagner, D.R. (1998). The First Amendment and the right to hear. *Yale Law*

Journal, 108, 669-676.

Wakshlag, J., & Adams, W.J. (1985). Trends in program variety and the prime time access rule. *Journal of Broadcasting & Electronic Media, 29*(1), 23-34.

Walker, J.R. (1987, April). *Viewers, readers, and jawboners: The use of political information channels during off-year elections in the southeast.* Paper presented at the joint meeting of the Central States Speech Association and the Southern Speech Association, St. Louis, MO.

Wasko, J. (1984). New methods of analyzing media concentration. In V. Mosco (Ed.), *Policy research in telecommunications: Proceedings from the 11th annual Telecommunications Policy Research Conference* (pp. 213-219). Norwood, NJ: Ablex.

"We are going to do it"; Hundt wants to quantify TV-radio public interest obligation. (1996, September 25). *Communications Daily*, p. 4.

Weare, C. (1996). The illusion of reform: The dilemma of structural telecommunications policy. *Telecommunications Policy, 20*(6), 415-427.

Webster, J.G. (1986). Audience behavior in the new media environment. *Journal of Communication, 36*(3), 77-91.

Webster, J.G., & Phalen, P.F. (1994). Victim, consumer, or commodity? Audience models in communication policy. In J.S. Ettema & D.C. Whitney (Eds.), *Audiencemaking: How the media create the audience* (pp. 19-37). Thousand Oaks, CA: Sage.

Webster, J.G., & Phalen, P.F. (1997). *The mass audience: Rediscovering the dominant model.* Mahwah, NJ: Erlbaum.

Webster, J.G., Phalen, P.F., & Lichty, L.W. (2000). *Ratings analysis: The theory and practice of audience research* (2nd ed.). Mahwah, NJ: Erlbaum.

Webster, J.G., & Wakshlag, J.J. (1983). A theory of program choice. *Communication Research, 10*(4), 430-446.

Weimer, D.L. (1998). Policy analysis and evidence: A craft perspective. *Policy Studies Journal, 26*(1), 114-128.

Weingast, B.R. (1989). The congress-bureaucratic system: A principal agent perspective (with applications to the SEC). *Public Choice, 44*(1), 147-191.

Weingast, B.R., & Moran, M.J. (1983). Bureaucratic discretion or congressional control? Regulatory policymaking by the Federal Trade Commission. *Journal of Political Economy, 91*(5), 765-800.

Wells, C.E. (1997). Reinvigorating autonomy: Freedom and responsibility in the Supreme Court's First Amendment jurisprudence. *Harvard Civil Rights-Civil Liberties Law Review, 32*, 159-196.

Wells, N.D. (1993). Thurgood Marshall and "individual self-realization" in First Amendment jurisprudence. *Tennessee Law Review, 61*, 237-287.

Werbach, K. (1997). *The digital tornado: The Internet and telecommunications policy.* Federal Communications Commission, Office of Plans and Policy Working Paper #29. Washington, DC: Federal Communications Commission.

West, L.S. (1996). Deregulating telecommunications: The conflict between competition and universal service. *DePaul Business Law Journal, 9*, 159-188.

"'What's local about local broadcasting?' A joint report of the Media Access Project & the Benton Foundation" (1998). Available: http://www.benton.org/Policy/TV/whatslocal.html.

Whitney v. California, 274 U.S. 357 (1927).

Wildman, S.S. (1998). Toward a better integration of media economics and media competition policy. In M.E. Price & R.G. Noll (Eds.), *A communications cornucopia: Markle Foundation essays on information policy* (pp. 573-593). Washington, DC: Brookings Institute.

Wildman, S., & Lee, N. (1989). *Program choice in a broadband environment.* Paper presented at the Conference of the Center for Telecommunications and Information Studies.

Wiley, R.E. (1988). The independence of independent agencies: "Political" influence at the FCC. *Duke Law Journal,* April, 280-284.

Williams, F., & Hadden, S. (1993). On the prospects for redefining universal service: From connectivity to content. In J.R. Schement & B.D. Ruben (Eds.), *Between communication and information: Information and behavior* (Vol. 4, pp. 401-419). New Brunswick, NJ: Transaction Publishers.

Williams, R.J. (1976). The politics of American broadcasting: Public purposes and private interests. *Journal of American Studies,* 10(3), 329-340.

Williams, W. (1976). Impact of commissioner background on FCC decisions: 1962-1975. *Journal of Broadcasting,* 20(2), 239-260.

Williams, W. (1993). Impact of commissioner background on FCC decisions, 1975-1990. In R.J. Spitzer (Ed.), *Media and public policy* (pp. 43-60). Westport, CT: Praeger.

Williams, W. (1998). *Honest numbers & democracy: Social policy analysis in the White House, Congress, and the federal agencies.* Washington, DC: Georgetown University Press.

Wilson, J.Q. (1989). *Bureaucracy: What government agencies do and why they do it.* New York: Basic Books.

Wilson, L.C. (1988). Minority and gender enhancements: A necessary and valid means to achieve diversity in the broadcast marketplace. *Federal Communications Law Journal,* 40(1), 89-114.

Wimmer, K.A. (1986). Deregulation and the market failure in minority programming: The socioeconomic dimensions of broadcast reform. *Comm/Ent,* 8(3/4), 329-480.

Wimmer, K.A. (1988). Deregulation and the future of pluralism in the mass media: The prospects for positive policy reform. *Mass Comm Review,* 15(2/3), 20-31.

Wimmer, K.A. (1989). The future of minority advocacy before the FCC: Using marketplace rhetoric to urge policy change. *Federal Communications Law Journal,* 41, 133-159.

WLNY-TV, WRNN-TV, & Paxson New York License v. Federal Communications Commission, 163 F.3d 137 (2nd Cir. 1998).

WNCN Listeners Guild v. Federal Communications Commission, 610 F.2d 838 (DC Cir. 1979).

Wober, J.M. (1989). The U.K.: The constancy of audience behavior. In L.B. Becker & K. Schoenbach (Eds.), *Audience responses to media diversification: Coping with plenty* (pp. 91-108). Hillsdale, NJ: Erlbaum.

Wonnell, C.T. (1983). Economic due process and the preservation of competition. *Hastings Constitutional Law Quarterly, 11*(83-84), 91-134.

Wonnell, C.T. (1986). Truth and the marketplace of ideas. *University of California Davis Law Review, 19*(2), 669-728.

Xavier, P. (1997). Universal service and public access in the networked society. *Telecommunications Policy, 21*(9/10), 829-843.

Youn, S. (1994). Program type preference and program choice in a multichannel situation. *Journal of Broadcasting & Electronic Media, 38*(4), 465-475.

Zanghi, J.S. (1995). "Community standards" in cyberspace. *Dayton Law Review, 21*, 95-117.

Zick, T. (1999). Congress, the Internet, and the intractable pornography problem: The Child Online Protection Act of 1998. *Creighton Law Review, 32*, 1147-1204.

新聞傳播系列 5

傳播政策基本原理
——電子媒體管制的原則與過程

作　　者／Philip M. Napoli
譯　　者／邊明道、陳心懿
出 版 者／揚智文化事業股份有限公司
發 行 人／葉忠賢
總 編 輯／林新倫
登 記 證／局版北市業字第1117號
地　　址／台北市新生南路三段88號5樓之6
電　　話／(02)2366-0309
傳　　真／(02)2366-0310
網　　址／http://www.ycrc.com.tw
　E-mail　／service@ycrc.com.tw
郵撥帳號／19735365
戶　　名／葉忠賢
法律顧問／北辰著作權事務所　蕭雄淋律師
印　　刷／上海印刷廠股份有限公司
　I S B N　／957-818-750-5
初版一刷／2005年9月
定　　價／新台幣450元

原文書名／Foundations of Communications Policy: Principles and
　　　　　　Process in the Regulation of Electronic Media
Copyright@2001, Hampton Press, Inc.
Chinese Copyright@2005, Yang-Chih Book Co., Ltd.
All Right Reserved. Authorised translation from the English language
edition published by Hampton Press, Inc.

國家圖書館出版品預行編目資料

傳播政策基本原理：電子媒體管制的原則與過
程／Philip M. Napoli著；邊明道，陳心懿譯--
初版.---臺北市：揚智文化，2005〔民94〕
　　面：　公分.--（新聞傳播系列；5）
參考書目：面
譯自：Foundations of Communications Policy:
Principles and Process in the Regulation of
Electronic Media

ISBN 957-818-750-5（平裝）

1.電信－政策－美國

557.71　　　　　　　　　　　　　94014296

NOTE...

NOTE...

NOTE...